U0800491

500强企业
全价值链
成本管控

研发+采购+生产+供应链+销售

潘成高◎著

中国铁道出版社有限公司
CHINA RAILWAY PUBLISHING HOUSE CO., LTD.

图书在版编目（CIP）数据

500 强企业全价值链成本管控：研发 + 采购 + 生产 + 供应链 + 销售 / 潘成高著 . -- 北京：中国铁道出版社有限公司，2025. 9. -- ISBN 978-7-113-32050-8

Ⅰ. F275. 3

中国国家版本馆 CIP 数据核字第 2025H39S05 号

书　　名：500 强企业全价值链成本管控（研发 + 采购 + 生产 + 供应链 + 销售）
500 QIANG QIYE QUAN JIAZHILIAN CHENGBEN GUANKONG（YANFA+CAIGOU+SHENGCHAN+GONGYINGLIAN+XIAOSHOU）

作　　者：潘成高

责任编辑：郭景思　　**编辑部电话：**（010）51873007　　**电子邮箱：**guojingsi@sina.cn
封面设计：宿　萌
责任校对：苗　丹
责任印制：赵星辰

出版发行：中国铁道出版社有限公司（100054，北京市西城区右安门西街 8 号）
网　　址：https://www.tdpress.com
印　　刷：河北宝昌佳彩印刷有限公司
版　　次：2025 年 9 月第 1 版　2025 年 9 月第 1 次印刷
开　　本：710 mm × 1 000 mm　1/16　**印张：**19　**字数：**360 千
书　　号：ISBN 978-7-113-32050-8
定　　价：79.80 元

版权所有　侵权必究

凡购买铁道版图书，如有印制质量问题，请与本社读者服务部联系调换。电话：（010）51873174
打击盗版举报电话：（010）63549461

前言

在数字化时代，因互联网、大数据、人工智能等新技术的出现，给财务工作带来了很多冲击。传统上认为财务人员越老、做得越久越吃香的观念正在发生改变，取而代之的是数字化技术正在潜移默化地重塑财务组织模式，更新财务人员的认知，推动财务信息技术的革新。未来如下几类财务人员将会受到更大的挑战与冲击：

①财务高级管理人员。他们是整个财务组织的灵魂，与业务衔接紧密，需要具有大数据分析和算法思维能力，通过数字化技术工具的应用帮助企业提升价值，深度理解企业战略在数字化时代所作出的转变，并主动在经营分析、资源配置等方面发挥参谋作用，优化企业全价值链成本管控。

②财务经营分析或预算管理人员。他们的传统价值在于驾驭数据，能够从数据中发现问题、找到机会，为业务部门提供经营数据分析支持，或者通过预算、绩效等手段推动企业业绩改善。在数字化时代，更多的经营改进建议应当是通过分析大量历史数据，从相关性中探寻规律，给出靠人工无法发现的绩效改进线索。在预算管理上，资源配置的方案将由智能分析技术提供。对这一类财务人员来说，曾经引以为傲的数据加工能力、数据敏感性等将显得不再突出。因此，需要重构自身能力，在大数据、机器学习等方面掌握业务建模能力和应用场景的挖掘等。

③会计运营人员。财务共享服务实现了流程的标准化和作业的规模化，将曾经技术含量较高的会计核算转变为“流水线”完成，降低了对会计人员的技术要求。随着全电发票及数字化技术的成熟应用，共享中心的审核作业进一步规则化；随着机器学习技术的发展，财务人员的需求量将大幅缩减。在企业数字化转型

过程中保留下来的会计运营人员，将是有能力进行财务规划分析、流程设计和流程优化的少数人，而成本会计将是这些能力的集大成者，在企业管理中发挥重要作用。

我在与多个大型企业财务人员接触、交流过程中，感觉他们中间有许多人已经意识到上述问题，同时也意识到成本会计是个含金量极高的岗位。从招聘网站上可以看出成本会计岗位的需求量较大，且企业愿意提供高薪酬。由此进一步印证，成本会计岗位不管是现在还是未来，都将在企业管理和财务管理中占据重要位置。因而，许多财务人员有了转岗成本会计的想法，但他们不具备成本会计岗位的知识与技能，即便已经在成本会计岗位上，其中许多人掌握的知识与技能还只是简单的成本核算。他们对成本计划与预算、成本控制与分析等知识与技能还比较薄弱；对成本会计岗位业务的深度与广度理解还不够；对业务的参与度多半局限在生产制造这个环节。因而，对成本控制不到位、成本分析不透彻，很难协同业务人员实现企业降本增效的目标。为此，业务人员不满意，市场营销人员抱怨。为了提升成本管理水平，企业领导及业务部门领导也不断地给成本会计施加压力，导致成本会计的工作越来越难做。

“做成本会计很累很痛苦，但在发现问题、梳理问题、解决问题的过程中又觉得学到了很多东西”“很累、很绝望的时候想辞职，但解决问题过后又很有成就感”“都说制造业成本会计锻炼人，对以后职业发展很有帮助”“制造业的成本会计是真心累，趁着年轻做两年还好，不想长期做这个岗位”…… 以上都是我在为制造企业做咨询服务时常听到过的抱怨与感慨，不少成本会计在纠结中继续工作着。成本会计尽管工作压力大、辛苦，但不枯燥，很有意思，且未来发展前景好，值得正在从事这个岗位的人员为之努力奋斗，也将是其他财会人员转岗不错的选择之一。

我曾服务过多家企业做数智财经工作，为他们提供财务咨询、数字化系统规划与系统建设等服务，这些工作经历使我有机会将企业成本管理最新的理论和方法转化成实际应用。在过往为企业提供咨询服务的过程中，我与企业的首席财务官、成本管理部部长、财务主管等成本管理人员共同探讨、研究并付诸实践。要想发挥企业成本管理的最大效用，离不开数字化技术的支撑，结合数字化技术推进企业成本管理优化工作，伴随着企业资源计划系统、产品生命周期系统、供应商关系管理系统、生产执行系统、高级计划排程系统、费用管理系统、仓储管理系统、运输管理系统、客户关系管理系统等应用的落地，进而使企业取得较好的降本增效成果。

2021 年，我萌生了将多年来财务工作经验进行总结的想法，希望能在这个企业数字化转型的时代，为财务人员提供一些帮助。于是，我在网络平台上，根据自己的经验解答一些企业财务问题。出乎意料的是，我的解答受到了众多读者的喜爱，特别是关于成本和供应链管理分析的问题，阅读量达到了数十万次，收藏量也接近万次。这极大地鼓舞了我，促使我下定决心对企业成本管理进行更为系统性的归纳、总结与提炼。随后，我以“成本会计五项修炼”为主题，分别围绕研发成本、采购成本、制造成本、供应链成本和销售成本，在网上发表了一系列文章，吸引了大量读者浏览、阅读和收藏。

这本书深度探讨了企业全价值链的成本管理，从研发、采购、生产、供应链到销售，一步步教你如何有效控制成本。同时，对企业全价值链在成本预测、成本计划与预算、成本核算、成本控制、成本分析等方面进行了深入剖析。其业务范围涉及装备制造、工程建筑、软件和科创。书里的成本管理方法、实战经验和教训，都是我多年在企业做咨询时积累的，还加上了我和很多企业财务总监、成本经理、主管及财务人员深入交流的心得。

希望这本书在向大家分享企业成本管控方法与手段的同时，还能引导成本会计将眼光向外拓展，跳出传统的财务成本管理框架，转而关注那些对成本产生直接影响的业务管理模式、流程、方式、方法及机制等。通过优化这些业务管理要素，可以实现降本增效的目标。

诚然，本书内容可能存在不当、缺失与错误之处，欢迎读者批评指正，以便于修订时优化和完善。

潘成高

目录

01

第一章

企业价值链管理

价值链是指企业为了向最终客户提供有价值的产品或服务，所进行的一系列活动。这个概念源自企业管理领域，最初由哈佛大学商学院教授迈克尔·波特在1985年的畅销书《竞争优势：创造和维持卓越绩效》中提出。价值链管理则涉及对这些活动的计划、协调、分析和控制，让企业内部的各个环节形成一个相互关联、协同工作的整体。它根据价值链的特点来优化企业的业务流程，使这些流程能够高效地处理资金流、物流和信息流，具备自我组织和自我适应的能力。

价值链管理是在客户需求的不断变化和激烈的市场竞争背景下发展起来的，它以流程管理为核心，不仅关注企业内部，还面向供应商和客户，形成了一条完整的企业全价值链管理体系。

企业实施价值链管理的目标是提升整体运营效率，降低成本。一般通过优化核心业务、组织结构、业务流程、信息流等方面，实现从职能型组织向流程型组织的转变。这样，不但可以降低组织和经营成本，还能控制经营风险，最终提升企业的效率和效益，增强整体竞争优势。

价值链理论不仅为企业成本管理的深入研究提供了坚实的理论基础，还推动了企业管理理念的深刻变革。它促使企业从局限于内部、静态的成本管理方式，转变为更加开放、动态和系统的成本管理方式。其理论要点主要包括如下内容：

（1）围绕企业核心竞争力形成而展开。价值链的各项价值创造活动都围绕企业核心竞争力的形成而展开，都要对培育企业核心竞争力发挥作用。价值创造活动的最终目的是帮助企业形成核心竞争力，促进企业平稳有序向前发展。

（2）给最终消费者更多的效用或利益。价值链的各项价值创造活动的直接目的是提供给最终消费者更多的效用或利益。也就是说，要促进客户利益最大化。

（3）均衡各利益相关主体之间的利益。在创造和传递价值的过程中处于价值链上的各个主体都投入了自己的专用资产，都对价值创造活动做出了贡献，是同一价值链上的利益相关者。因此，在处理各种关系时要均衡各利益相关主体之间的利益，加强各利益相关方的利益分配。

由此可见，价值链管理能够从企业生产经营的各个环节入手，揭示出影响企业竞争力的成本信息。这样，就能分析出企业获得竞争力的根源，探究是哪些价值增值因素和成本动因促成了企业的竞争优势。利用这些数据分析结果，我们可以制定出企业的长远发展策略。总之，在企业价值链中，通过消除成本劣势并创造成本优势，可以实现精细化成本管理的目标。

本章将从企业价值链与成本管理、企业价值链各环节的成本管理、基于价值链的企业成本管理模式等方面，分享优秀企业价值链管理的方法，希望能给成本管控人员带来一些启发。

第一节 企业价值链与成本管理

企业价值链主要是由企业的价值活动、利润创造过程构成的，是企业为了创造对客户有价值的商品或服务所从事的物质和技术活动。通过企业价值链的价值活动，可拓展成本管理的视角，获得消费者对产品价值的普遍认可。

一、企业价值链

企业价值链可以分为企业内部价值链、企业纵向价值链和竞争对手横向价值链。

1. 企业内部价值链

企业内部价值链是指企业内部为客户创造价值的主要活动，以及相关支持的活动。企业内部的价值活动分为主价值链活动和辅助价值链活动。主价值链活动主要包括营销、研发、供应链、采购、制造、销售与售后服务等活动。企业的辅助价值活动主要包括企业文化、人力资源管理、企业管理、计划体系、财务管理体系、行政后勤等活动。

2. 企业纵向价值链

企业纵向价值链是指将企业看作是整个企业价值生产的一个环节，与上游供应商和下游客户紧密依存。企业、供应商、客户三个主体均能认识到企业全价值链管理对促进企业的整体发展所起的积极作用。因此，企业管理者需从全局出发，了解企业的上下游在生产运营与产品服务方面的基本特性，从而实现与上下游企业之间的有效协作，最终提高企业的整体竞争力。通过与供应商、客户的良好合作不仅能够改善和控制企业的材料采购成本，更能够拓宽企业的营销渠道。

3. 竞争对手横向价值链

竞争对手横向价值链主要是指分析现实或潜在的竞争对手如何影响企业的价值创造活动。这样做的目的是要搞清楚竞争对手在市场竞争中的长处和短处，从而帮助企业找到自己的战略定位。竞争优势企业应被学习，竞争劣势企业的不足要合理规避。

总之，价值链理论拓宽了成本管理的视野，不再局限于企业内部，而是把成本管理的重心扩展到了组织边界之外，包括整个价值链上的竞争对手。价值链分析是战略成本管理的出发点，强调成本管理不仅仅限于成本本身。

二、企业成本管理

企业需根据实情构建有效的成本管理模型，优化内部每个环节，以提升产品和服务的价值，从而在市场竞争中获得最大的竞争优势。构建企业全价值链模型时，应从主价值链活动、辅助价值链活动、运行支持和决策监督这四个维度着手。通过设定标准化的流程和监控指标，实现价值链管理、过程控制、绩效评估等目标。

企业全价值链管理模型，如图1-1所示。企业要想进行有效的成本控制，就要时刻观察市场的变化情况，构建基于价值链的成本体系。重点包括：优化产品设计、强化供应商合作、重视物流运输、改革销售模式。

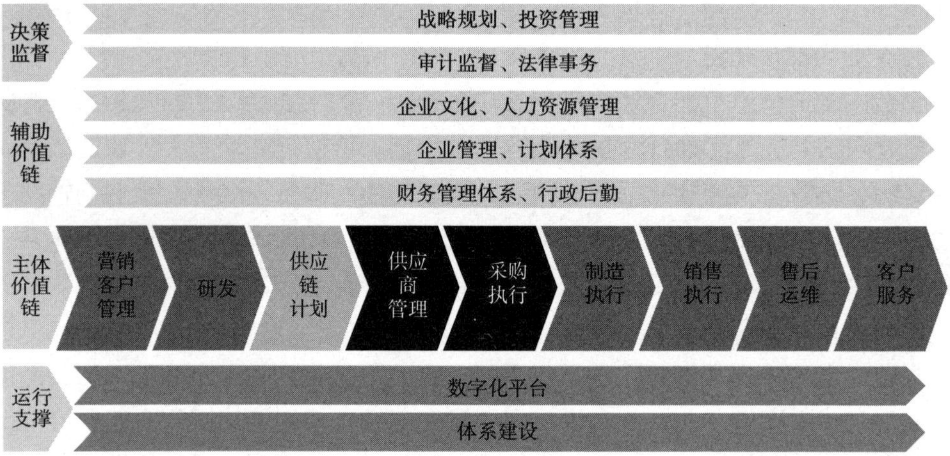

图1-1　企业全价值链管理模型

企业可以通过优化价值链中的核心业务、组织结构、业务流程和信息流等，实现从整体上降低组织和经营成本，控制经营风险，提高业务管理水平和经营效率。企业所有活动都应在决策层、管理层、经营层与支撑层上进行。比如，决策层的每一项活动都要确保企业的持续经营与发展；管理层的每一项活动都是为经营性活动提供支撑服务；经营层的每一项活动都要体现增值性。所有上述这些活动，在数字化、智能化的今天都应该建立在企业体系建设和数字化平台的支撑上完成。

企业全价值链活动的关键是如何实现每一项活动的净增值最大化。数字化技术有利于促进企业价值链优化，实现经营成本降低和经营风险的控制。企业价值链改进措施包括优化核心业务、优化业务流程、优化组织结构和优化企业信息流四个方面。企业全价值链改进措施，如图1-2所示。

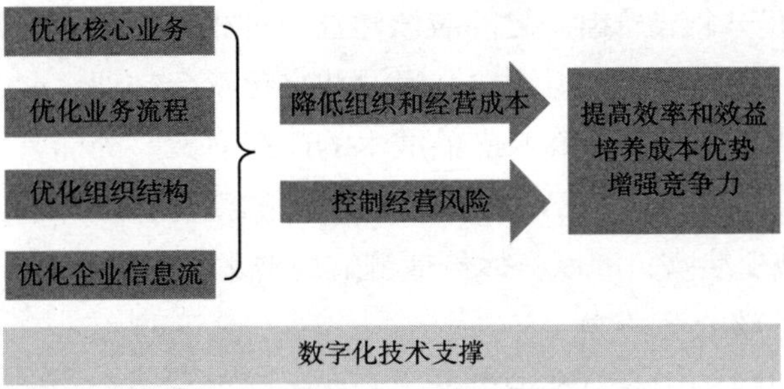

图 1-2　企业全价值链改进措施

三、基于价值链的成本管理

在内外部环境的共同影响下，企业要想获得生存并保持持久的竞争优势，需要及时转换成本管理理念，拓宽成本管理内容，改进成本管理方式，并积极探索新的、适应数字化管理需要的精益化成本管理方法，将成本管理与企业价值链进行深度融合。这种基于价值链的成本管理模式已经在一些先进企业中得到推行，比如，华为、美的等世界 500 强企业通过供应链构建与优化重组、全价值链成本管理，获得了巨大的成本竞争优势。

1. 促进数字化成本管理体系的建立和完善

高新技术不断更新换代导致现代企业的生存环境发生改变，在各种先进技术的支撑下，产品推陈出新的速度加快，产品的生命周期不断缩短，都在加剧企业之间的低成本竞争。面对如此环境，传统的成本管理模式显然无法适应新环境下的要求，企业要尽快树立全新的成本管理理念，将成本管理活动上升到一个全新的战略发展高度，完善的数字化成本管理体系将为企业战略决策提供精细、准确和完善的成本信息。

基于企业全价值链构建的数字化成本管理体系，能够实现企业内外全价值链活动的融合，帮助企业从不同的层面和角度降低成本、创造价值。这将不仅满足企业的决策需求，更为企业的战略发展提供了信息支撑。

2. 密切合作降低全价值链总成本

在激烈的竞争环境中，企业面临着各方面的压力。比如，对产品质量要求的不断提升，对产品成本的有效降低，对产品服务客户体验的提高等。面对这些来自各方面的压力，企业仅凭借一己之力很难适应，需要联合价值链中的企业建立一种战略合作伙伴关系，通过跨组织的集成协同管理模式取长补短，实现企业价值链的再创造。

价值链中的每一个成员组织之间应该建立一种相互信任、良好的合作关系。在这种关系基础上，各企业成员组织之间通过数字化平台实现企业之间的需求供应平衡和业务协同，共同努力探索降低产品成本的可行方案。简而言之，就是处于价值链中的每一个成员组织通过对不同节点价值活动的整合，发挥各自优势，提升价值链的反应效率，减少浪费，降低整体价值链的总成本。

3. 提升企业的核心竞争力

价值链将供应商、企业、客户进行了密切的联系与结合，通过数字化技术将这三者之间构成一个能够融会贯通的协同体系。这一完整、协同运行的体系将极大地促进企业产品信息的流通速度，促进企业服务质量，以及对社会环境变化的反应速度的提升，降低市场和社会的平均库存量。同时，这一完整、协同运行的体系通过与价值联盟企业的协调与合作使得市场信息资源得以高度共享，为企业内部规模效应的形成奠定基础，使企业内部存在的资源配置问题得到良好的优化，从而全面提升企业的核心竞争力。

4. 在时间和空间上拓展成本管理的范围

成本管理的时间范围由产品生产过程，向前延伸至产品投产前期的研发设计成本，向后延伸至产品销售环节中形成的销售成本、售后服务成本、客户满意度成本、报废处置成本等。成本管理的空间范畴拓展为纵向价值链和横向价值链。纵向价值链又称为企业价值链，是从最初原材料至最终产品达到目标消费群的整个过程。横向价值链又称为竞争对手价值链，主要解决企业与相同地位竞争对手相比较，提高企业竞争力水平等。时间和空间范围的拓展使得价值链的企业、供应商、客户紧密联系在一起，有助于企业及时调整成本管理模式，从而巩固战略优势地位。

5. 企业由粗放式向精益式转变

传统成本管理：售价 = 成本 + 利润，即成本决定售价，一般是通过售价保证利润，而价值链成本管理：成本 = 售价 – 利润，即售价决定成本，一般是通过降本增效保证利润。从“成本加法公式”到“售价减法公式”的转变，要求企业在确定战略目标时需要把关注重点放到管理改善上，不断挖掘企业内在潜力，不能靠简单提价来增加企业利润。这就要求企业的成本管理要由粗放式向精益化转变，走精益管理之路，综合运用精益设计、采购、生产、物流和服务等技术手段，获取成本竞争优势。

6. 增强企业抵抗风险的能力

当企业具备更强的成本控制能力和运营效率时，它就能够更好地应对外部环境的变化和挑战。通过价值链构建，企业能整合与调配采购、生产、销售等环节的横向和纵向资源，避免技术、融资等问题，推动联合发展。这种能力将增强企业的风险抵御能力，确保其在不确定的市场环境中保持稳定发展。

总之，基于价值链的数字化成本管理模式，对于企业而言是一种多元、全面、科学、更深层次的管理模式，能大幅降低企业成本，转化为利润，提升核心竞争力，帮助企业适应外部环境变化，增强抵御风险能力。

第二节　企业价值链各环节成本管理

在企业全价值链成本管理模式下，企业的研发、供应商管理与采购、制造、供应链、销售环节存在哪些问题，如何进行成本控制，会产生怎样的效果等，带着这些问题需要在企业内外部进行广泛沟通交流，将有利于企业全价值链成本管理工作的顺利推进。

一、研发环节的成本管理

研发环节的降本增效工作，主要是研发成本管理，需要思考解决如下问题：

（1）如何管理产品研发的项目成本，使其控制在产品研发的预算之内。

（2）如何实现为满足客户个性化需求，进行快速、准确的成本测算，支持销售人员快速报价。

（3）如何根据市场变化，进行成本模拟，支持销售部门调整产品定价策略。

（4）如何使新产品的成本可控制在目标成本之内，新产品的目标成本是扣除预计利润后根据市场情况分析制定的客户能够接受的价格。

（5）如何优化产品设计，提高各产品间的零件、组件标准化、通用化，提高模具的使用率，实现技术降本。

二、供应商管理与采购环节的成本管理

供应商管理与采购环节的降本增效，主要是采购成本管理，需要思考解决如下问题：

（1）如何根据市场原料行情监控分析，判断原材料价格走势，为供应商与采购部门做出采购决策提供支撑。

（2）在供应商管理方面，如何制定与管控不同供应商的供货比例，使得在保持供应稳定、原料质量与成本之间达到平衡。

（3）如何跟踪控制采购合同的执行，享受供应商优惠、返利政策，减少采购价格不利差异的发生，争取有利价差。

（4）如何制定外购件的核价机制，分析外购的核价、估价与定价的差异，支持采购部门优化采购管理模式。

（5）如何制定采购降本的合理指标。

三、制造环节的成本管理

生产制造环节的降本增效工作，主要是制造成本管理，很多企业都非常重视这个环节的工作。在这个环节，主要是考虑如何降低料、工、费的损耗，保证生产质量，需要思考解决如下问题：

（1）制定料、工、费的合理定额。

（2）跟踪管控原材料的消耗量差。

（3）保障设备的稳定运行，避免造成停工损失与窝工现象，减少人工成本。

（4）保障生产质量，减少返工、废次品的现象出现，减少损失。

（5）做好间接费、可控的制造费用预算控制工作等。

四、供应链环节的成本管理

说到供应链成本管理，其中一项重要工作就是降本增效。在这个环节的成本管理工作可能许多人没有接触过，但极具价值，需要思考解决的问题如下：

（1）如何进行供应商的合理布局，供应商的生产基地（供货基地）距离各条生产线间是否最优、配送成本是否合理，供货的及时性是否满足。供货的及时性是指物料配送到设备下料的及时性，不能晚（晚了影响生产），也不能早（提前送达，会造成仓储成本增加，产生二次装卸搬运费用），一般不能出现某种重要物料的独立专供，会造成价格谈判困难，还可能会出现供应链断裂的风险等。

（2）如何规划仓储配送布局，快速满足客户需求，降低物流仓储成本。通过成本评估是否需要采购第三方物流。

（3）如何与供应商的计划协同、物料配套，以降低存货占用成本。

（4）在多工厂、多条线的情况下，如何下单、排产，自制还是外协，以实现企业利润最大化，同时激励降本措施。

（5）如何实现订单的全流程成本跟踪。

五、销售环节的成本管理

销售环节的降本增效工作，主要体现对销售报价的支撑、销售下单的盈利分析，以及销售环节的各种费用管控。在这个环节的成本控制工作，需要思考解决如下问题：

（1）如何协助销售管理部门制定切合实际的销售价格政策。

（2）面对客户个性化要求，如何支撑销售管理人员的销售报价，实现盈利。

（3）销售费用呈现着多样性、复杂性，如何实现销售费用有效控制，而又不影响市场营销活动，以及销售活动的开展。

第三节　企业全价值链管理模式

企业全价值链管理是一种战略管理模式，它能够帮助管理者对企业价值链上所有的活动进行识别、分析，通过增加增值活动，减少（甚至去除）非增值活动。同时，指引和处理好企业同供应商、客户、竞争对手之间的关系，进一步明确企业自身的发展优势。

在实施企业全价值链管理模式时，首先要了解价值链成本管理的新理念，其次要正确识别企业价值链活动，实现对企业价值链的全面综合分析，对增值活动进行重点关注和加强，对非增值活动进行控制或有效降低甚至去除，从而达到价值链成本管理的最终目的，即企业增值最大化和成本最优化。

企业内部的主价值链活动（如营销、研发、供应链、采购、制造、销售及售后服务）和辅助价值链活动（如企业文化、人力资源管理、企业管理、计划体系、财务管理及行政后勤）都会消耗资源，产生成本与费用。主价值链活动产生的成本构成了企业全价值链成本的主要内容。辅助价值链活动的费用或辅助成本则通常通过预算控制或定额管理，这部分支出通常以费用形式出现，不作为本书重点。

一、企业全价值链成本管理体系

构建企业全价值链成本管理体系时，可横向分为研发成本、采购成本、制造成本、供应链成本、销售成本与售后服务费用六大环节。每个环节的成本管控再按成本管理基础、业务管理与成本核算、成本分析和成本管控进行纵向展开，从而构成纵横交错、一体化的企业全价值链成本管控框架体系，如图1-3所示。

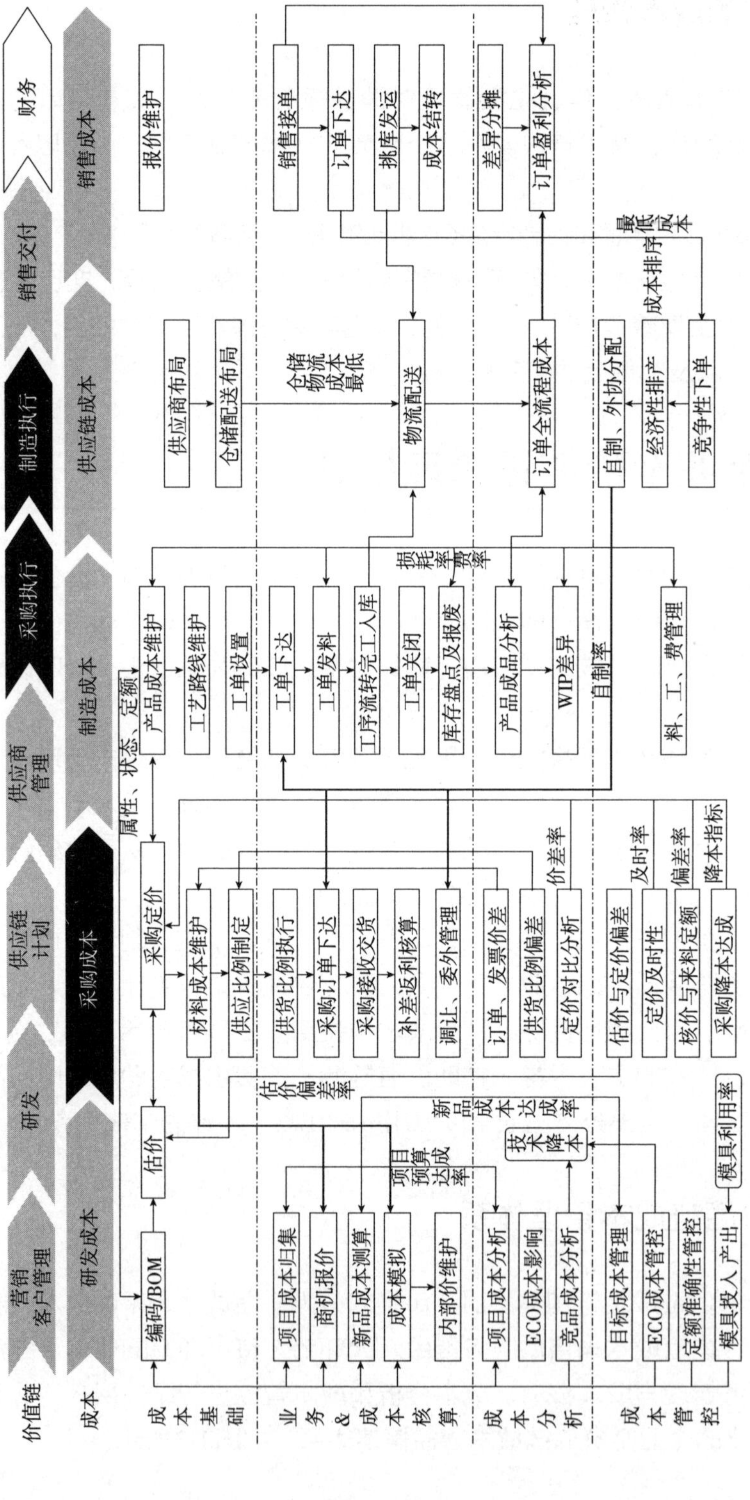

图 1-3　企业全价值链成本管理体系

BOM：Bill of material 的缩写，即物料清单，它是产品制造的静态数据基础；

ECO：Engineering change order 的缩写，即工程变更单，它是工程变更的动态管控机制。

企业全价值链成本管理体系要求成本管理工作者，在制定成本管理方案时要具有前瞻性。比如，在市场营销环节了解对产品需求的同时，还要掌握消费者对产品价格的承受力；在研发设计环节，要引入目标管理机制，在保障目标利润的前提下进行产品成本的有效规划。而且，成本管理工作的重心也将从生产环节转向市场需求分析与产品研发环节。下面分别从研发设计成本管理、采购成本管理、制造成本管理、供应链成本管理、销售成本管理、服务成本管理与标杆价值链管理简述企业全价值链成本管理体系。

1. 研发设计成本管理

研究表明，产品研发设计对产品成本起着决定性作用，产品成本的70%～80%是由研发设计阶段决定的。因此，在实施研发战略时，应坚持向研发要效益。企业研发部门需要在原有产品设计成本基础上，根据大数据统计分析结果，不断优化产品设计结构，在合理功能的基础上减少材料的投入，同时要优化产品技术结构，实现产品设计单位成本下降。将技术与经济相结合，突出了技术在成本管理细化中降低成本的作用，并在实践中产生了价值。

2. 采购成本管理

企业上游供应商提供的原材料价格构成了企业生产产品的直接成本，供应商供货的质量、数量、方式、日期等都会对企业生产产生重要影响。企业可以对主要供应商的产品进行测评，与最优选供应商建立商业协作伙伴关系，获得最低的产品生产前的原材料价格，比如与供应商建立信息共享机制，以便将需求提供给供应商后能保质保量并及时收货，实现“零库存”管理，降低存货成本；把成本目标传递给供应商，协商或帮助供应商降低成本；必要时要求供应商提高产品的质量，以便最终产品更具竞争力。从长远规划来看，企业与供应商合作应找到价格与质量最佳的结合点。

3. 制造成本管理

在制造阶段的成本管理，不光包括了传统成本管理的内容，更强调采用先进的成本管理理念与现代化的管理技术、工具和方法。要想控制好生产成本，就要从系统工程的角度来考虑，通过价值分析的方法，把生产过程中的非增值因素和浪费先剔除掉，这样成本就能得到有效控制。生产成本控制要从价值链的整体出发，从总体上观察成本的构成情况，包括原材料的供应和采购、物流运输条件、人工成本支出、生产设备的使用状况等多方面，不断寻求生产各环节新的效用临界点。同时，还应考虑技术水平及市场需求，衡量成本构成与产品功能之间的关系，不能一味地降低成本而忽视产品功能性和质量，应在确保产品基本功能的前提下，提高产品的性价比，从而有效控制相对成本。

4. 供应链成本管理

供应链成本管理就是要根据精益生产模式的要求，对产品包装、场外运输、存储保管、装卸搬运、广告宣传及售后服务等具体环节，运用系统方法进行过程分析。根据不间断、不迂回、不倒流、不等待和不浪费的原则制定创造价值流的操作方案。在强调加强企业市场管理职能的情况下，不能忽视客户的价值需求，要在保证物流各环节正常运行的前提下，权衡效益与支出之间的关系。对供应链各具体环节发生的成本费用进行有目标、有计划地管理，通过仓储中心的合理布局和运输线路的优化规划，减少不必要支出，使整个供应链在尽可能低的总成本条件下运行。

5. 销售成本管理

企业下游的客户或者经销商是企业产品的消费者，通过支付给企业购买价格获得产品，满足其需求。企业要实现盈利首先要创造客户价值，企业在创造并传递客户价值后便实现了盈利。因此，企业应当与下游企业客户保持密切的沟通与交流，将企业的技术优势与客户需求融合，满足客户的产品需求，同时降低企业在销售环节的相关成本，比如，销售成本中的运输成本、销售费用预算控制等。

6. 服务成本管理

在市场竞争越来越激烈的今天，企业的战略重点已趋向于提高客户满意度，通过吸引更多客户来占领更多的市场份额。精益化服务成本管理的目的就是要在满足客户一定价值需求的情况下，控制过高的服务成本，随着客户满意度边际效用的降低，超出客户预期的满意水平就会造成资源的浪费。服务成本已经成为企业价值链各环节中不可忽视的组成部分，成本控制的关键点应以客户价值增加为导向，在满足客户需求同时，又不造成任何服务成本的浪费。以高质量、低成本的服务，提高客户满意度，维护客户的长期合作关系，增加产品销售和盈利空间。

7. 标杆价值链管理

将企业的产品价格、成本、管理模式与同行业企业进行对标，通过公开信息渠道，比如，官方网站、企业披露方式获得竞争对手经营模式、产品销售数量、价格、成本、研发投入、专利技术、供应链等信息，通过对比分析后，改进企业业务流程、优化自身管理模式，从而降低和改善产品成本，实现企业竞争优势。

成本管理不仅仅是财务问题，事实上它还属于企业管理的范畴，它从全新的视角为企业的经营管理提供有效的决策依据，在实现最优化的成本管理模式的同时，使企业全价值链管理成为全过程、上下游关注的成本管理，使企业在竞争中技术优势和价值优势并存。

二、利用各种成本信息构建企业价值链

企业全价值链管理的对象包含：信息流、资金流、商流、物流等组合而成的集合。通过不同的空间和维度构建、收集价值链中的成本信息，综合分析企业内外部价值链，记录和建立各个价值链流程及相关业务内容，明确其中关键角色及其相关业务职责，从而明确价值链成本管理中关键的成本要素和有关成本信息，对其进行分析控制。

1. 优化价值链

在企业全价值链基础上的企业成本管理模式主要是将价值链理论与成本管理论进行有机融合后形成的，是在价值链管理的基础上对成本管理模式的一种优化、完善。在对价值链与价值链联盟商中不同成本信息的分析与利用下，不同管理方法与工具的支撑使得价值链中不同环节中的增值作业不断增强，消除了那些不能增值的作业，降低了价值链的总体成本，从而创造了再次进行改进和构建新价值链管理的机会。最终使得企业的信息流、资金流、商流、物流等得到高速运转，实现对企业成本的全过程、动态化的控制与管理，为促进企业的发展获得更多的竞争优势，实现价值联盟的价值最大化增值奠定基础。

2. 引入信息系统

现代企业的信息系统是企业实施成本管理必不可少的基本技术支撑。在信息系统的构建方面，企业必须根据自身的实际情况，科学合理地选择适合的模式。企业全价值链成本管理涉及企业全价值链的运营管理，需要企业资源计划系统（以下简称ERP系统）、生产执行系统（以下简称MES系统）、高级计划排程系统（以下简称APS系统）、设备管理系统（以下简称EAM系统）、仓储管理系统（以下简称WMS系统）、客户关系管理系统（以下简称CRM系统）、供应商关系管理系统（以下简称SRM系统）、产品生命周期系统（以下简称PLM系统）的协同运行，在整体性原则的约束下实现企业内部各子系统的协调与统一，同时还要注意在系统统一平台中各种信息之间的相互关联，避免信息孤岛的产生，以及出现信息不全面、不及时、不可靠、不真实的问题，以实现数据的统一性、一致性、全面性的管理。在实践中，需要不断完善各种信息系统的构筑才能为企业成本管理提供高价值和保障。

3. 从外部价值链开展企业成本管理

企业的纵向与横向价值链又称之为外部价值链，构建并优化企业外部价值链主要就是为了增强企业价值链的业务流程能力。对于企业而言，改进业务流程能力不仅需要对企业内部价值链进行优化和改良，还要加强企业与供应商、销售商之间的合作关系，一旦客户提出需求，企业就能够在第一时间迅速做出反应，从而进一步优化企业的研发、生产、同供应商与客户之间的密切协同与联系。比如，企业可以同其他企业形成战略同盟，这种战略同盟能够有效扩展延伸价值链的范围，通过充分协作为企业创造出更高的价值；企业可以同上下游相关企业进行良好的合作，甚至还可以同竞争对手建立良性的战略联盟，从而为提升企业的价值链奠定基础。

4. 从内部价值链开展企业成本管理

企业内部价值链主要是对企业的内部经营有关成本进行控制，在对企业内部价值链分析的基础上，努力探寻价值链上哪些属于不能带来增值的作业，哪些属于与成本不相匹配的作业，从而制定措施减少材料费浪费，节约人工成本，提高设备利用率，并采取有效的方法进行改善，达到降低企业的成本，提升价值创造的目的。

三、企业全价值链管理模式的构建

企业全价值链管理模式在企业的有效推行，需要优化当前的组织机构和运作机制等，否则将很难保障企业价值链成本管理模式的顺利、稳定运行。企业可从优化组织结构、再造作业流程、管理规范与激励，以及数字化平台支撑等方面保障企业全价值链管理模式的落地。

1. 优化组织结构

现代企业组织结构多基于不同职能部门需求设计，为立体科层制。但这种模式易导致部门间缺乏合作与协调，形成部门壁垒，阻碍业务拓展、客户需求响应及市场适应。因此，需构建扁平化、动态化组织结构，增强柔韧性和灵活性，加速信息传递。为实现战略远景，众多大型企业正调整优化结构，采用少层次、扁平化模式，以高效快速满足多样化客户需求。

2. 再造作业流程

企业内部价值链的主要内容是与业务流程相关的价值活动。企业应根据外部价值链管理的要求，结合考虑自身内部价值链的特点，重新审视企业当前的价值链，对企业的业务流程进行优化。假设企业在某一作业流程中存在效率低下的问题，那么就需要对该作业流程进行重新设计与调整，剔除不增值活动，改善低效活动，记录和建立与该作业流程相关的业务内容，明确其中关键角色及其相关业务职责，把握价值链成本管理中的关键成本要素和成本信息，并对其进行分析控制。通过重塑流程，构建新体系，提升效率，减少浪费，发挥企业优势。

3. 管理规范与激励

基于价值链的成本管理模式易引发成员间利益冲突，产生懈怠心态，影响整个价值链的稳定性。因此，在实施价值链成本管理模式时，需要利用价值链优势，在完善的奖惩措施保障下，确保价值链联盟企业整体利益最大化。企业应制定标准、制度和流程，明确职责，定期考核业绩，并结合质量、价格等多种激励与惩罚措施，强化管理效果，避免人为削弱。这样才能激发企业、供应商和客户的工作积极性与创造性，实现多方共赢。

4. 数字化平台支撑

互联网、物联网、大数据等数字化技术的广泛应用，促进并推动企业优化和改造传统的业务模式、流程和运营方式，提高企业的经营效率和竞争力。企业可以更加全面、准确地了解到生产过程中的成本信息，帮助企业实时掌握生产成本的动态情况，及时发现和解决成本问题，提高成本管理的效率和准确性。

02

第二章 企业研发成本管控

在传统成本管理中，大多数企业侧重于成本核算与成本分析工作，也有部分先进企业侧重于生产过程中的料、工、费的控制，目的在于精打细算，并称之为精益成本管理。在实践中通过分析，我们发现在产品研发设计时，就已经决定了产品的主要成本，企业产成品的成本竞争优势已经作了定位。为此，许多企业将成本管控的重心进行前移，放在市场调研与产品研发设计环节，这也是本章将要介绍的主要内容，即研发成本管控。

对于研发成本管控，可能多年从事成本会计的读者会觉得有些陌生，因为自己的工作内容基本上是制造成本、采购成本、销售成本等，很少涉及研发成本的相关内容。然而，越来越多的企业开始重视研发成本的管理，因为产品成本的 80% 在研发阶段就已经决定，此后能够控制产品成本的手段有限。

当一个企业将“成本领先”作为竞争战略时，通常会根据市场竞品成本分析，预先设定一个具有竞争优势的目标成本，以期获得成本竞争优势。这样，就需要产品设计工程师、物资采购人员、生产工艺人员与成本会计共同研究，并尽力在产品性能、新材料、可替代物料、工艺与成本方面达到平衡，需要成本会计根据不同的数据不断进行成本测算及效益评估。因此，研发成本是企业全价值链成本管控的起点，也是龙头。

一些企业里的管理者认识到在产品研发与设计阶段强化成本管控的重要性，他们将成本管理工作重心逐渐向前移，从产品研发、设计、产品造价等成本发生的源头对未来成本进行前瞻性管控，从而避免成本决策失误。

本章将从研发成本管控及竞品成本分析、集成产品开发模式对产品研发成本的影响、产品研发项目的成本管控、新产品的成本管控、老产品的设计改进的成本管控、研发成本管控对企业的现实意义等方面，分享优秀企业全价值链研发成本管控的方法，希望能给研发成本管控人员带来一些启发。

第一节　研发成本管控及竞品成本分析

产品研发环节的成本管控，在许多企业里得不到重视，多数企业能做到的只是在新产品研发前，产品研发部门在做可行性研究分析报告时，向财务管理部门要一些数据，做一些经济可行性分析，财务人员（成本管理人员）没有深入到产品规划投资成本分析，没有对研发成本形成体系化管理。当然，我们也看到了在国家政策的支持下，企业在研发成本管理方面做出一些改变。比如，高新技术企业，由于国家政策对企业研发创新的鼓励，在税收上有较大的优惠，一些企业进行了新产品研发的成本、费用归集，以获得用于加计扣除的研发成本费用数据，这只是对产品研发项目发生的项目成本与费用进行归集与分析，对期望提升企业成本管理水平的企业来说远远不够。其实，企业需要重点关注的是：通过精益设计，在产品质量得到保障的前提下，实现产品总成本的最优，从而为企业总成本领先战略的实施，提供有利条件。

一、产品研发成本管理

设计出具有竞争优势、总成本最低的产品，将是企业产品研发阶段的最重要工作，也是现代成本管理工作的重心。产品研发设计成本管理需要解决如下两个方面的问题：

（1）如何通过有效手段降低研发部门在研发时的费用开支，实现在有限的研发成本费用预算内，完成产品研发任务。

（2）如何设计出适销对路、质量好、市场喜欢、成本低、效益高的具有市场竞争力的产品。

产品研发成本管理体系。如图2-1所示。

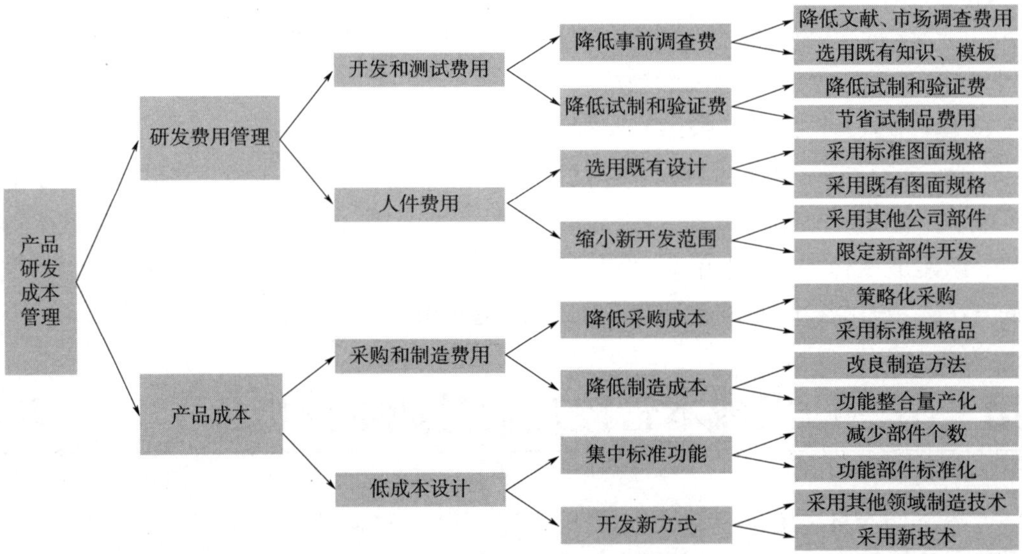

图2-1 产品研发成本管理体系

产品研发的成本管理体系包括研发费用管理和产品成本两部分内容。研发费用管理按研发项目进行成本费用预算管控，产品成本的管控是指在研发阶段对产品的成本规划与设计等。

1. 研发费用管理

研发费用管理包括研发费用、测试费用与人件费用。其费用控制方式如下：

（1）研发与测试费用的研发费用管控。可通过降低事前调查费、试制与验证费来实现。事前调查费管控可通过降低文献、市场调查费用与选用既有知识、模板等方式实现费用节约。试制和验证费管控可通过提升试制和验证效率与节省试制品等方式实现费用节约。

（2）人件费用的研发费用管控。可通过选用既有设计与缩小新开发范围等方式实现。选用既有设计包括采用标准图面规格与既有图面规格等，缩小新开发包括采用其他公司部件、采用标准件、通用件与既有件，限制新部件开发等方式进行体系规划。

2. 产品成本管理

产品成本管理包括规划采购与制造的低成本策略和低成本设计。其费用控制方式如下：

（1）产品设计时考虑低成本采购与生产。比如，通过策略化采购与采用标准规格品实现降低采购成本，通过改良制造方法和功能整合量产化实现降低生产成本等。

（2）产品设计时要考虑低成本设计。比如，减少部件、零件的个数，功能部件尽可能标准化、通用化；采用新技术或其他领域的制造技术等提高效率等。

二、研发成本管控的逻辑思维

成本的竞争优势主要来自产品设计、产品的研发规划。因此，在产品研发阶段，越优秀的企业越重视研发成本管理，积极采取措施进行研发成本管理的探索与应用研究，可取得可观的效果。研发成本管控的逻辑思维主要包括如下内容：

（1）产品研发项目的成本管理。通过研发立项、项目预算管理控制产品研发项目的成本与费用支出，防控项目研发风险。

（2）新产品研发成本规划管理。在新产品研发规划时，进行投资成本与收益分析；新品设计时，引入供应部门，选用性价比高、可替代的物料、零件；增加通用件的使用、减少专用件的数量，以期获得规模采购或加工成本节约优势。

（3）竞品的成本分析与成本优化改进管理。定期对竞品的构成、工艺、工序进行成本分析和对比分析，调整成本具有竞争力的材料、工艺、工序等。

（4）提升产品加工效率节约成本与费用。通过模具、工装夹具研究与改进，提高生产线切换与加工效率，生产线的切换与加工效率的提升可直接影响未来产品批量生产的加工成本与费用等。

（5）老产品的成本改良管理。定期审视老产品的物料清单（BOM）结构，剔除功能过剩零件、材料；跟踪材料市场的价格变化和新材料的应用，制定新的BOM结构，及时完成成本测算。

（6）技术创新成本管理。关注加工工艺的新技术，研讨加工工艺、生产线的改造，并进行成本测算。

（7）产品成本基础管理。做好产品基础管理，如物料编码管理统一、严格制定产品的物料清单和物料的消耗定额、与成品估价等。

（8）售前产品成本测算与报价管理。支持销售一线的商家快速报价，根据客户的个性化要求，协同产品研发人员、销售、生产人员快速研发满足客户个性化要求的产品，并快速测算个性化产品成本，支持销售人员快速、准确报价，规避风险。

（9）产品与成本标准化管理。在新产品设计中做好产品系列化、通用化与标准化工作；非标件、零件、材料种类使用过多，会增加试制和生产准备费用，也不利于提高效率和质量。

上述研发成本管控的逻辑思维是对实践的总结，可为企业研发成本管理打开思路。读者可以结合企业实际情况，制定切实可行的研发成本管控方案，并付诸之于实施。

三、竞品成本分析

在进行竞品分析时，需要全面考虑各个方面的成本，以便更好地了解竞争对手的情况，并制定出更具有竞争力的产品或服务。竞品成本分析主要包含如下内容：

（1）原材料成本分析。原材料成本包括采购成本、运输成本、杂费等。在制造业中，原材料的成本在产品成品中的比重通常较大，对于原材料的采购成本和运输成本的控制显得尤其重要。了解竞争对手的原材料成本可以帮助企业优化采购策略，寻找更优质的供应商，降低采购成本。

（2）生产成本分析。生产成本包括生产设备成本、生产工艺成本等。对制造业而言，生产成本是非常重要的成本组成部分。了解竞争对手的生产成本可以帮助企业对生产过程进行优化，提高生产效率，降低生产成本。

（3）研发成本分析。研发成本包括研发人员成本、实验室成本费用等。在高科技企业中，研发成本占据企业支出的很大一部分。了解竞争对手的研发成本可以帮助企业更好了解对手的研发投入和技术实力，从而制定出更具有针对性的研发策略。

（4）销售成本分析。销售成本包括销售渠道成本、广告宣传费用等，在销售环节，企业需要支付一定的渠道费用和广告宣传费用。了解竞争对手的销售成本可以帮助企业优化销售渠道和广告宣传策略，提高销售效率，降低销售成本。

（5）物流成本分析。物流成本包括运输成本、仓储费用等。对企业而言，物流成本是运营成本中的重要组成部分。了解竞争对手的物流成本可以帮助企业优化物流策略，寻找更高效的物流方案，获得更低的物流成本。

（6）采购成本分析。采购成本包括采购人员成本、供应商谈判成本等。在企业的日常运营中，采购是企业必不可少的一个环节。分析竞争对手的采购成本可以帮助企业优化采购策略，寻找更优质的供应商，降低采购成本。同时关注供应商的质量与交货期等问题，避免出现因供应商问题导致企业生产受阻的情况。

（7）人力成本分析。人力成本包括人力资源成本、员工培训成本等。人力成本是企业管理中不可或缺的组成部分。了解竞争对手的人力资源状况和员工培训状况，从而制定出更合理的人力资源政策和员工培训计划。

（8）财务成本分析。财务成本包括财务人员成本、审计成本等。企业的财务状况是核心机密之一，在竞品分析中需要谨慎对待。了解竞争对手的财务状况可以帮助企业更好地了解对手的经营状况和现金流情况，从而制定出更具有针对性的财务策略。

（9）运营成本分析。运营成本包括管理费用、销售费用等。运营成本是企业经营中必须支付的成本之一。了解竞争对手的运营成本可以帮助企业优化运营策略，提高运营效率，降低运营成本。

（10）风险成本分析。风险成本包括项目风险、市场风险等。在企业的经营过程中会面临各种风险，如市场风险、财务风险、法律风险等。了解竞争对手的风险控制策略可以帮助企业更好地应对风险，降低风险对企业的影响。

总之，竞品成本分析需要全方位考虑各种成本因素，通过深入了解竞争对手的成本情况，才能更好地制定企业的产品或服务策略，取得市场竞争优势。需要注意的是，在竞品分析过程中要遵循职业道德和法律法规，避免侵犯他人的商业机密和知识产权等。

第二节　集成产品开发（IPD）成本管控

在企业能够确定产品成本竞争优势的工作就是研发设计。然而，不少企业在产品研发效率与研发成本管理方面存在诸多问题，比如：

（1）产品的开发周期长。产品研发被动地响应市场需求，由于缺乏整体规划，导致维护成本很高，影响客户的满意度。

（2）产品的可靠性差。产品研发部门比较重视技术与功能的开发，对产品的可靠性重视不够。有的产品研发人员闭门造车，脱离客户需求，研发浪费现象十分严重。

（3）产品质量不稳定。产品质量不稳定，售后服务问题频生，打乱了研发的节奏，影响了产品的利润。

（4）严重依赖某些技术能手。一旦这些人离开企业，产品开发就会受到严重的影响。

（5）产品研发运作过程内耗严重。缺乏结构化端到端的产品研发流程，产品研发运作过程内耗严重。

为有效解决企业研发过程中的问题，下面主要介绍集成产品开发（IPD）模式，以及企业如何通过 IPD 模式提升产品研发效率、降低研发成本。实践证明 IPD 模式可促进企业研发管理的规范、高效管理，并可估算成本、降低成本比例、减少中间过程中的项目投资浪费，帮助达到降低成本的目的。

IPD 模式是美国 PRTM 咨询公司出版的《产品及生命周期优化法》中提出的一种集成产品开发模式，即 integrated product development 的缩写。IPD 模式的推广得益于 IBM 公司与华为公司的成功应用。自从华为公司应用 IPD 模式取得巨大成功后，IPD 模式在国内已经成为企业减少产品研发时间、优化产品质量、形成产品成本竞争优势的一套产品开发模式、理念和方法，形成市场、营销、研发、生产、客户服务、财务、供应链等部门人员组成的，贯穿整个产品业务流程的管理模式。作为优秀成本会计，了解IPD模式尤为重要。

IPD 模式集成了众多管理模型和方法，众多企业的最佳管理实践表明：IPD 模式可以帮助企业快速响应市场变化、缩短产品上市时间、减少资源浪费、提高生产力与成本竞争力，最终取得商业成功。

一、减少研发成本浪费

开发一个产品，要以市场、客户为中心，通过市场调研了解客户需求、寻找潜在的机会和目标，以及市场的竞争环境等，从而制订产品的业务计划，评估投入产出比和商业价值，确认产品开发的计划。

需求管理是产品研发的起点，只有通过市场调研获得的信息，通过分析形成产品需求，并对这些需求进行全流程的追踪、管理，才能减少因资源错误投入造成的浪费。遗憾的是不少企业在产品研发管理中，少了需求管理这关键的一步，或将需求管理流于形式。需求管理包含对产品内外部需求的收集、澄清和筛选，从不同维度对需求进行分类、排序、拆分，评审需求的合理性、完整性及可实现性，评审通过的需求可以分发到对应的产品研发库中。在产品研发设计环节，需求管理是起点与重点，必不可少。否则将会造成产品不适销、不对路、不能满足客户需求，造成研发资源浪费，增加企业的沉没成本，影响企业的竞争力。

IPD模式中的需求管理与市场管理流程，如图2-2所示。

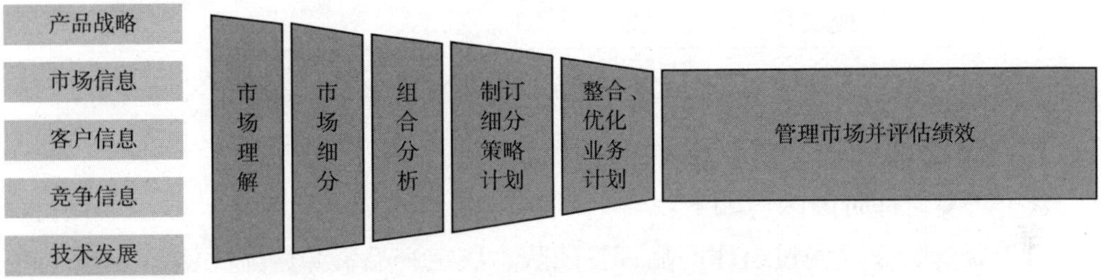

图2-2　IPD模式中的需求管理与市场管理流程

IPD模式确保产品以市场、客户为中心，通过规范化、高效化的管理，帮助企业快速响应市场变化、减少资源错误投入的浪费，帮助企业做正确的事。

二、IPD模式下的产品研发及成本管控

IPD模式是由六个研发管理阶段、四个决策评审点和六个技术评审点组成。实践证明，IPD模式有助于企业更加正确地开展研发工作，有效减少因研发失误所带来的成本浪费，并降低因产品延期上市而引发的机会成本损失。IPD模式主要包括如下内容：

（1）六个研发管理阶段是：概念、计划、开发、验证、发布、生命周期管理。

（2）四个决策评审点是：概念评审（CDCP）、计划评审（PDCP）、可获得性评审（ADCP）、生命周期结束评审（LDCP）。

（3）六个技术评审点是：产品需求和概念、设计规格评审、概要设计评审、详细设计评审、生产准备评审、市场投放准备评审。

IPD模式集成产品研发管理流程，如图2-3所示。

IPD模式集成产品研发管理流程规范、保障了产品研发成功。下面简要介绍IPD模式的各个研发管理阶段、决策评审点和技术评审点是如何保障产品研发成功的。

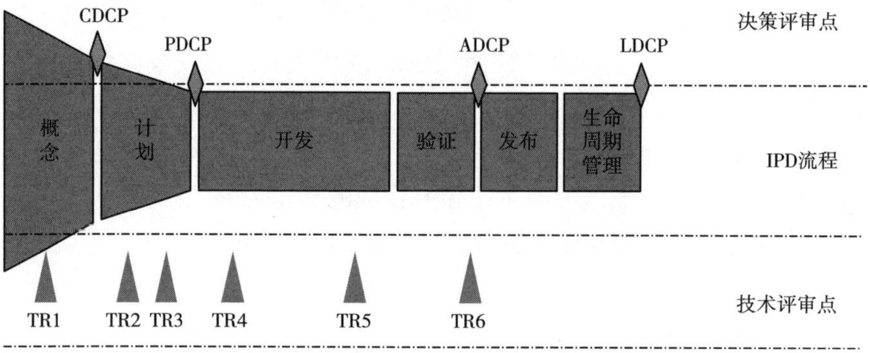

图 2-3　IPD 模式集成产品研发管理流程

（一）IPD模式六个研发管理阶段

六个研发管理阶段内容如下：

（1）概念阶段。通过组建产品开发团队、决定产品资源分配比例等，明确产品的定位，评估有哪些个性化功能，需要投入多少人力、物力资源，以及这些资源在各个阶段的占比，为产品研发项目成本预算作好准备。

（2）计划阶段。制定产品的研发计划和实现方案，在这个阶段需要做好需求分解、规格评审和总体方案评审，以及计划决策评审。根据产品的研发计划，分解产品研发成本预算。

（3）开发阶段。开发阶段就是实现产品的过程，需要技术支持与保障。做好开发过程中的计划管理与成本管理。

（4）验证阶段。在产品正式公开发布、推向市场前的最终决策评审。验证在计划阶段制定的内容是否已经实现，产品成本与收益是否在预期的范围内，产品是否已经准备好发布。

（5）发布阶段。在完成验证后，产品的发布也是一个重要节点，意味着产品正式进入市场。此时，基本上可以确定产品的目标成本。

（6）生命周期管理阶段。在这个过程中及时发现问题、调整产品方向，加强产品价值链的各个环节管理，降低各个环节的成本，有效延长产品生命周期。

（二）IPD模式四个决策评审点

四个决策评审点内容如下：

（1）概念评审。评审将产品设计概念作为一个产品的市场和业务发展潜力。评审的主要维度包括对市场的了解、产品与业务潜力、开发计划、成本与收益等。

（2）计划评审。评审产品研发计划的可操作性、可行性和完整性，可保证开发是否能够顺利进行。评审的主要维度包括开发计划、业务潜力、具有竞争力的产品与风险等。

（3）可获得性评审。评审产品的发布和发货可行性。评审的主要维度包括发货质量、售后服务与风险等。

（4）生命周期结束评审。评审产品是否退出市场、停止生产、销售和服务。评审的主要维度包括市场表现、退市策略等。

（三）IPD模式六个技术评审点

六个技术评审点内容包括需求和概念评审、设计规格评审、概要设计评审、详细设计评审、生产准备评审、市场投放准备评审。

1. 需求和概念评审（TR1）

需求和概念评审发生在概念阶段，目标是确定产品需求的完备性，以及选择的产品概念是否满足需求。需求和概念评审主要内容如下：

（1）需求明确性和全面性。确定产品需求的清晰度和全面性，确保需求文档包括了所有可能的使用场景和客户需求。

（2）需求的可实现性。评估产品需求是否具备可实现性，是否存在技术难题或需大量资源才能实现的需求。

（3）概念的创新性和实用性。评估提出的产品概念是否具有创新性，是否能满足客户的实际需求和市场趋势。

（4）需求与概念的匹配度。评估所选定的产品概念是否能满足所有的产品需求，是否存在需求与概念不匹配的情况。

（5）市场需求和客户反馈。调查市场上是否存在对这个产品的需求，并收集潜在客户的反馈。

（6）竞品分析。研究竞争对手在同一领域的产品，评估其优点和缺点。

（7）风险评估。确定产品开发过程中可能遇到的风险，并制订应对措施。

（8）资源评估。评估产品开发需要的资源，包括技术、人力和财务资源等。

（9）合规性评估。评估产品开发是否符合相关的法规和标准。

（10）可持续性。考虑到环保因素，评估产品设计是否具有可持续性。

2. 设计规格评审（TR2）

设计规格评审发生在计划阶段，目标是检查设计规格是否充分映射了设计需求，并且是否能够指导后续的产品开发活动。设计规格评审主要内容如下：

（1）设计规格明确性和全面性。评估设计规格是否清晰、明确和全面，包括设计需求的映射和详细信息的完备性。

（2）设计规格的可执行性。评估设计规格是否具有可执行性，能否指导后续的产品开发活动。

（3）产品架构和配置的合理性。评估产品架构和配置是否合理且有效，是否符合业务需求和技术策略。

（4）功能领域的考虑和疏漏。评估设计规格中是否考虑了所有的功能领域，是否有功能需求的疏漏。

（5）关键设计决策和约束的明确。评估设计规格中是否明确了所有的关键设计决策和约束。

（6）品质属性的考虑。评估设计规格中是否考虑了产品的性能、可靠性、安全性、可用性等关键品质属性。

（7）生命周期的考虑。评估设计规格是否考虑了产品的生命周期，包括生产、运营、维护和退役等阶段。

（8）变更控制策略。评估设计规格中是否有明确的变更控制策略用于管理设计规格的变更。

（9）风险和不确定性的考虑。评估设计规格中是否考虑了风险和不确定性，并制订了相应的风险管理计划和应急措施。

（10）可持续性的考虑。评估设计规格中是否考虑了产品的可持续性，包括环境影响、能源效率和回收处理等问题。

3. 概要设计评审（TR3）

概要设计评审是在产品开发计划阶段进行的，目的是确保概要设计已经准确且全面地反映了设计规格。评审的结果将决定是否需要进一步投入资源，开展后续的详细设计活动。概要设计评审主要内容如下：

（1）概要设计是否完整、准确地体现了设计规格。

（2）概要设计足够详细、完整且清晰，能够指导后续的详细设计活动。

（3）概要设计是否包含所有的设计元素、模块、模块间的接口与交互方式。

（4）概要设计是否进行了风险和可行性分析。

（5）概要设计是否考虑了产品的关键品质属性。

（6）概要设计是否考虑了变更控制策略用于管理概要设计的变更。

（7）概要设计是否符合产品的设计规格、产品策略和产品配置的要求。

（8）概要设计是否考虑了产品的生产、运营、维护和退出等整个生命周期。

（9）概要设计是否考虑了产品的可持续性。

4. 详细设计评审（TR4）

详细设计评审发生在详细设计阶段，目标是确认概要设计是否已经完全且正确地反映在详细设计中，并关注设计的执行情况，如设计的质量和资源分配等。详细设计评审主要内容如下：

（1）详细设计是否充分、准确地反映了概要设计。

（2）详细设计是否具备完整性和可执行性，能够指导产品实施和测试活动。

（3）详细设计是否包含所有的设计元素和模块。

（4）详细设计是否进行了风险和可行性分析、制定应急措施。

（5）详细设计是否考虑了产品的关键品质属性。

（6）详细设计是否有明确的变更控制策略。

（7）详细设计是否进行有效性验证和有效性评估。

（8）详细设计是否考虑了产品的整个生命周期。

（9）详细设计是否详细设计执行情况，包括质量、资源分配、时间进度等。

（10）详细设计是否考虑了产品的可持续性。

5. 生产准备评审（TR5）

生产准备评审的目的是评估产品生产的准备情况，包括生产计划和方法的科学性和实施的可行性。生产准备评审主要内容如下：

（1）产品功能和性能评估。评估初始产品的功能和性能是否符合产品设计规格的要求，并检查是否有遗漏或不符合的地方。

（2）系统集成测试问题解决评估。评估在系统集成测试阶段发现的问题是否得到有效解决，并检查是否有遗留问题需要在后续的验证测试阶段解决。

（3）初始产品制造过程评估。评估初始产品的制造过程是否可能影响产品的功能、可靠性或性能，并检查这些影响是否已得到有效控制。

（4）产品验证评估。评估产品的功能和性能是否已全面验证，并检查验证结果是否满足产品的设计需求。

（5）产品发布计划评估。评估产品的发布计划，并检查计划是否准备好进行小批量生产和销售。

（6）技术成熟度和设计稳定性评估。评估产品的技术成熟度和设计稳定性是否满足产品发布的要求。

（7）项目活动评估。评估是否按照项目计划进行了所有项目活动，并检查是否有延期或超出预算的情况。

（8）市场发布风险评估。评估产品发布可能带来的风险，并制定相应的应对策略。

6. 市场投放准备评审（TR6）

重点评估批量生产情况下供应链的准备情况，包括生产工艺的成熟性、批量生产质量的一致性。目的是评估产品的市场准备情况，主要关注市场策略和方法的科学性和实施的可行性。市场投放准备评审主要内容如下：

（1）产品整体评估。评估整个产品系统是否完全准确地实现了设计需求，并检查是否有任何遗漏或不符合的部分。

（2）项目计划评估。评估项目计划是否按预定的时间表和预算执行，并检查是否有任何延期或超预算的情况。

（3）量产能力评估。评估产品的制造能力是否已准备好进行全球范围内的发货，并检查是否有任何可能阻碍产品大规模生产的问题。

（4）供应商评估。评估供应链是否稳定并能满足产品生产的需求，检查是否有与任何供应商相关的风险需要关注。

（5）制造计划周期评估。评估生产的计划周期是否具备批量生产所需的所有元素，包括装备、装配计划、测试计划和资源分配等。

（6）物料管理计划评估。评估物料管理计划的执行情况，以支持批量生产。

（7）产品保证评估。评估是否解决了所有遗留问题，评估产品的质量目标是否符合要求。

（8）可靠性、可维护性、可安装性与可服务性目标评估。评估产品的这些特性是否满足产品的目标要求。

（9）特性验证评估。评估所有特性的目标是否符合要求，包括功能和性能等。

（10）最终产品配置文档化评估。评估最终产品配置是否已完全文档化，并检查所有变更请求是否已处理。

（11）生产和产品支持系统评估。评估生产和产品支持系统是否通过验证，并准备好进行小批量生产。

（12）技术和销售支撑系统评估。评估技术和销售支撑系统是否准备好，并收集了发布所需的所有信息。

总之，IPD模式的成功应用，可在提升研发效率、缩短研发周期的同时，减少因客户需求不匹配造成的成本浪费。

第三节　产品研发项目成本管控

本节主要介绍产品研发项目的成本管控，包括产品研发项目的可行性、经济性分析、产品研发项目过程的成本管控及产品研发项目成本的数字化管理。

一、产品研发项目的可行性与经济性分析

产品研发前的可行性分析是产品研发立项前必须做的工作，否则会造成研发资源浪费、增加无效的研发成本、延缓产品上市。企业在进行产品研发前立项目时注意事项如下：

（1）对产品设计方案进行充分的可行性论证，以防止设计定稿之后的反复修改，既可保证新品上市时间，也可减少设计过程中不必要及重复的成本费用。

（2）设计产品应当建立在科学的市场调查之上，不能闭门造车，否则，造出来的产品无法适应市场的需要，将会造成极大的浪费。

当然，不能机械、野蛮地要求产品研发部门每一次都要造出适应市场需求的新品，但研发前，必须做好市场调查。

二、产品研发项目过程的成本管控

企业采用类似 IPD 模式进行研发工作时，应先制定研发流程，杜绝产品研发工作随意性，在开发产品前先开展可行性研究，在产品研发工作获得批准后，进行立项管理，力求在规定的产品研发项目完工时间、项目成本预算内，完成产品的研发工作，以满足市场及客户需求。

产品研发项目的成本管理，是对产品研发阶段（从产品研发立项到产品量产）的所耗费的成本、费用的过程与结果管理，通过项目管理保证产品研发工作在预期的时间、成本内按质完成研发工作。产品研发项目的成本管理，通常可采用项目的“四算”管理方式实现。产品研发项目的“四算”管理，是指产品研发项目在研发阶段对费用和人力成本进行的概算、预算、核算、决算管理。分别对应项目不同阶段IPD模式的技术评审点。

1. 产品研发项目的成本预算

项目的成本预算通常在立项阶段完成，主要内容包括估算研发成本，评测制造成本与收益，以及评估风险。研发负责人与成本管理人员根据产品、服务、交付要素及市场、竞争要求，结合历史数据、现金流及运营效率进行概算设计，作为立项依据。项目成本预算在 PDCP 确定（IPD 模式中的计划评审点）后，承接利润目标，明确研发负责人并授权，估算交付所需总成本，细化人力费用等财务指标，是产品研发项目交付期的绩效评价基准。

2. 产品研发项目的成本核算

研发项目成本核算是在项目执行中定期（月度、季度）执行，监控预算目标和过程，按项目名称、项目阶段进行项目成本、费用的归集与核算，将研发业务信息转换为财务报表，通过对财务报表结果比较分析，发现研发工作的改进点并改善，保障研发项目的有效执行。

3. 产品研发项目的成本决算

研发项目的成本决算是指产品研发项目结束或达到某一重要阶段（如IPD模式的量产评审点）时，对项目成本的最终核算过程。它是项目完成后的经验总结，有利于提升研发的组织能力和下一次研发项目成本的概算能力。项目负责人或财务部门需要清理财务数据，编制项目决算报告，总结项目的整体财务情况，同时，对产品研发项目、成员进行客观评价。

三、产品研发项目成本的数字化管理

研发项目成本的数字化管理是指通过充分应用数字化手段分管好项目资源、物资、计划及执行，提高产品研发人员工作效率的同时，加强产品研发项目成本的过程管控。

（一）产品研发的管理模式

产品研发的矩阵式管理模式被越来越多的企业采用，提高产品研发的工作效率与产品研发项目成本的管理水平。产品研发的矩阵式管理组织形式，如图2-4所示。

产品研发的矩阵式管理架构分为横向和纵向两条线：

（1）流程线。横向是流程线，负责核心技术的积累与研究，管人、物、规划和流程，主要任务是提升研发的整体运作效率、降低研发成本、减少研发失误、提高研发人员的素质，职能部门经理由原来既管事又管人，转变为只管人，其职责更多关注培养部门的能力，包括部门能力规划与培养、部门技术规划与开发、部门管理体系的建设，以及提供合格的人力资源。

（2）业务线。纵向则是业务线，管产品、进度、市场和业务，要对市场的成功和生产负责。对团队成员具有考核的权利，在考核周期内，项目组将核心组成员的考核意见汇总到职能部门经理处，由职能部门经理统一给出研发人员的最终考核结果。

采用矩阵式管理架构，有利于提高工作效率，降低技术实现成本，强化组织应变能力，新员工可快速上手开始研发项目，将是企业快速突破新产品研发的关键因素之一。矩阵管理是一个充分利用公司资源，开展群体奋斗的好形式，可快速提升新产品研发能力。

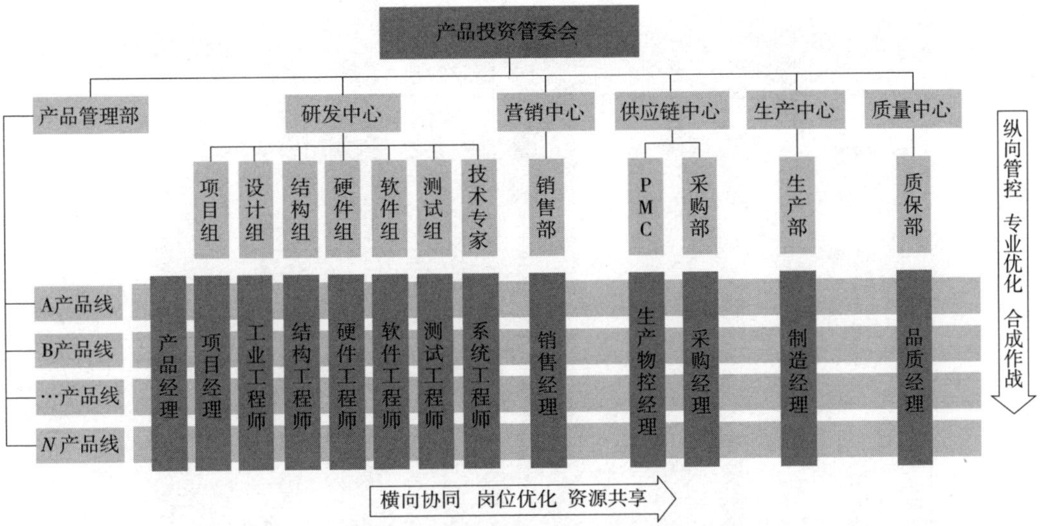

图 2-4　矩阵式管理组织形式

（二）产品研发项目团队成员的构成

产品研发项目要从市场中来，最终产品研发的项目活动满足市场需求。也就是说，产品研发不仅仅是技术部门一项工作，同时需要其他部门参与形成跨部门的团队才能完成产品研发的目标，满足市场的需求。产品研发项目团队成员包括研发技术人员、市场人员、销售人员、供应人员、生产人员和财务人员共同组成。

研发团队通常是临时工作小组，项目团队在项目开始时成立，在产品成功发布后解散，团队成员各司其职：技术部门（主导）负责产品设计与产品技术实现等；市场人员（参与）负责提供产品需求定义、制定新产品营销活动等；销售部门（参与）负责销售预测与销售渠道的建立等；供应与财务部门（参与）负责目标成本的达成；生产部门（参与）负责产品试制、生产测试设备开发等。

（三）建立产品研发的大数据中心

在集团层面，建立产品研发的大数据中心，沉淀产品研发知识体系，最终成为企业的研发知识管理系统，为产品的规范化、标准化、系列化设计提供支撑，提高研发工作效率，降低产品设计和生产运行各个环节的成本。

基于产品研发大数据的产品研发示意图，如图2-5所示。

基于产品研发大数据的研发设计主要包括如下内容：

（1）建立研发规范管理体系。实现数据一致性，有利于提高研发工作效率，为实现研发的产品成本快速测算提供条件。研发规范包括名称规范、编码规范、管理规范等。

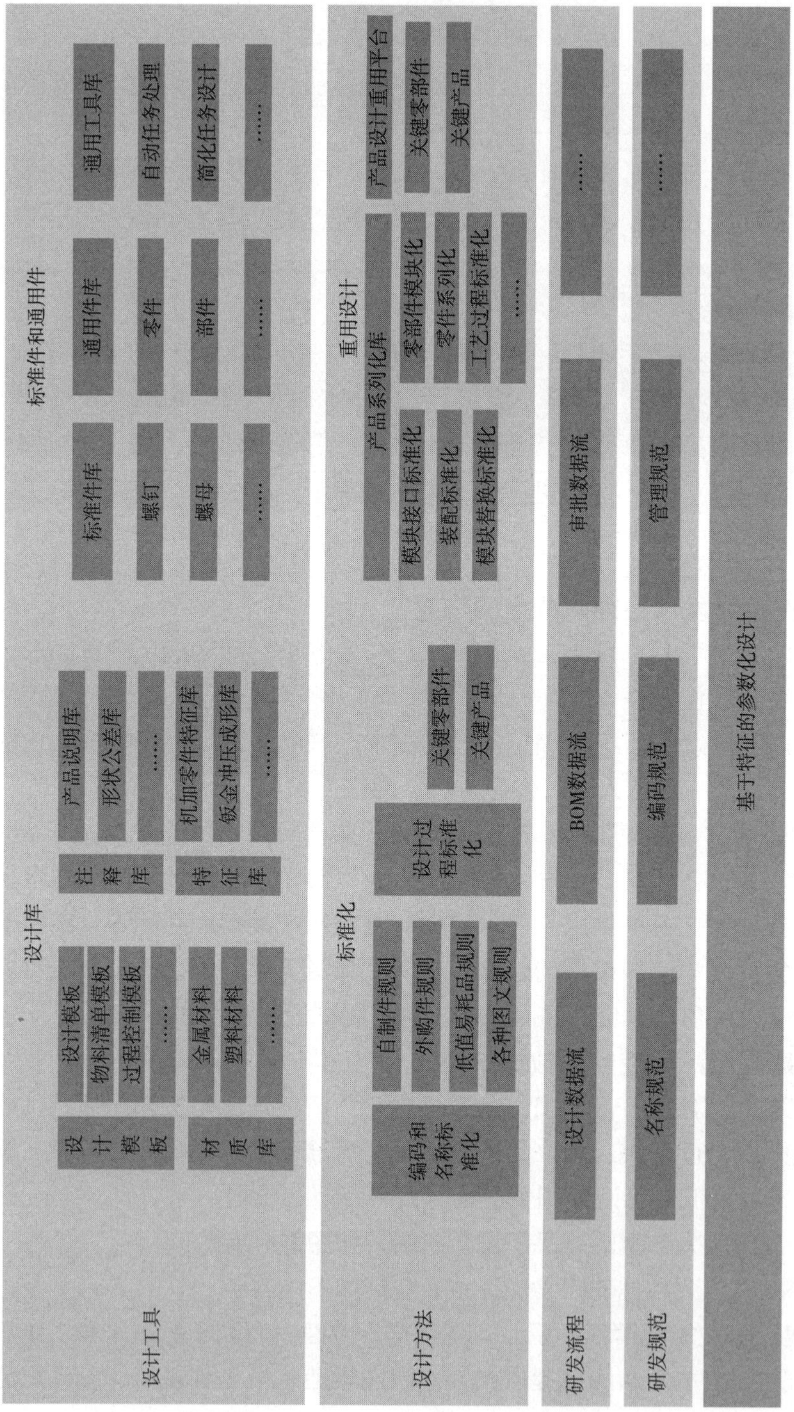
设计工具
设计库
设计模板
设计模板
物料清单模板
过程控制模板
……
材质库
金属材料
塑料材料
……
注释库
产品说明库
形状公差库
……
特征库
机加零件特征库
钣金冲压成形库
……
标准件和通用件
标准件库
螺钉
螺母
……
通用件库
零件
部件
……
通用工具库
自动任务处理
简化任务设计
……
设计方法
标准化
编码和名称标准化
自制件规则
外购件规则
低值易耗品规则
各种图文规则
设计过程标准化
关键零部件
关键产品
重用设计
产品系列化库
模块接口标准化
装配标准化
模块替换标准化
零部件模块化
零件系列化
工艺过程标准化
……
产品设计重用平台
关键零部件
关键产品
研发流程
设计数据流
BOM数据流
审批数据流
……
研发规范
名称规范
编码规范
管理规范
……
基于特征的参数化设计

图2-5 产品研发大数据

（2）建立规范的产品研发流程。使产品研发工作按计划、有序开展，缩短产品研发周期，减少研发资源浪费。研发流程包括设计数据流、物料清单数据流、设计审批数据流等。

（3）建立设计库。设计库包括设计模板（物料清单模板、过程控制模板）、材质库、注释库（产品说明库、形状公差）、特征库（机械零件特征、钣金冲压成形）等。

（4）建立标准件库。利用标准件，降低采购成本。

（5）建立通用件库。进行通用件的设计和应用，通用件的使用有利于优化加工与库存成本。

（6）建立通用工具库。利用通用工具，实现自动化任务处理和简化任务设计等，降低工装模具的成本。

（7）设计方法标准化。建立标准化管理，进行标准化管理，提高产品质量和工作效率。标准化管理库包括编码标准化、名称标准化（自动件规则、外购件规则、低耗易耗品规则、图文规则）、设计过程标准化（关键零部件、关键产品）等。标准化管理有利于提高产品的设计、采购、生产与维护效益，降低产品价值链各个环节的成本。

（8）建立产品系列化库。进行产品模块化（装配标准化、模块替换标准化等）、零部件模块化（零件系列化、工艺过程标准化等）设计，在设计时大量应用通用设计，降低产品研发、采购与生产成本。

（9）建立关键零部件、关键产品的通用设计平台。降低产品研发、采购与生产成本。

产品系列化设计示意图，如图2-6所示。

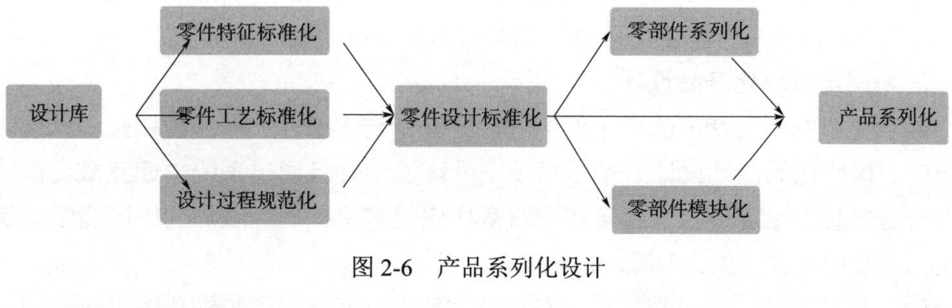

图2-6　产品系列化设计

（四）优化产品设计方法

在进行产品设计时，利用数字化技术优化产品设计方法，能提高产品设计效率，同时为产品投放市场、生产运营的降本增效创造条件。企业通常在数字化研发平台支撑下采用产品配置管理、产品模块化设计等产品设计方法，实现降本增效。

1. 采用产品配置管理的设计方法

产品配置管理设计方法可解决客户需求个性化、产品多样化与生产、成本、周期、质量间的矛盾。制造业正从大批量生产转向大规模定制转变，这就要求新产品将更多采用标准件和通用件，减少适应性设计及全新设计。

传统被动式定制与大规模批量定制的设计方式的对比，如图2-7所示。

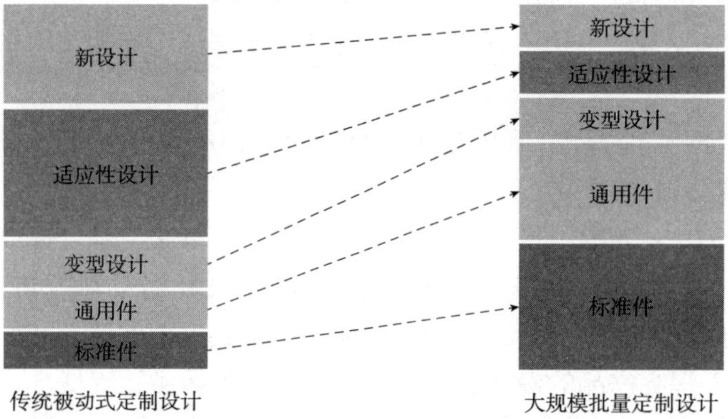

图2-7　传统被动式定制与大规模批量定制的设计对比

设计方式由被动的定制设计转向大规模批量的定制设计，在短时间内完成新的设计以满足客户的需求，降低新产品的研发成本与未来产品的采购生产成本。

在大规模定制生产不同类型下的产品设计过程，通过对已有技术资源知识的快速检索，避免重复设计，减少零部件、工装的多样性，提高设计、工艺等技术资源的重用率。方便查询各种标准、规范，采用规范性检查与流程审核的方式，提高设计的标准化程度。从而尽可能在满足产品多样性的同时，降低生产制造的内部多样性，达到缩短产品设计与生产周期、降低成本和提高质量的目的。

2. 协同与模块化产品设计

数字化研发平台使产品自上而下的协同设计与零部件、产品模块化设计得以完美实现。模块化的自动设计必须是基于三维环境，并且通过系统快速完成。模块化的宗旨是效益，主要是为了满足客户对多样化的需求和适应激烈的市场竞争，实现最佳的效益和质量，是企业降本增效的重要措施。

（1）协同设计。通过数字化研发平台实现自上而下、逐步细化的设计过程，将设计意图的变更、产品主管设计师的设计思路和严格的尺寸控制等设计要素可以逐层传递，直到底层的零件和图纸为止。做到了设计过程中的良好协同，保证各部件设计的一致性，提高设计的准确性，提高研发效率，降低研发成本。

（2）模块化设计。模块化设计是先进研发能力的标志之一，具有缩短技术研发和生产制造周期、替代产品系统快速升级能力、降低产品成本和提高产品维修性等优点，通过模块的选择和组合构成不同的客户定制的产品，以满足市场的不同需求。

3. 实现产品关键部分的模块化、参数化设计

模块化根据不同的产品结构，可以划分为零件级模块化、部件级模块化、产品级模块化和装置级模块化。实现产品关键部分的模块化、参数化设计，将会大大节省产品研发周期，快速响应客户需求，从而降低研发成本。

（1）零件级模块化。对零件几何形状分析，衍生出标准模块，进行相关的建模，对零件参数化，形成零件的参数化模型。在零件设计时通过对参数的修改，快速完成新的设计，即可投入使用。

（2）部件级模块化。部件级的模块思想和零件级是一样的，并且建立在零件级模块化的基础之上，主要的对象是由零件变为部件，参数的提取会比零件相对复杂些。

（3）产品级模块化。产品级模块化建立在零件参数化、部件模块化的基础之上，可以根据产品的复杂程度决定是参数传递或者位置安装。

（4）装置级模块化。基于部件级模块化和产品级模块化开展的，以及基于PDM模式快速配置完成的。

4. 加大标准件和通用件在产品中的占比

在定制生产不同类型产品的设计过程中，通过建立标准件与通用件的数据库，可以实现对标准件与通用件的标准化管理。在设计产品零部件时，可以轻松地查询到各种标准、规范，以及所需的标准件和通用件。同时，采用规范性检查与流程审核的方式，能提高设计的标准化程度，从而避免重复设计，减少零部件。

使用通用件、提高通用件占比对降低成本和减少投入极为有利。从生产角度看，减少零部件种类可以实现一物多用，通过增加、减少、替换、修改等模块化操作来组合新产品。这样，就能以系列化的产品来满足市场上客户多样化、个性化的需求。

采用标准化零件，可以精简供应商的开发认证步骤，让研发周期变得更短，研发费用和供应商管理成本也能相应减少，总成本自然就降低了。而且，标准件的使用还可以增大单一零件的采购量，减少采购次数，从整体上降低采购成本。但如果现有产品缺少通用材料，就可能要专门订购，还要重新开发工艺，多次试生产后才能开工。这样一来，生产完剩下的材料就会成为没用的库存，其他产品无法使用，最后大部分要做报废处理，这对企业来说会是极大的损失。

总之，加大标准件和通用件在产品中的占比，在满足产品多样性的同时，不增加甚至减少零部件的比例，降低生产制造的内部多样性，达到缩短采购、加工周期、降低成本和提高质量的目的。

5. 机电一体化设计

机械结构产品中，越来越多的产品已融入电气化内容，包括电力系统、客户控制装置、复杂布线和线束。

搭建电气标准化库，是机电协同设计顺利进行的基础。企业应该根据自身研发需求，搭建合适的常用电气标准化库，提升设计效率和效益。通过融合智能设计工具、零件数据库，实现2D电气原理图与3D模型的无缝对接，简单直观的设计有助于电气工程师和机械工程师提高效率，加强协同，并实现集成的材料明细表（即物料清单）和项目数据的自动生成。设计结果更加准确且高效，产品能更快投入市场，成本更低。

6. 多部门的协同互动设计

设计与采购、生产、销售等多部门协同互动，在产品上市之前就让客户体验到产品的性能和使用方法，并收到来自市场的反馈。通过数字化、工业仿真等工具，使用选项功能选择不同组件、模块快速生成用于销售演示和网站的动画，生成可视化的产品，为采购、生产部等部门的工作做好准备，增强客户体验，提升市场地位，尽可能减少各环节沟通过程的反复、生产加工返工、修改，提高研发、交付效率，降低由于返工造成的浪费和产品加工成本。

7. 采用一体化研发项目管理体系

建立以产品数据为核心，与3D设计集成的一体化项目管理模式与数字化研发项目管理平台，产品研发项目管理平台包括项目范围管理、时间进度管理、成本管理、资源管理、风险管理、质量管理、项目沟通协同管理、项目采购管理、项目评估与项目知识管理等九大模块，覆盖项目管理的五大过程，并且所有的功能是与产品数据管理基于统一的数据结构，实现完全统一的关联管理。

研发项目管理体系，如图2-8所示。

（五）产品研发的项目成本费用管控

产品研发的项目成本费用管控通常采用项目预算控制的方式，主要包括研发项目成本费用预算、研发项目成本费用执行控制和研发项目成本费用分析等内容。

图 2-8　研发项目管理体系

1. 研发项目成本费用预算

根据项目投资估算，结合实际情况编制研发项目的成本费用预算，包括研发人员薪酬福利、差旅杂费、研发耗材费用、研发设备折旧费和工装夹具使用费，以及产品试制、试产等费用。

2. 研发项目成本费用执行控制

现在产品研发不再仅是研发一个部门的工作，研发工作与采购、生产、销售等企业内部多个部门协同完成，对产品研发的成本费用管理以研发项目号为主线跟踪控制与分析，研发项目成本费用归集需要与企业内部各相关业务系统（PLM、EAM、HR、EMS、SRM、ERP等系统）集成。研发项目成本费用归集，如图2-9所示。

产品研发项目的各项成本费用的归集与控制如下：

（1）研发项目的人工成本。研发人工的工资薪酬在人力资源管理系统中管理，研发人员的研发工时通过PLM系统的工时管理模块管理，研发项目的人工成本根据研发人员工资，计算工时费率，再与研发项目耗用工时进行分摊计算。

（2）研发项目的材料成本。根据SRM系统与ERP系统采购与库存模块中的研发项目的采购费用与材料消耗成本计算。

（3）研发项目的设备折旧费与使用费。根据EAM系统与ERP系统的资产模块计算。

（4）研发项目的差旅杂费。研发人员发生的与研发项目相关的差旅、杂费在费用管理系统（EMS）报销与控制，并将发生的费用按项目号归集到项目成本管理系统。

（5）产品试制、试产成本。根据ERP系统的生产模块的试制试产生产工单，进行试制试产的产品研发项目的人工成本、材料成本与制造费用的归集计算等。

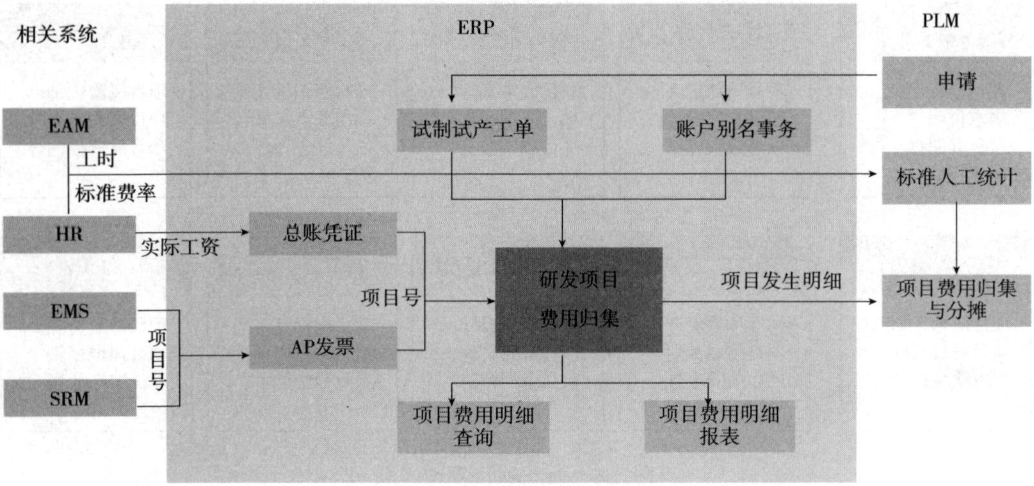

图 2-9 研发项目成本费用归集

直接费用：ERP按项目号归集费用并提供给PLM，包括认证费、模具费、实验试制费用、试产领料、样机费等材料费等；

间接费用：ERP按公共项目号归集，提供给PLM，PLM按工时比例进行分摊，包括设备折旧费、人工员工资等。

3. 研发项目的成本费用分析

产品研发项目的成本费用分析主要以研发项目的成本费用预算为主线进行项目阶段、成本要素进行对比分析，还可以与历史类似产品的项目研发成本进行对比分析。

第四节 新产品成本管控

许多研究报告指出，产品的成本70%～80%是由研发设计阶段决定的，越来越多的企业开始逐渐把成本管控点从生产制造阶段前移到产品的研发设计阶段。那么，在产品研发设计阶段如何管理好产品的成本呢？本节主要从新产品的成本企划、新产品的定位和成本预算与定价、企业多部门协同与目标成本制定等三个方面简要介绍新产品的成本规划管理方法，以期达到抛砖引玉之效。

一、新产品的成本企划

企业在新产品研发过程需要关注产品的成本企划。成本企划主要是产品开发和设计阶段的成本规划。其特点有：

（1）成本企划不是生产成本控制的实施手段，而是目标成本确定或降低成本的前期设计。

（2）成本企划更适用于多品种、多批次生产模式。

（3）成本企划是对设计产品、生产技术等实施控制的管理手段，一般都要运用诸如价值工程、全面质量管理、看板作业等工程学管理的方法。

（4）成本企划不仅需要财务管理部门，也需要销售、开发和设计，以及生产部门的通力合作。

成本企划不能脱离业务，新产品成本企划需要同新产品开发协同运行。企业成本企划流程图，如图2-10所示。

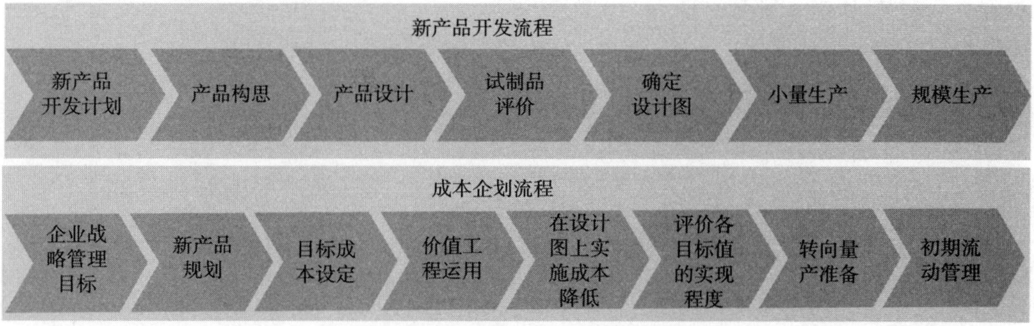

图2-10　企业成本企划流程图

1. 新产品规划

新产品规划阶段是成本企划活动的起始点，成本企划主要特征是以产品全生命周期成本思想为基础，对目标成本实施控制。在产品规划、设计、试生产等阶段实施成本控制尤其重要。

2. 新产品设计

在新产品设计阶段，成本企划强调价值工程的运用。根据产品规划书设计出产品原型，结合原型，把降低成本的目标分解到各个产品零部件上，分析各零部件是否能满足产品规划书性能要求，在满足性能要求的基础上，运用价值工程降低成本。

3. 设计成本测算

从设定目标成本到在设计图纸上实现降低成本的活动是成本企划的重点工作阶段，成本降低是在这一阶段将真正得以落实的。围绕企业战略管理目标，以新产品规划为媒介，运用价值工程等管理工程学技术，在设计图上对目标成本实现的可行性进行反复预演和不断完善，直至从技术规格到成本投入上都能满足实现企业战略管理目标为止。

4. 初期流动管理

试生产阶段是对前期成本管理工作的分析和评价，致力于解决可能存在的潜在问题。一旦在试生产阶段发现产品成本超过目标成本要求，就得重新返回设计阶段。运用价值工程来进行再次改进，只有在目标成本达到的前提下，才能进入最后的生产。进入生产阶段之后成本管理即转向成本维持，在保证正常生产条件下，维持既定成本水平。在量产的开始阶段须进行初期流动管理活动，这是针对前期成本企划活动的分析和评价，致力解决可能存在的潜在问题。有效的初期流动管理，不仅能使得成本企划的成果转化为生产现场的现实，而且更重要的是使得这种现实的效果长期稳定并趋于优化。

二、新产品定位、成本测算与定价

当今社会需求多元化，人们需要新产品，什么样的新产品既好用又物美价廉，就会受到消费者的欢迎并销量大增。因此，对新产品的定位、成本测算、定价等工作就显得尤为重要。

1. 新产品定位

开发什么样的新产品满足市场需求，市场部需要收集同类产品的市场信息，包括品牌、产地、销售渠道、产品的主要参数和售价，以及采购价格（出厂价）范围。根据这些信息，分析整理提出新产品的定位、销售渠道、售价范围、产品性能及范围，提交技术部门审核。如果潜在客户已经提出性能要求和目标价格，则需要结合市场分析的结果，提出新产品的开发目标，包括产品的系统。如果开发目标与客户要求不一致，则须与客户沟通，以求达成一致。除非特别重要客户的定向开发，一般新产品开发须兼顾市场多样化，产品系列化的原则。经过技术部审核后的产品性能定位及市场部提出的价格定位，经企业决策层审批后，纳入企业新产品研发规划，由技术部门负责实施。

2. 新产品成本预算

新产品审批后，接下来做的工作就是成本预算。根据研发规划的要求，技术部进行初步设计。设计定型之前，须进行产品的经济性核算，即成本测算，技术部提出新产品预算的物料清单，包括各零部件的具体规格和用量，以及技术要求。新产品的成本预算由成本管理部主持，成本管理部门须组成最强力量进行成本核算，对于复杂零部件的成本，成本管理部可以邀请工程部、技术部、采购部相关人员一起评估、审核成本，如果需要开模具、工装还需要有模具、工装费用的摊销成本方案。

新产品所需的外购零部件的价格，由采购部提供，成本管理部通过综合各方面的成本因素尽可能准确地测算出产品成本，降低误差率，同时还要预留或按新产品加工的难易程度分配费用率。成本测算经过校对复核，最后呈交企业管理决策层。成本预算一定要保证正确性，避免误导决策层做出错误决策。

成本测算往往需要修改几次，反复论证的过程，如果测算的成本高于目标成本，则技术部门需要更改设计，以达到目标。成本测算经过决策层批准后，方可进行实质性的研发投入，如模具制造须在批准后方可进行等，以免由于研发项目流产而造成沉没成本。

新产品开发完后，必须进行量试，也就是先进行小批量生产，以检验产品的性能质量，制造及材料采购的难易程度，材料采购的周期等。进行量试后，成本管理部还需对产品成本进行再核算，对比预算成本，如果差异大于合理范围，须查明原因，并进行纠正。

产品设计的实际成本远不止制造和材料成本，还有设计人员的薪酬、原型制作和测试、市场研究和营销等因素都需要考虑到。了解真实的新产品设计成本，可以帮助企业做出明智的决策，确保新产品在市场上获得长期成功。

3. 新产品的定价

新产品定价往往决定产品的市场、销路、企业的利润，过高或过低的定价都会影响企业的损益。负责开拓市场的市场部，此时需将前期在市场上收集的信息重新整理，将收集到市场正在销售、功能类似的产品与新开发产品的型号、性能、技术参数、销售价格等详细列表，逐一对照，确定差异。比如，新产品的外观是否比市场正在销售的产品更漂亮、产品性能是否更优越、技术参数是否更优良、产品预计使用寿命是否更长等。财务成本管理人员需要对此进行详细对比分析。

财务成本管理人员根据量试后最终确认的最新成本情况，同时预计最近半年的材料价格变动趋势，其他费用变动情况，如 CIF（成本加保险费加运费）到岸价的产品需要考虑海外运费是否与预算时价格一样、国家规定的最低保障工资是否已调高等情况，并结合市场部的价格定位要求，提出一个内部的最低售价意见，报企业决策层审批。产品确定最低售价后，市场部可以开始向客户报价，报价范围包括原有客户、潜在客户等，市场部在报价时，应区别对待，根据不同国家、不同区域的客户，结合当地经济状况进行区别性报价。

三、企业多部门协同与目标成本制定

企业多部门参与新产品研发，对企业而言，有助于实现一次把事情做正确，减少试错，保障未来的新产品可生产、可采购、可维护、低成本、高质量、及时供应，提高研发效率，促进目标成本落地。

1. 采购部门与研发部门协同

在新产品策划阶段，采购部门主要评估关键资源的可获取性，以及供应链分析、资源成本等，并依据评估结果提出必要的优化建议。在新产品计划和开发阶段，采购部门要提出关键物料清单，组织对关键物料的技术和质量进行评审，对于结构件则要组织进行初始工艺评审。依据评审结果，采购部门可以提出物料选型建议，然后提供物料成本数据，并启动寻源工作。在新产品验证阶段，采购部门要完成对供应商产品质量水平、产能情况的评审，然后进行供应商导入或督导供应商进行必要的短板改进。在新产品转产阶段则要对供应商的质量水平、产能情况进行检讨，提出明确要求并采取持续改进措施，同时还需要对批量生产的成本进行检讨，提出降低成本的机会点并采取相应的措施。

通常研发部门承担多个研发项目，在企业内部有很大的话语权。采购部门需要特别注意避免研发部门提前在私下指定供应商参与到研发项目中，如果研发部门引入了可采购性差、成本高、通用性差的物料（物料供应小众化将会直接导致采购业务难以顺畅开展，给后期生产造成困难），将造成产品成本大幅度上升。比如，物料采购周期长，商务询议价困难，货源供应不稳定，不利于大规模组织与降本增效。在新产品研发阶段导入材料需求评审机制，引导研发过程中的材料需求，并组织专家组评审判断，以保证后期物料的可制造性、可采购性、低成本性等，从而提升物料需求到产品满足客户需求的整体效率。在材料需求评审中，对材料需求进行引导。比如，沿用已有老物料，改制现有物料，开发新物料，等等。逐步推进新产品研发共用平台的建设，实现材料统一化管理。在新产品研发过程中要避免研发人员自作主张，不停地设计新物料。防止研发人员没有对物料通用性、质量可靠性、供货能力、成本等的事前充分评估，仅依赖自己的经验和所接触的供应商推荐，在做好了样品后才通知采购部门去认证供应商，生米煮成熟饭，造成独家供货，采购部门无能为力，只好被动采购，成本控制难以实现，甚至可以出现量产后不停地出现质量和交付问题。

2. 制造部门与研发部门协同

在新产品策划阶段，生产部门要基于新产品概念进行生产需求初步分析确定制造策略。在新产品计划阶段，要考虑支持新产品生产的生产资源、人员技能及产能约束状况，制订相应的生产制造计划。在新产品开发阶段需要对操作人员进行工艺、设备、安全等方面的培训，申报必要的原料计划。在新产品验证阶段制造部门要进行小批量生产，并及时就发现的问题向研发部门反馈，同时就建立量产生产线进行必要的生产条件准备。

3. 工艺部门与研发部门协同

在新产品策划阶段，基于新产品概念识别可能的关键工艺，并进行评估，基于评估结果提出优化建议。在新产品计划阶段，识别新产品的重要工艺条件，进行评审并提出改进建议，对新的关键工艺要进行攻关突破，并依据安全、环保对工业化生产的要求提出合理建议。同时要制定装备和工艺的总体方案。在新产品开发阶段，进一步细化工艺方案，从工作方法及参数、操作注意事项、应急处理方法、工艺条件对设备的要求、安全环保、个人防护等角度拟定操作规程。在新产品验证阶段主要任务是依据测试及小批量生产情况完善工艺技术。

4. 设备部门与研发部门协同

在新产品策划阶段，设备部门要从工艺角度考虑产品应涉及哪些设备，基于现有设备情况及引入新设备情况进行匹配分析，撰写设备需求报告。进行新设备方面的方案分析，一般要预设多种新的设备方案备用。在新产品计划阶段，根据产品需求制定设备的详细规格需求，并协助采购部门做好设备供应商的选择与技术支持。对于非标设备，则要根据产品需求进行图纸设计，对于自身没有能力完成的图纸设计，要同采购部门一起寻找有资质的设计单位进行图纸设计。在新产品开发阶段，根据设备采购计划对新购设备进行技术支持与论证，设备到位后，要把设备纳入设备管理体系，进行全程管理。在新产品验证阶段，主要解决试生产过程中有关设备方面的问题。

5. 质量部门与研发部门协同

在新产品策划阶段，要根据客户需求、产品概念，并遵从企业标准制定质量目标报告。在新产品计划阶段，要基于新产品的概要设计，从“人、机、料、法、环”各维度形成质量计划报告。在新产品开发阶段，要逐步形成并纳入与新产品生产相关的支持性成套文件。在新产品验证阶段，要基于测试与小批量生产，优化产品在各个环节的质量标准，并制定新产品的质量总结报告。

另外，建立供应链管理部门介入新产品研发的机制，在组织方面需要各供应链管理部门指定代表参与研发项目组，不同专业的代表都有特定的角色，这种跨部门的项目组实质上是一种矩阵管理模式，需要配套的绩效评估办法。在流程方面则需要明确、清晰、协作程序及细致的报告、记录模板支撑，其中在研发过程的各个关键技术或决策评审点是关键之关键，需要抓住这些关键节点。同时，不可以建立太多的分立流程，需要把各供应链管理部门参与研发过程的活动汇集、集成到研发的主流程上。

第五节　老产品设计改进成本管控

激烈的市场竞争，促使企业不得不探索提升产品竞争力的途径，为客户提供品质高、服务好的产品。通过产品开发设计提升产品竞争力，如图2-11所示。

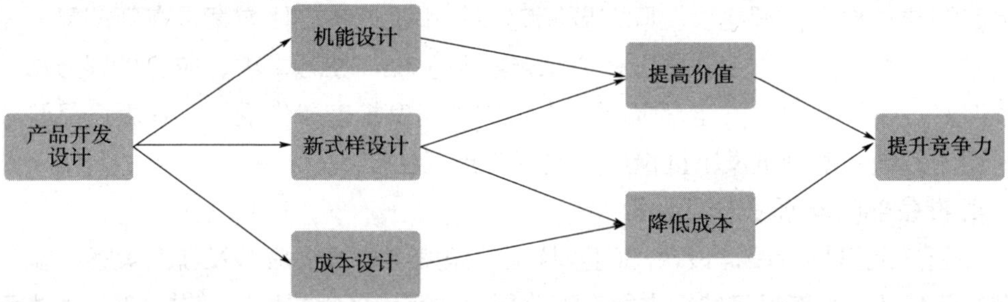

图2-11　通过产品开发提升竞争力

提升产品竞争力可从提高价值、降低成本两个方面着手。在产品设计环节，提高产品价值可以通过对产品的机能设计改进和产品新式样设计等方式实现；降低产品成本可以通过产品新样式设计、成本改善设计等方式实现。

下面重点介绍通过产品设计改进提升老产品的成本竞争优势。

一、重新审视产品中成本项目的合理性

老产品若要在激烈的市场竞争中保持不败之地，通常的做法是降低产品成本，从而获得销售价格的竞争优势。降低产品成本不仅可以通过提升采购成本的管理水平、优化生产加工流程、强化经营管理能力来实现，还可以从研发设计环节入手，重新审视产品设计中的材料选择、加工工艺、标准件及通用件等的合理性，以寻求进一步的成本改善空间。老产品的成本项目可以检查如下项目：

（1）零部件使用的必要性检查：

①零部件的功能必要吗？

②有哪些零部件能去除？

③去除的话有何影响？

（2）产品功能检查：

①功能可以整合吗？

②功能可以分割吗？

（3）产品结构、形状检查：

①产品结构、形状能改变吗？

②能更小吗？

③能变直吗？

④能变薄吗？

⑤能变细吗？

⑥是否适合运输？

（4）零件公差检查：

①零件公差可以改变吗？

②公差放宽会如何？

③公差变严又会如何？

（5）功能替代性检查：

①同样的功能有没有更便宜的东西？

②可否改用市场标准产品？

③有无与其他产品通用零部件？

④是否独立采购？

⑤有无同样的功能更便宜的材料？

（6）材料使用检查：

①是否有替代性材料？

②能降低用料量吗？

③能降低材料损耗率吗？

（7）加工方法、技术检查：

①是否有其他加工方法或技术？

②可否削除切削、铣床、塑性、加工？

③有没有更好的加工法？

④可否采用更具弹性的工程设计？

⑤是否可采用的新材料？

⑥是否可采用的新技术？

（8）加工工艺检查：

①加工工序可以减少吗？

②加工顺序可以兑换、整合吗？

③能否再降低产品不良率？

（9）模具、工具应用检查：

①模具、工具是否有改善空间？

②能否通过模具、工具的改进缩短加工工时、降低材料的使用？

（10）标准化应用检查：

①可否标准化？

②可否改用标准化零部件？

③是否有活用技术标准？

④重新考虑过螺丝的种类吗？

⑤可否使用标准工具？

二、产品设计变更的成本模拟与估算

设计变更对产品成本的影响是极为复杂的，它不仅关乎产品结构、生产工艺的调整，还可能导致生产工装、模具等配套资源的变更。因此，在进行设计变更时，必须全面而充分地评估其对产品成本产生的以下影响：

（1）直接成本。主要指设计变更可能涉及零部件的更改或增加，以及由此造成模具、工装的新需求而增加的成本。

（2）间接成本。设计变更可能会导致对生产设备进行升级、对生产线进行调整，以及造成产品的大量测试与验证，这些都带来成本、费用增加。

（3）机会成本。设计变更导致产品性能的提升或者效率的提高，当然也可能会导致成本的上升。若变更设计导致生产线布局变化或改变供应链管理方式，这可能带来成本的增加。

尽管设计变更可能增加成本，但基于降低成本的设计变更却能够有效避免这一问题。要确定设计变更后能降低多少成本，需要结合产品结构和市场环境进行成本模拟与估算。通过实施有效的管理和控制，可以最大限度地降低设计变更所带来的不利影响。例如，通过引入快速原型制造技术，可以在设计变更后立即进行原型制造，以便及早地发现并解决问题，从而有效避免大规模的生产浪费。此外，通过良好的设计和生产规划，也可以进一步减少设计变更对成本造成的不利影响，并构成竞争优势。

基于数字化管理系统的成本模拟与报价估算，如图2-12所示。

当产品设计发生变更或需要满足客户的个性化要求时，进行成本估价与成本模拟的流程可以概括如下：先是在供应商关系管理系统中对所需材料进行成本模拟；然后将这些数据导入成本管理系统中，对产品设计变更所涉及的物料、工艺资源及相关费用进行累积计算，从而得出改进后的产品成本。

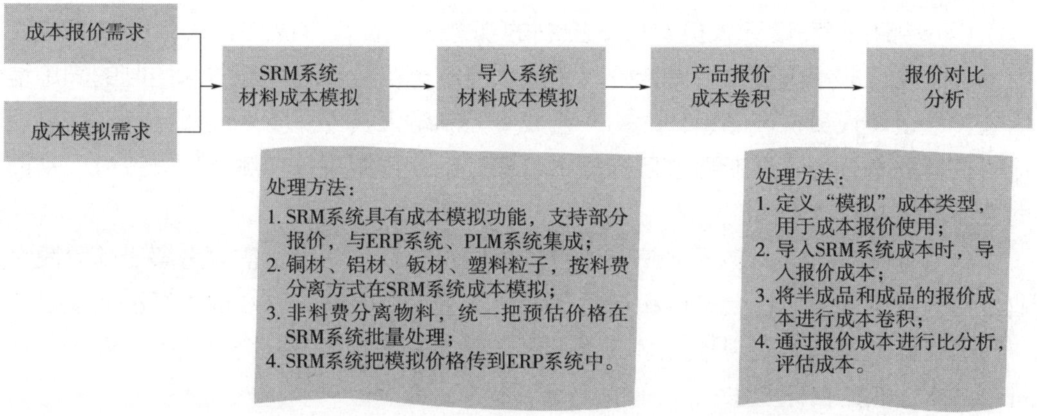

图2-12　基于数字化管理系统的成本模拟与报价估算

三、产品设计变更的成本影响分析

当产品设计发生变更时，要更新设计后的物料和工艺资源，并进行成本卷积与对比分析。将分析结果反馈给销售与定价部门，以便作出价格决策。同时，还要关注产品设计变更后旧物料的库存处理，力求尽快消耗，减少浪费。

由于产品设计变更不仅会影响产品结构、生产工艺，还有可能出现生产工装、模具的变化。因此，成本影响分析时，还需要考虑模具成本、工装成本的分摊调整。

第六节　研发成本管控现实意义

实践证明，在产品研发阶段实施成本管控，不仅能够降低产品成本、确保企业实现目标利润，还能增强产品的市场竞争力。研发成本管控对企业的现实意义主要表现在以下方面：

（1）研发成本管控有助于企业的快速发展。快速、准确的成本测算与商机报价，有助于企业抓住商机、支撑商务谈判，锁定利润。

（2）新产品成本测算，有助于在新产品上市前，根据市场环境的变化情况进行市场竞争评估，制定合理的价格策略。

（3）按研发项目归集研发成本，控制研发成本预算，进行成本模拟，调整市场策略，适应竞争，为项目研发防控风险。通过研发成本管理，不断扩大产品利润空间，促进研发成果的转化。

（4）强化研发设计人员对成本控制的观念，在提高产品设计阶段的成本控制中，观念先行非常重要，将设计阶段的成本控制至少放到与其他成本控制的同等地位上，让设计人员在产品设计之初，将成本控制融入其中。要求成本会计在产品设计时进行成本分析，进而通过目标成本管理对设计方案进行评测并加以改进，从而助推目标成本管理工作的达成。

（5）加强研发设计人员对产品设计方案经济分析的认同，需要考察当前阶段企业是否有技术条件、社会条件和自然条件来实施这个方案，以及成本经济效益是否可行。设计人员需要对设计方案不断优化，直到设计方案既符合企业生产要求，也符合成本控制的目标要求。

（6）提升研发设计人员紧追先进技术，更新改进生产加工工艺。生产工艺是产品设计阶段对老产品成本控制直接达成的一个目标措施。生产工艺，企业原材料、工序、生产技术等方面也需做出相应的改进，原材料的使用既要符合经济要求，也要符合生产要求；既要提升生产效率，也要节约成本费用。

（7）实施有效的设计监督制度。企业有必要选择一个信誉良好的设计监督单位对产品设计阶段进行监督与管理，从内部监管和外部监管两个方面来保证设计方案的高效性。

总之，产品研发设计人员应懂得如何避开高成本的设计，还应懂得如何在零部件和设计方案的选择上更好地进行成本权衡。同时，需要让采购人员、工艺人员和生产人员都参与进来，一起评估设计对后续环节的成本影响。这样一来，就能大大减少为了削减某项成本而导致其他成本上升的情况，从而能够从整体角度出发，更好地控制成本。

03

第三章 企业采购成本管控

采购成本管控是企业经营管理中的关键环节之一，由于材料成本在产品总成本中占比较大（通常材料成本在产品总成本中的占比会超过50%），因此企业普遍重视材料成本的管理，尤其是材料的采购成本管理，将降低采购成本视为采购管理工作的核心任务之一。

在采购成本管理方面，众多企业常受多种因素制约，导致材料采购成本居高不下，从而给采购部门降本工作带来了巨大的压力。企业采购成本管理通常存在如下问题：

（1）材料采购价格管理的问题。由于采购寻源不充分、可采购的供应商不足，从而导致许多材料都是单一供应商供货，造成采购价格竞争不足，采购价格策略执行不到位，采购配额分配不合理，对成本的精确度管理不足等现象。另外，在材料采购价格管理方面还存在：未全面分析材料采购成本的构成，重视材料本身购买价格管理，忽视采购运杂费的管理，材料采购价格核算不准确，等等。这些原因导致材料采购的总成本偏高。

（2）采购订单执行管理不到位的问题。在采购订单管理中，由于对采购计划的执行管理不重视、供应商供货准时率差等现象。材料过早过迟到货的情况普遍存在，过早到货将会增加材料的仓储成本与搬运成本，过迟到货将会影响生产并增加协调成本；重视采购价格执行管理，轻视供货比例执行监控管理，影响材料采购成本；延迟采购结算、拖延货款支付，将会影响采购成本分析的及时性，导致采购风险与成本增加。

（3）对供应商管理不到位的问题。在供应商管理工作中，重视供应商选择，轻视供应商管理；对供应商绩效管理不规范、不及时、不准确，供应商的绩效不能很好地及时反应供应商能力，导致供应商对工作改善意愿不强；与供应商协同管理不足，出现供货不及时、供应商来料存在质量问题，甚至货不对版时，未能及时解决与处理，增加管理风险与成本。

总之，尽管我们非常重视采购成本的管理，但由于管理理念传统、管理意识不足、管理执行不到位，在采购环节的成本管理仍有改善空间。

本章将从采购成本管理逻辑、采购成本基础管理、采购成本构成与成本核算、采购成本管控、采购成本分析等方面，分享优秀企业全价值链采购成本管控的方法，希望能给采购成本管控人员带来一些启发。

第一节　采购成本管理逻辑

企业重视采购成本管理，应密切关注供应商的分布与协同合作，采取不同的采购管理模式、物料采购策略、扩大寻源、优化内部管理流程等方式加强采购成本管理工作，在保障采购物料的品质与交货的及时性前提下，尽力降低物料的采购成本。

一、加大集中采购物资占比

加大集中采购物资的占比能够有效降低采购成本。根据物料品类的不同特点和企业管理要求的不同，企业会采取相应的采购管理模式。这些模式通过平衡采购成本与采购执行效率，来实现对采购成本的有效管理。基于物料品类的采购管理模式，如图3-1所示。

基于物料品类的采购管理模式需要先对采购物料进行分类，再结合企业的管理特点与采购管理人员的专业水平，分别确定采购模式。

1. 集中采购模式

集中采购的优势有：实现规模效应，降低采购成本；整合采购资源，提升采购质量；统一采购标准，降低运作成本；规范采购行为，降低采购风险；提升议价能力，实现合作互赢。

根据集中采购的这些优点，能够促使企业扩大物料品类的集中管理范围，由集团总部统一负责，包括分类管理采购需求、统一寻源，从而获取更多定价权、更优惠的付款条件，有效降低采购成本。其中，成本会计在进行采购成本监控、分析时，需重点关注是否存在按规定应由集团总部集中采购的物料却被分子公司单独采购的情况，以及物料集中采购的执行情况。

2. 分散采购模式

分散采购的优势有：灵活应变、管理高效、快速满足需求。

由于采购的成本和风险高，因此在实际采购业务中，应尽可能减少分散采购的比例，仅对瓶颈、难购、临时的物资采用这种模式。同时要加强供应商的开发，使瓶颈、难购的物资变成易购，集中采购；加强采购计划与安全库存管理，尽可能减少临时采购物资及占比。其中，成本会计需定期监控分析分散采购物料与金额的占比，以及业务改善情况，扩大材料采购成本的降低空间。

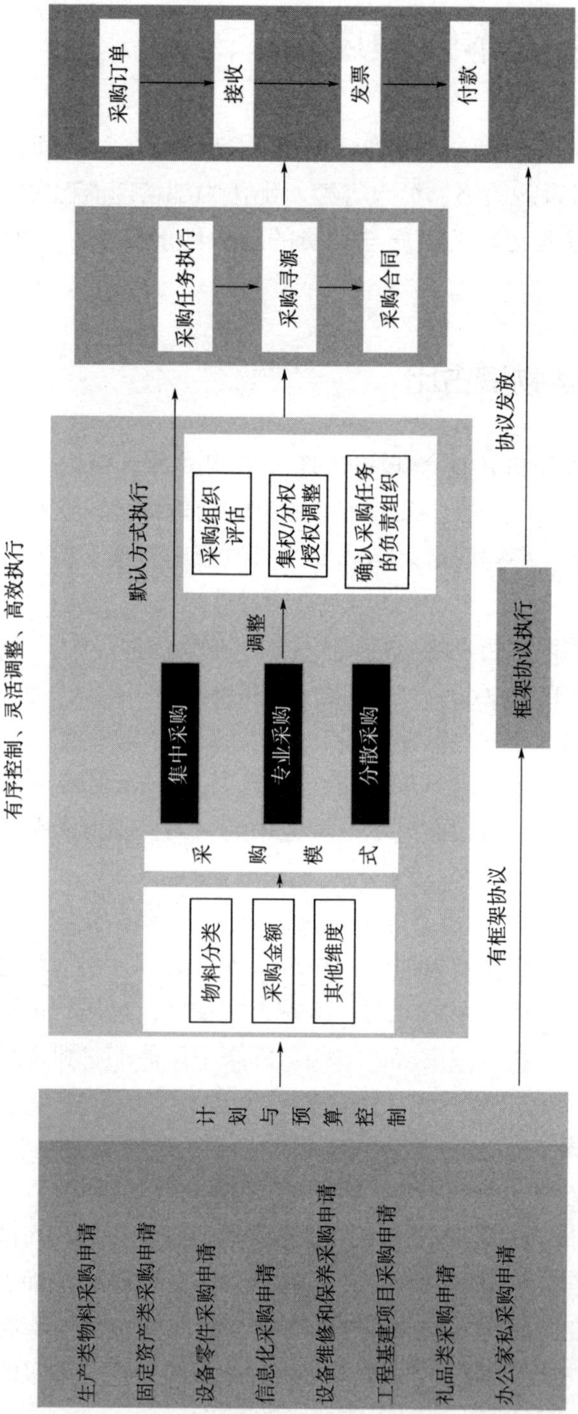

图 3-1 基于物料品类的采购管理模式

3. 专业采购模式

对于某些特殊物资、设备、工具等物资，由于具有较强的专业性特点，需要专业人员支持才能完成采购。一旦由非专业人员采购，可能就会造成错购、误购而影响生产任务的执行和成本的浪费，这时就需要采用专业采购模式。专业采购模式不同于分散采购模式，但专业采购模式应与集中采购模式结合，责任归属于专业管理机构与集采部门，通过双方的协同工作达到保质降本的效果。

二、制定长期供货协议

长期供货协议能确保较优的采购价格和稳定的供应，而零星、加急采购则易导致成本上升并影响工作效率。长期供货协议有如下优点：

（1）可以提供稳定的供应，确保供应商和购买商之间的合作关系稳定可靠，维持供应链的稳定，减少供应风险。

（2）可以减少供应商和购买商之间的交易成本和风险，提高供需双方的效率和利润。

（3）可以促进供应商和购买商之间的信任和合作，有利于加速产品的更新，增强双方的竞争力和市场地位。

（4）可以提供更好的售后服务和技术支持，提高产品的质量和可靠性，增强消费者的满意度和忠诚度。

当然，长期供货协议也存在一些缺点。比如，在市场多变的环境下，长期供货协议不仅难以快速应对市场需求的变化，还可能导致供应商缺乏创新动力及对供货的垄断，从而影响技术进步及后续价格谈判的空间。

从整体上看，长期供货协议在降低采购成本方面将会带来如下效益：

（1）降低采购成本。因为长期供货协议通常具有更优惠的价格和折扣。

（2）减少采购的交易成本。减少与供应商之间的谈判和协商成本，以及供应商寻源、招标成本。

（3）降低采购物资的库存成本。通过长期供货协议，共享信息，供应商可以更准确地预测需求，从而降低库存成本。

（4）降低采购管理费用。长期供货协议可以简化采购流程，提高采购效率，降低采购环节的管理费用等。

尽管零星、加急采购具有灵活、响应快的特点，但零星、加急采购容易造成采购人员的工作被动，采购成本的上升。因此，根据采购物资的特点和市场行情尽可能多地采用长期供应货协议，通过采购管理水平的提升，减少零星、加急采购，零星采购模式仅应用在需求量少、价值小的物资采购业务中。

成本会计工作应定期监控分析长期供货协议执行的情况与零星、加急采购的变化趋势，以及形成原因，与采购等相关部门寻求解决措施。

三、差异化采购管理策略

采用物资品类的差异化采购管理策略，有利于保障物资的稳定供应，同时最大限度地实现降低采购成本的目的。

1. 按物资分类

将采购物资按难易程度和重要性两维度分类，一般分为如下四类：

（1）战略型物资。也就是企业的关键物资，这类物资供应商少，物资采购难度大，业务重要性非常高。

（2）瓶颈型物资。市场上这类物资由几家大供应商主导，采购难度比较大，业务重要性不太大。

（3）杠杆型物资。这类物资供应商比较多，采购比较容易，业务重要性很高。

（4）交易型物资。也就是常规物资，这类物资供应商多，采购容易，业务重要性不高。

2. 按供应商分类

根据市场风险和业务重要性，可以将供应商分为三类：战略供应商、协议供应商和标准供应商。

结合物资分类与供应商分类，对瓶颈、难购、临时和易购物资实施差异化采购管理策略，以提高采购业务运作效率，保障物资供应的同时，最大限度地降低采购成本。物资品类的差异化采购管理策略，如图3-2所示。

采用物资品类的差异化采购管理策略，有利于采购业务运作效率的提升、采购成本的降低，同时保障采购物资的供应。为达成保质降本的效果，对四类物资可以考虑制定如下差异化采购管理策略：

（1）关键物资的采购策略。企业与战略供应商结成长期合作关系，优化供应链管理，通过加强与战略供应商的协同，保障物资供应的同时降低采购成本。

（2）瓶颈物资的采购策略。开发新供应商，避免单一来源采购；做好需求计划，保障物资供应，防止因供应不及时，造成紧急采购、零星采购或影响生产等现象带来损失。

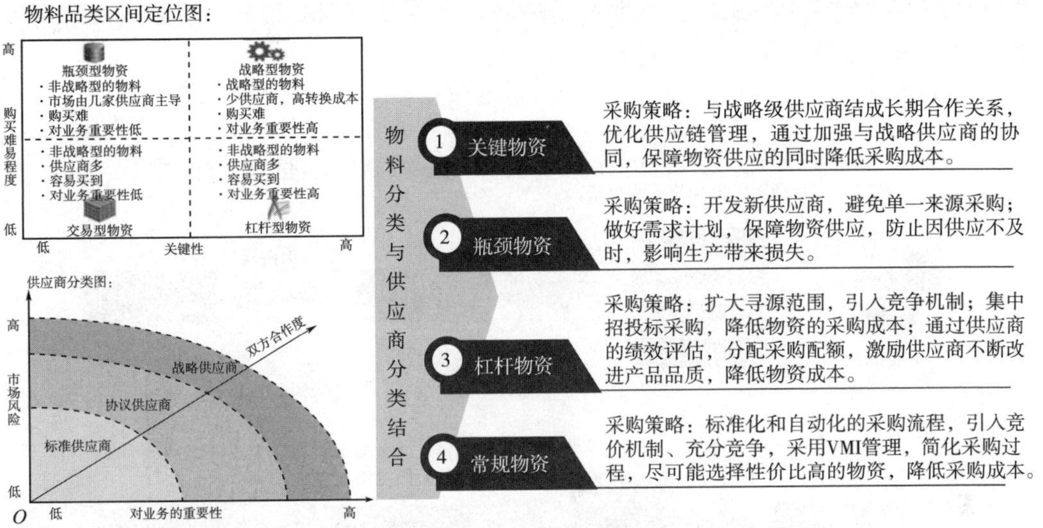

图 3-2　物资品类的差异化采购管理策略

（3）杠杆物资的采购策略。扩大寻源范围，引入竞争机制；集中招投标采购，降低物资的采购成本；通过供应商的绩效评估，分配采购配额（制订供应商的供货比例，保障物料及时供应的同时，实现成本最优），激励供应商不断改进产品品质，降低物资成本。

（4）常规物资的采购策略。采用标准化和自动化的采购流程，引入竞价机制、充分竞争，采用供应商库存管理（利用供应商对自身产品的丰富管理经验，减少仓储成本），简化采购过程，尽可能获得性价比高的物资，降低采购成本。

总之，通过对物资品类细分和供应商等级细分，对不同品类的物资进行精细化的采购管理，制定不同采购策略、采购流程和运作机制，有利于提高采购管理水平，提高采购业务运行效率，降低物资采购成本。成本会计可以定期分析各类物资的采购数量、采购成本的占比变化，以及采购成本的变化趋势等，并提供给采购管理人员作采购策略优化参考。

四、招投标、询比价等阳光采购

采购价格是采购管理的关键，企业常用招投标、询比价、询竞价等方式降低物资的采购价格。公开招标能够吸引更多的供应商参与竞争，保证招标程序公开透明，避免利益输送，以及一些不当关系的干扰，筛选出一批具备专业技能和资质的供应商。但招标过程耗时费力，采购双方都要投入大量的人力、物力和财力，从而造成一定时间与成本的支出。因而在采购时，需要充分权衡利弊，结合多种采购方式确保采购过程的公正、透明和高效。

采购方式对采购定价、成本的影响，如图3-3所示。

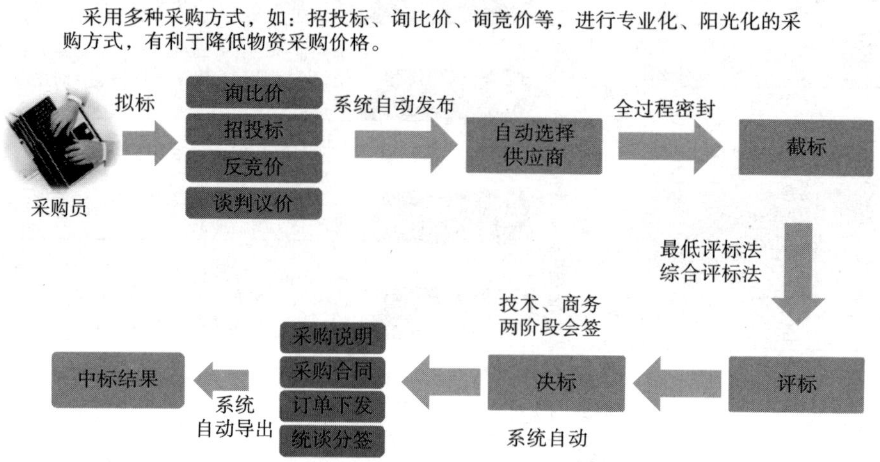

图3-3 不同采购方式对采购定价、成本的影响

采购方式对采购定价、成本的影响主要体现在如下方面：

（1）招投标是引入市场竞争、实现阳光化采购、降低采购成本的主要手段，此外还有询比价、询竞价等采购方式都是优选供应商、降低采购成本的常用措施。

（2）对不同的采购方式，制定规范、严格的采购定价管理流程和制度，加强采购定价的规范管理。

（3）采用数字化技术构建数字化的采购管理平台，将采购管理流程固化到系统中，同时根据流程的管理节点，制定并预置相关规则，实现招投标、采购需求的系统自动发布、供应商的自动选择、自动评标、决标，并自动发布中标结果。

（4）通过数字化加密技术，实现全过程的密封管理。

五、供应商绩效评估

推动供应商绩效的定期评估，通过绩效评估结果，调整供应商的供货比例：对绩效优秀的供应商加深合作并进一步维护关系，调增供货比例；对绩效合格的供应商，提示供应商自主改善；对绩效不合格的供应商，提出整改措施，如果整改无效，则优先淘汰。这样将使采购成本的优化形成良性循环。

定期对供应商评估引导采购成本优化方法，如图3-4所示。

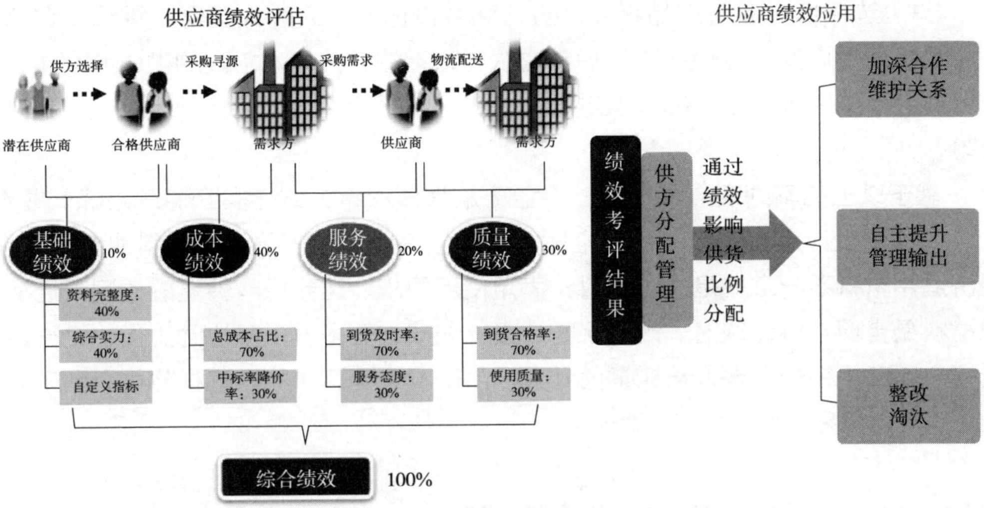

图 3-4　定期对供应商评估引导成本优化

六、采购部门介入产品研发设计

采购管理部门积极介入产品研发设计工作，协助研发人员在产品研发设计时优选材料、零部件，以及挑选供应商，进行协同设计。在通常的情况下，设计人员与采购人员对零部件的关注点有很大的差异。比如，设计人员对产品的品质、安全性与性能等采取较严谨的要求标准，而对采购价格与成本不太关心；采购人员和成本管理人员则通常采取最低可接受的要求标准，追求采购成本最优。

采购人员与设计人员在材料选择上的差异主要体现在如下方面：

（1）采购人员想使用适当材料，而设计人员想选用理想材料。

（2）采购人员寻求最低的材料总成本，而设计人员对成本的关心有限。

（3）采购人员最关心材料是否需要时可以取得，而设计人员对材料供应时效与难易程度关心有限。

（4）采购人员对材料成本斤斤计较，而设计人员喜欢严格选择高性能材料。

（5）选择零部件时，采购人员对参数、规格、外观和公差采取较实际与经济的做法，而设计人员追求设计零部件的完美。

（6）采购人员期望减少产品中的采购物料、零件、部件的种类与个数，尽量采用标准件、通用件，增加采购谈判的筹码，降低采购与物料的业务管理难度，而设计人员则对此不太关心。

（7）选择供应商对产品零部件进行联合设计时，采购人员喜欢挑选多家性价比高的优质供应商，而设计人员通常喜欢与熟悉的、技术水平高的供应商合作，这样可能会造成未来零部件的独家供应，单一来源采购丧失谈判空间，以及带来供货风险。

基于以上的不同观点与角度，企业要从整体考虑，结合实际情况来降低成本。另外，由于设计人员过于注重安全性、可靠性等因素，容易造成材料浪费。其实，经济适用材料不一定就是偷工减料，满足使用要求、达到应有性能的情况下经济适用材料是合理省料，这时，需要采购、设计与成本等多方人员协同工作，进行最优选择。因此，采购管理人员应提前介入产品研发设计工作中，这样将更有利于未来的采购业务管理与成本管控工作。

第二节　采购成本基础管理

采购成本基础管理主要包括采购定价管理、采购核价管理、价格管理和供应商供货管理。

一、采购定价管理

物资采购通过招标采购、询价、比选、磋商（竞争性谈判）竞买等不同采购定价方式获得较低的采购价格，以达到降低采购成本的目的。

1. 招标采购

它是由需方提出招标条件和合同条件，有多家供应商同时投标报价。通过招标，需方能够获得更合理的价格、更加优惠条件的物资供应。

2. 询价采购

一般向三个及以上符合相应资格条件的供应商，就采购的货物需求向符合条件的潜在供应商发出询价通知书，让其报价（一般为一次报价，不得更改），然后通过价格评审比较，选择采购需求满足、质量相符、报价最低的供应商。询价采购程序相对简单，可节约采购时间和费用，但存在竞争性、规范性较弱，选择范围相对比较窄的缺点。

3. 采购比选

采购人公开发出采购信息，邀请多个供应商或承包人就采购的工程、货物或服务提供报价和实施方案，按照事先公布的规则和标准进行简单明了的比较，择优选择供应商。这种采购方式适用特点和条件：一是采购金额较小、达不到招标采购的标准；二是采购时间紧迫，又有公开性要求，既要对比价格，又要对比能力或实施方案的物资或服务采购。

4. 采购磋商（竞争性谈判）

采购人向符合相应资格条件的多家（一般不少于三家）供应商或承包人发出谈判文件，分别通过报价、还价、承诺等谈判商定价格、实施方案和合同条件，并依据谈判文件确定的采购需求及质量和服务要求，且报价最低的原则，从谈判对象中确定供应商。这种采购方式适用特点和条件是：受采购时间、技术标准、市场范围限制。采购磋商与招标采购相比，谈判采购程序简单、周期短，可以避免盲目竞争，但是存在竞争性较弱、透明性较差和规范性较差等缺点。

对于关键物料的定价，应先根据市场情况、供应商生产工艺、管理情况进行核价，作为谈判议价等定价的先决工作。采购价格确定后，需要管理好价格，一般通过 SRM 系统和 ERP 系统的采购管理模块等系统功能维护价格，以便于采购执行。

传统采购只关注物料的采购单价，而忽略了质量、库存、交期与服务等其他因素对采购成本的影响。采购成本管理策略中不仅应关注物料的采购单价，更要关注物料的采购单位总成本，并且把物料的单价看作物料的单位总成本的一部分。物料的采购单位总成本其本质包括物料的采购单价和从物料交付、运输、检验、储存、使用等整个过程发生的成本费用。

二、采购核价管理

采购材料核价是采购成本管控工作中非常重要一环，也是未来价格谈判和价格磋商的重要依据。在核价工作中，采购业务人员需要借助参考较多的历史价格数据和市场行情数据，同时根据核价项目分解报价成本列表，鼓励供应商在报价时进行分项报价，从而确保核价工作更加细致、科学。比如，采购核价部门通过专业渠道采集并维护采购物料市场价格数据与采购价格的历史数据，在数字化采购平台上，收集与存储数据、实现数据快速查询、数据分析及价格联动计算。在目标价格制定、供方报价与核价等环节，进行科学评估。在数字化采购平台系统中维护材料定额、生产工艺等基础数据信息，对每个物料按照标准的直接材料、间接材料、加工费、损耗费、其他费用等成本要素，建立成本分析模型进行数据分析。同时，进行同类物料（多个物料编码）的成本分析、汇总与对比，以及单个物料（单个物料编码）的多家供应商供应的物料成本对比，从而作为科学的价格评估结果。

要做好材料核价管理工作，基础数据管理非常重要。不管采购任何物料，在采购前要熟悉物料的价格构成，了解供应商所生产成品的原料源头价格，为自己准确核价打下基础。作为采购人员与成本管理人员要从多方面收集物料的采购信息，建立核价数据库，为科学核价奠定基础。

材料核价管理模型，如图3-5所示。

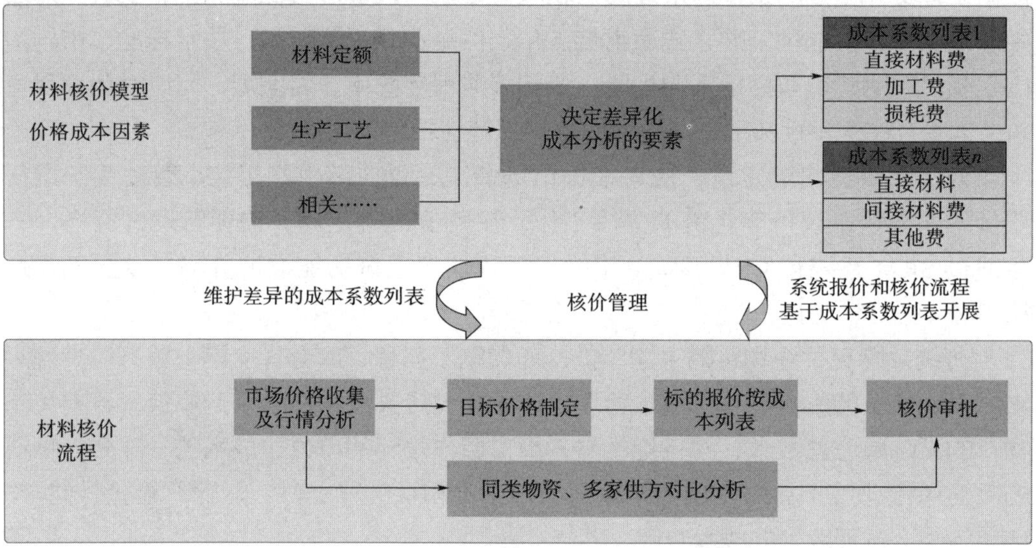

图3-5 材料核价管理模型

材料核价管理的关键工作如下：

（1）建立与规范材料核价流程。材料核价流程包括市场价格收集与市场行情分析、目标价格制定、标的报价按成本列表，同时与同类物资和多家供应商对比分析，然后，做出核价审批。

（2）建立材料核价模型。分析材料的价格成本要素通常包括材料定额、生产工艺耗费用人工成本、设备折旧费与相关制造费用等，在此基础上，根据市场竞争情况给供应商预留合理的利润，从而构成材料的核价模型。

（3）维护差异化的成本分析要素，以便于根据不同的成本系数进行测算与分析。材料核价管理涉及大量历史数据、市场行情信息，以及复杂的计算，数字化平台中应开发材料核价功能，提高核价的工作效率与数据准确率。

材料核价管理功能，如图3-6所示。

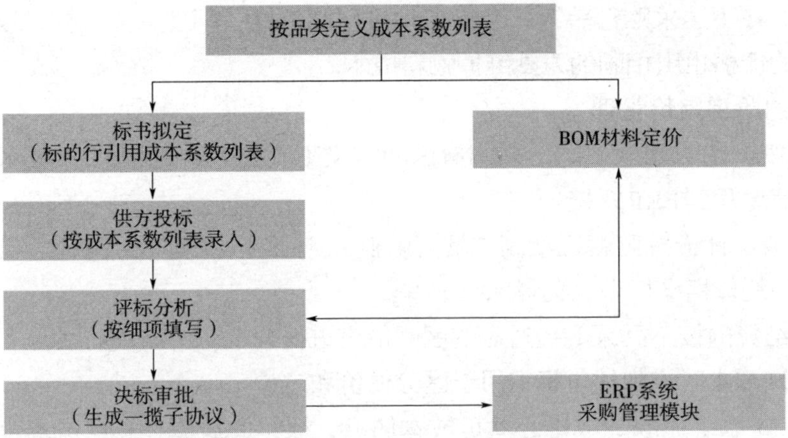

图 3-6　核价管理功能处理方案

核价要素制定的关键功能如下：

（1）市场行情与历史数据收集。来自 ERP 系统或 SRM 系统和历史数据、市场收集，数字化采购平台系统支持市场行情价格的维护。

（2）成本系数列表。工艺、研发、采购、财务等相关部门，梳理定义不同物资类别对应的成本系数列表，数字化采购平台系统定义不同的成本系数列表，供寻源招标、供方报价、核价分析等节点引用。

（3）分项报价。采购在询价、招标、谈判等环节定义标的物时，细分标的分项报价与成本系数列表，供方在报价环节按细项填写。数字化采购平台系统支持电子招标，在标书拟定、投标、评标等环节，提供按标的成本系数列表填写及分析的功能。

（4）数字化采购平台系统将采用个性化开发的方式提供行情分析及市场价格联动，成本系数模板定义、维护及引用，供方报价、报价评估、价格审批、一揽子协议生成等功能，提高核价工作效率。

总之，材料核价管理是采购价格科学管理必不可少的基础管理，其工作质量的好坏将对材料采购成本管理产生重要影响。

三、价格管理

1. 采购件均通过一揽子协议维护成本

在材料采购定价确定后，需要重点监控价格的执行情况，一揽子协议的价格是其价格执行监控的基准。将询比价的结果，通过系统生成一揽子协议维护到物料采购成本中，在下达采购订单时，系统自动应用此价格；同理，招投标、议价等不同方式确定的价格也用相同的方式维护物料成本。

2. 使用阶梯定价管理

（1）按一定时间内不同的采购量区间定义不同的采购价格，SRM系统把该一揽子协议信息写到ERP系统。

（2）成本计价按照就近就高或就近就低原则不变，即阶梯定价落到哪个区间，则以该区间的价格维护采购物料冻结成本。

（3）结算时按不同采购量对应的区间价格进行分批定价结算。

3. 查询成本时增加估价标识用于区分估价和定价

从PLM系统抓取的成本必然是成本估价，根据此逻辑在物料成本查询界面增加估价标识，以便于成本分析时使用。

四、供应商供货管理

供应商的供货管理是指供应商月度供货数量占同一物料类别月度总供货数量的百分比，是根据供应商绩效评估结果或招标结果确定的。供货比例确定后，那么这种物料的采购成本就基本确定，供货比例的变化会引起物料的采购成本的变化，在采购执行需要进行监控与分析。

1. 招标物料供货比例制定原则

（1）供货比例优价优量原则。原则上价格低的供应商供货比例要高。

（2）一般保留两家或三家供应商。比如，保留两家供应商时，按70%、30%分配供货比例（具体比例，根据企业实际情况确定）；保留三家供应商时，按50%、30%、20%分配供货比例（具体比例，根据企业实际情况确定），在招标规则中另行规定供货比例时，供货比例按规定执行。

（3）上年度被评为最佳、优秀的供应商在同等价格的情况下，供货比例可向其倾斜一定的比例。比如，8%～20%。

（4）按供货比例分配的供货份额。一般不超过供应商供货能力的50%，以防止带来供货风险。

2. 招标物料供货比例管理

在招标后，根据评标结果编制“供应商原始供货比例分配表”，计划采购负责人审核，采购经理审批后录入系统，采购人员按此设置比例下达采购订单。成本会计应负责实际供货比例执行的监控、考核。供货比例执行原则如下：

（1）供货比例一经确定，应严格按供货比例执行。

（2）为满足生产需要，中标方在中标后供货能力不足或未取得相应供货资格（如未完成样品确认或未经评审合格），招标方可以临时要求其他能够批量供货的投标方供货，直到中标方能批量供货为止。

（3）中标单位在实际供货中，出现较大的质量事故或供货延误等问题，被暂停或取消供货资格，中标单位和其他可供货供应商（未中标供应商、新开发供应商）依次取得相应份额。

（4）招标确定的供货比例为供应商一定时期预定的基本供货比例，每个季度对供应商绩效进行评估，评估后依据综合评价结果对供货比例进行调整，促进供应商持续提高产品与服务质量。

3. 非招标物料供货比例制定原则

（1）参照供应商质量状况、价格、产能、发展潜力、合作意愿、供货半径，以及双方合作历史等因素制定。

（2）一般保留两家以上供应商，保留两家的一般按照 70%、30% 分配供货比例设置；若各供应商供货能力、成本优势、合作意愿相当则平均分配，尽量避免出现独家供货。

（3）新增物料原则要求维护到同类物料中标方，需求量达到批量生产时按照同类物料的比例分配原则实施比例设置。

（4）上年度被评为最佳、优秀的供应商作为主供应商，供货比例向其倾斜 8%～20%。

4. 非招标物料供货比例管理

供应商管理部门参照供应商上期的供货质量状况、产能、发展潜力和供货半径，以及双方合作历史等因素编制“供应商原始供货比例分配表”，采购负责人审核，制造经理审批后录入系统，采购按规定比例执行。成本会计负责对实际供货比例监控、考核。

供货比例调整时间：供应商管理部门根据每个季度供应商供货质量状况、交货状况、成本状况与季度评级结果，对需要调整供货比例的部分进行调整，经审批后导入系统由采购实施。

5. 供货比例的调整与监控分析

供货比例的变化直接影响物料的总体采购成本，成本会计应该定期监控供货比例的调整与实际执行情况，通常情况下，实际供货比例与设定的供货比例的偏差控制在 5% 以内。

一般在出现如下情况时应考虑供货比例的调整：

（1）供应商所供物料发生批量质量问题。

（2）供应商评审结果发生变化。

（3）供应商因生产、资金、物料组织等不可抗拒因素导致供货能力发生变化。

（4）物料价格临时变化。

（5）供应商被停止供货或恢复供货。

（6）供应商淘汰或新增等。

成本会计负责供货比例的监控，每个月月初将上个月实际供货比例执行状况汇总，采购部门会审后公布，供应商管理部门对供货比例执行状况进行考核，对违反业务量分配标准的违规行为予以书面通报或经济处罚。

6. 供货比例监管

供应商供货比例一般通过采购管理系统进行维护，并在采购执行过程中实施动态管控。

（1）供货比例制定的可视化管理。SRM 系统提供供货比例制定的功能，通过查询权限可以查看品质排名、成本排名等信息，并将供货比例数据导入 ERP 系统的采购模块，通过报表或BI工具向具有权限的客户进行可视化展示。

（2）独家供货需注明原因。把指定比例为 100% 的情况定义为独家供货，出现该情况要求配置 100% 供货比例时需要维护对应的独家供货原因，并作为重点管理，寻求新供应商，引入竞争，尽量避免独家供货。

（3）调整信息自动反馈到供货比例制定界面。通过办公系统（OA）调整流程审批，在流程结束后自动把调整前后供应商的变化信息推送到SRM系统，供货配套员根据SRM的提示信息调整供货比例。

第三节　采购成本构成与成本核算

采购成本核算是成本会计的一项重要工作，由于采购成本的构成非常复杂，且各项成本要素结算时点、方式不一致，如采购运费的结算，在企业中通常有一票制和两票制两种方式。一票制是物料的金额和运杂费同时结算或物料采购价格为到厂结算价，这时运杂费不会影响材料精确成本核算，但两票制是采购物料的发票与运杂费发票是分开结算的，如物料的采购发票先到，运杂费用发票后到，且可能是多个物料多个批次的运费统一结算。这种情况就会造成材料采购的实际成本计算不太精确，对后续生产成本、产品成本核算会带来一些偏差，影响产品成本的精确核算。本节重点介绍材料采购成本的构成、影响采购成本的因素、补差返利的核算。

一、材料采购成本的构成

按企业会计准则描述存货的采购成本，包括购买价款、相关税费、运输费、装卸费、保险费，以及其他可归属于存货采购成本的费用。

1. 按采购成本构成分类

下面从财务成本核算角度考虑采购成本的构成。

（1）大宗货物采购成本构成。大宗物资，尤其是煤炭、矿石、大豆之类的大宗物资，其采购成本构成包括大宗物资的购买价款、运输费、装卸费、保险费及途中的合理损耗等。其中，大宗物资的购买价款与质量等级、水分、杂质相关，采购结算时采用扣水、扣杂、优质优价方式计算实际购买价款；运杂费在采购成本中占比较大，如采用两票制结算，运费发票未及时收到时，材料入库时，及时把运杂费暂估到材料采购成本中，否则会影响后续大宗物资的存货成本、生产的直接材料成本计算。

（2）零部件的采购成本构成。除了购买价款、运输费、装卸费、保险费外，还存在因为质量问题的补差、供应商促销的返利等，对于质量稳定性不是太好的物料，对其采购成本也要作合理的扣除。

（3）全球采购成本构成。为获得价格优势，企业通常进行全球采购，那么进口物资的采购成本，除了购买价款、运输费、装卸费、保险费、合理损耗外，还包括进口关税、海关费用、汇率差等。

2. 按采购成本用途分类

从采购成本管理角度考虑采购成本的内容会更多，这也是成本管理会计进行控制需要关注的重要内容。下面从采购物资的用途，分析其采购价格与采购成本的影响因素，以便于进行采购成本的管控与分析。

（1）生产用原材料和零部件。生产用原材料和零部件的采购价格与采购成本影响因素包括价格的稳定性、不同订购数量的价格变化、付款方式、结算方式、币种、交运成本、交货地点、保险、包装与运输、交货库存、质量水平与技术要素、即时供应条件、独家供货条件、风险承担、推广与产品宣传协助、供应商的考察与认可费用、供应商样品测试费用、循环使用包装材料和售后服务等。加强这些因素对成本的影响分析，有利于企业扩展降本增效的空间。

（2）非生产用原材料。非生产用原材料（如工装、模具、夹具等）影响采购成本的因素，除上述影响因素外，还包括维修与保养、备件与附件、安装、调试、图纸、文件与说明书、安全证明、使用许可证、培训、专用及备用工具等因素会影响其使用成本。在采购时，扩展到对这些因素的分析，有利于企业整体成本的降低。

上述增加的成本影响因素，虽然不参与采购成本的成本核算，但为企业成本挖潜分析提供了方向，为实行成本战略提供了可选途径。

二、影响采购成本的因素

当前大多数企业都采用信息化系统，基本实现了采购端的信息化管理，即从采购需求到采购付款的业务与财务一体化运行。在业务财务一体化系统中，预先根据会计准则，进行会计引擎规则的配置，在业务进行的同时，伴随着财务核算信息的生成，基于采购成本实时化、精细化核算的需要，生成会计信息的环节更多、内容更细，下面介绍从物资采购接收到采购付款的整个流程的会计分录。

1. 采购接收

采购订单审批后，供应商按订单要求送货，仓库管理人员按时按量进行接收。

采购接收时，根据系统会计引擎规则，自动形成如下会计分录：

借：物资采购（按采购订单单价）

　　贷：应付账款——暂估（或应计负债）

2. 检验合格后入库

企业接收供应商物资后，组织质检人员进行质量检验，根据质检结果进行相应的事务处理。比如，物资检验质量合格则办理入库；物资检验质量不合格则退回供应商；物资检验质量不符合合同规定，但不影响使用时，供应商在结算价格给一些折扣让步后接收入库。

（1）如果物资质量不合格，则将物资退回给供应商，这时根据系统会计引擎规则，自动形成如下会计分录：

借：应付账款——暂估（或应计负债）

　　贷：物资采购（按采购订单单价）

（2）如果物资质量合格，则办理物资入库，这时根据系统会计引擎规则，自动形成如下会计分录：

借：原材料等科目（按物料的标准成本）

借（贷）：材料成本采购价格差异（物料的标准成本与采购订单单价之差）

　　贷：物资采购（按采购订单单价）

（3）仓管人员做物资让步接收时，产生的会计分录同（2）。

3. 采购结算（发票匹配）

材料会计（或称应付会计），收到供应商发票、核对相关信息后，进行发票匹配，根据系统会计引擎规则，自动形成如下会计分录：

借：应付账款

借（贷）：材料成本发票价格差异（发票价格与订单价格一致，不会产生差异）

　　贷：应交税费——增值税——进项

　　贷：应付账款——暂估（或应计负债）

发票匹配时，需要验证发票价格与采购价格、发票数量与订单数量、接收数量、检验合格数量等，ERP系统一般可以做到自动校验与控制。

当发生让步接收原因的折扣，一般反映在结算发票价格中，通过发票匹配时，计入材料成本发票价格差异科目中。

在进行采购成本分析时，材料成本采购价格差异、发票价格差异是重点分析对象。特别是对发票价格差异的分析，追踪异常原因，寻找改善方法并落实。

4. 支付货款

在对供应商支付货款时，根据系统会计引擎规则，自动形成如下会计分录：

借：应付账款

　　贷：银行存款等

如果是支付预付款时，则先记入预付账款科目中，然后，在收到发票后核销预付款，预付款核销，自动形成如下会计分录：

借：应付账款

　　贷：预付账款

5. 采购运杂费与海关税费

材料采购过程发生的运输费用、杂费，进口物资还将发生的关税、报关费及汇率差异等，这些运杂费、海关税费通常计入材料的采购成本。采用一票制结算方式，运杂费包含在材料的采购价格中。采用两票制、多票制结算方式，应及时进行与采购相关的运费、杂费、海关税费的账务处理，否则将影响材料采购成本与生产成本中的直接材料成本核算的准确性。对已入库而月末未到账的大额运杂费、海关税费等应暂估入账。

取得运杂费与海关费等相关票证时与采购匹配，自动形成如下会计分录：

借：物资采购（或材料成本差异）——运杂费

借：物资采购（或材料成本差异）——海关税费

　　贷：应付账款

月末，对未取得运杂费、海关税费等相关票证，但已入库的物料，暂估运杂费、海关税费等相关费用，使材料的存货成本、生产直接材料成本更加准确。其会计分录如下：

借：物资采购（或材料成本差异）——运杂费

借：物资采购（或材料成本差异）——海关税费

贷：应付账款——暂估（运杂费、海关税费）

三、补差返利的核算

在采购合同中，供应商为了鼓励客户方多买、大批量采购、及时付款，以及在供应的物资不合格时等情况，会采用补差、返利的方式补偿和奖励客户方。这是一个有利的降本点，可往往会被管理人员忽视，成本会计在核算与分析时需要关注到：

1. 补差返利计算

如果ERP系统有此功能，系统内自动补差、计返利，冲减物料成本，ERP自动计算并提供报表。如果ERP系统没有此功能，系统外手工做补差返利计算，尽量系统计算或者提醒。

会计分录为冲减材料成本与应付账款。

2. 补差返利金额录入

补差、返利和扣罚款可按统一管理的原则，补差和返利在流程结束后进行登记并跟踪，扣减供应商的货款与采购成本。

第四节　采购成本管控

成本会计在企业价值链采购环节的成本管控的直接目的就是降低采购成本。在采购过程中，原材料或零部件的采购价格固然是很重要的财务指标，但作为成本会计不应只看到采购价格本身，还要将采购价格与交货、运输、包装、服务、付款条件等相关因素结合起来综合考虑，才能有效衡量采购的实际成本，因为这些因素与成本密切相关。然而，在采购成本管理工作中存在部分要素被采购管理人员所忽视，需要成本会计从成本的角度予以关注。

为了较为全面地阐述采购成本管控的方式方法，下面将采购成本管控内容分为战略采购成本管控与采购执行成本管控两部分讲述。

一、战略采购成本的管控

整体采购成本又称战略采购成本，是除采购成本以外，考虑到原材料或零部件在本企业产品的全生命周期过程中所发生的成本。它包括采购在市场调研、自制或采购决策、产品开发与开发中供应商的参与、供应商交货、库存、生产、出货测试、售后服务等整体供应链中各环节所产生的费用对成本的影响。概括起来是指在本企业产品的市场研究、开发、生产与售后服务各阶段因供应商的参与或提供的产品（或服务）所导致的成本，它也包括供应商的参与或提供的产品（或服务）没有达到最高水平而造成的二次成本或损失。

作为成本管理会计，其最终目的不仅要协助采购人员以最低的成本及时采购到质量最好的原材料或零部件，而且要在本企业产品的全生命周期过程中，要将最好的供应商有效地利用起来，以降低整体采购成本。按功能来划分，整体采购成本发生在开发、采购、企划、质量、服务过程中。

下面分别说明企业在产品开发、材料采购、企划、质量与服务过程中的采购成本管理方案。

1. 控制开发过程中可能发生的采购成本

在产品开发过程中，管控好供应商介入或选择而发生的成本，包括如下内容：

（1）原材料或零部件对产品的规格与技术水平的影响。

（2）供应商技术水平及参与本企业产品开发的程度。

（3）对供应商技术水平的审核。

（4）原材料或零部件的合格及认可过程。

（5）原材料或零部件的开发周期对本企业产品的开发周期影响。

（6）原材料或零部件及其安装等不合格对本企业产品开发的影响等。

2. 控制采购过程中可能发生的采购成本

在采购过程中，管控好采购活动可能发生的成本，包括如下内容：

（1）原材料或零部件采购费用或单价。

（2）市场调研与供应商考察、审核费用。

（3）下单、跟货等行政费用。

（4）文件处理及行政错误费用。

（5）付款条件所导致的汇率、利息等费用。

（6）原材料运输、保险等费用等。

3. 控制企划过程中可能发生的采购成本

在企划（包括生产）过程中，管控好可能因采购活动而发生的成本，包括如下内容：

（1）收货、发货（至生产使用点）的费用。

（2）安全库存仓储费、库存利息。

（3）不合格来料滞仓费、退货和包装运输费。

（4）交货不及时对本公司生产的影响及对仓管等工作的影响。

（5）生产过程中的原材料或零部件库存的资金占用成本。

（6）企划与生产过程中涉及原材料或零部件的行政费用等。

4. 控制质量过程中可能发生的采购成本

在质量管理过程中，管控好可能发生因采购管理不当而发生的成本，包括如下内容：

（1）供应商质量体系审核及质量水平确认（含收货标准）。

（2）检验成本。

（3）因原材料或零部件不合格而导致的对本公司的生产、交货的影响。

（4）不合格品本身的返工或退货成本。

（5）生产过程中因使用的材料、零部件不合格品导致的本公司产品的不合格。

（6）处理不合格材料的行政费用等。

5. 控制服务过程中可能发生的采购成本

在售后服务过程中，管控好因原材料或零部件问题而发生的成本，包括如下内容：

（1）零部件失效产生的维修成本。

（2）零部件供应给服务维修点不及时而造成的影响。

（3）因零部件问题严重而影响本公司的产品销售。

（4）因零部件问题导致本公司的产品理赔等。

总之，通过对现有主要供应商的整体采购成本分析进行规律性总结，并将这些经验综合运用于新产品开发过程中的上游采购，以实现预防性降低整体采购成本的目的。

二、采购执行的成本管控

成本管理会计在采购执行过程，对采购物料价格、运杂费、核价、来料定额控制外，还应重点关注供应商绩效评估、供货比例及不良供应商整改、退出的监控。

1. 供应商绩效管理体系

供应商绩效管理是为企业与其供应商之间建立互惠互利的关系，优化买方与供应商之间的关系，实现保质降本的目的。根据供应商绩效评估的结果，调整供货比例或供应商的调整。

传统采购是典型的供需双方非信息对称博弈过程，供需关系是临时的、竞争多于合作。现代采购追求供需合作，双方建立长期、稳定的合作关系，通过共同努力，提高产品品质、降低成本，实现供需双赢的关系。为此，先进企业选择建立供应商绩效管理体系，在与供应商建立长期合作关系的同时，通过对供应商绩效评估，推动供应商绩效持续改善，提升采购管理效率，降低供应链成本。

供应商绩效管理体系，如图3-7所示。

供应商绩效体系包括如下三方面的内容：

（1）收集供应商交货的品质、交期、服务与成本等数据，用于对供应商绩效评估。

（2）建立供应商绩效评估模型。对供应商进行绩效评估，根据供应商绩效评估结果对供应商进行等级划分，如：优秀、合格、较差、不合格等。

（3）根据供应商绩效评估结果给予相应的奖惩措施。比如，调高优秀供应商的供货比例，降低较差供应商的供货比例并要求限期整改，淘汰不合格供应商。

这样，供应商绩效体系督促企业采购管理人员、成本管理人员对现有供应商的日常表现进行定期监控和考核，促进供应商根据企业要求按时按质完成订单、发展新技术、改善管理，降低材料成本。供应商绩效体系有效执行有利于保留并巩固优秀的供应商，淘汰绩效差的供应商，也可以了解供应商存在的不足之处，将不足之处反馈给供应商，促进供应商改善其业绩，为以后更好地完成供应活动打下良好的基础。

总之，供应商绩效管理体系可以有效地帮助企业进行供应商绩效的管理工作，提高管理效率，提高绩效数据的合理性、准确性，降低采购成本。

2. 供应商绩效管理模型

供应商绩效管理模型包含多个方面，如供货及时性、产品质量、成本管理和服务水平等。在综合评价中，需要综合考虑这些因素，并为每个因素设定一定的权重。还可以考虑一些其他指标，如供应商的稳定性、创新能力、合作态度等，以全面评估供应商的绩效。

供应商绩效管理模型，如图3-8所示。

供应商绩效评估模型包括如下内容：

（1）确定评价指标。根据企业的特点和需求，确定供应商绩效评价的指标体系。主要包括品质绩效（包括红黄牌、来料批次不合格率、制程下线率、批量质量

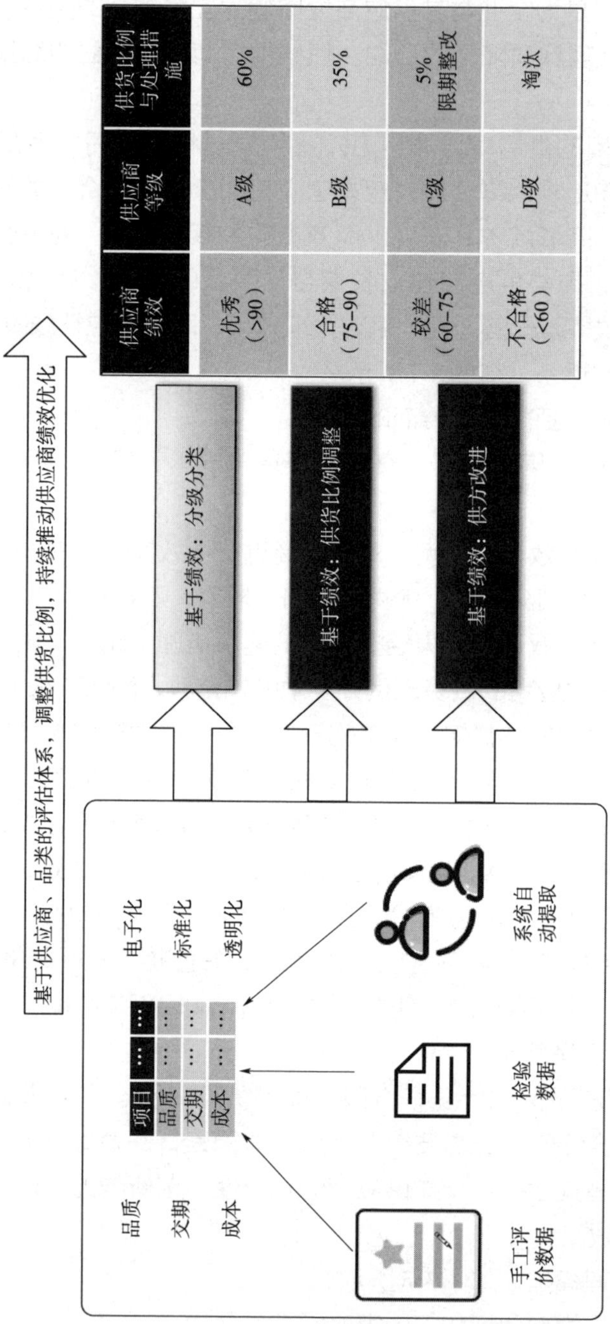
基于供应商、品类的评估体系，调整供货比例，持续推动供应商绩效优化
供应商绩效
供应商等级
供货比例与处理措施
优秀（>90）
A级
60%
合格（75–90）
B级
35%
较差（60–75）
C级
5%
限期整改
不合格（<60）
D级
淘汰
基于绩效：分级分类
基于绩效：供货比例调整
基于绩效：供方改进
品质
交期
成本
项目
品质
交期
成本
电子化
标准化
透明化
手工评价数据
检验数据
系统自动提取

图 3-7 供应商绩效体系

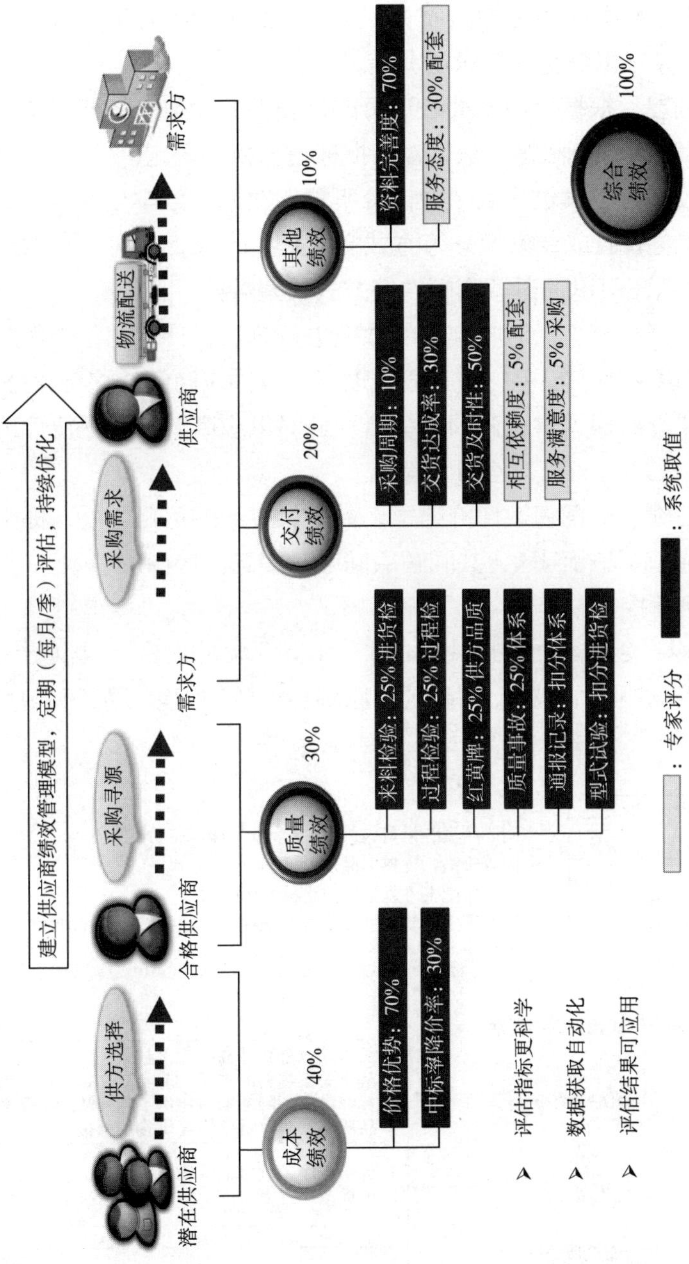

图 3-8　供应商绩效管理模型

事故、品质问题处理速度及有效性等指标项）、业务绩效（包括采购周期、交货达成率、交货及时率、服务满意度等指标项）、成本绩效（包括采购价格、成本管控、成本降低意愿及主动性等指标项）、技术绩效（包括功能绩效、技术开发能力和水平、技术支持与配合度等指标项）等。

（2）权重确定。根据供应商绩效评价的重要性，为每个指标设置权重。可以采用专家评判法、层次分析法等方法，对各指标进行权重确定。

（3）数据收集。收集供应商绩效评价所需的数据。数字化系统应用较好的企业可以直接从系统内取值或专家评分等方式实现数据收集，也可以从供应商的报告和文件中收集数据，还可以通过调查问卷等方式收集数据。

（4）数据计算与分析。对收集到的数据进行分析，计算出每个供应商在各个指标上的得分。可以采用加权平均法等方法进行计算供应商绩效综合评分。

（5）绩效评价。根据供应商绩效综合评分对供应商的绩效进行评价。可以将供应商分为优秀、良好、一般、差四个等级。

（6）改进措施。根据绩效评价结果，针对供应商的不足之处，提出相应的改进措施。可以与供应商进行沟通，共同解决问题，提高供应商的绩效。

3. 供货比例管控

供货比例直接关系到企业的采购成本，不同品类的物资，其供货比例的制定方式也不同。大多数企业的供货比例制定的原则与相关的因素，如图3-9所示。

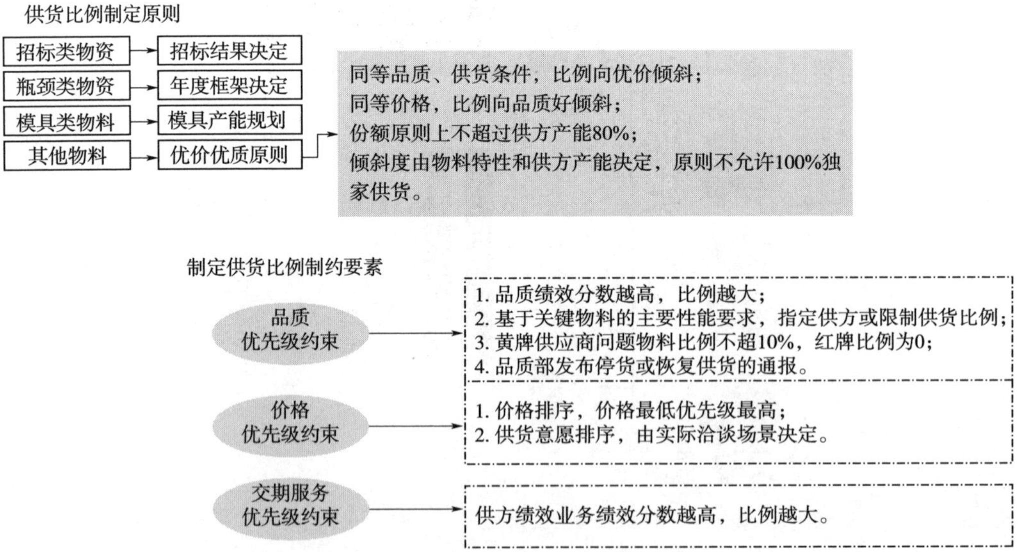

图3-9 供货比例制定原则与要素

企业可制定如下供货比例的原则：

（1）招标类物资根据招标结果决定。招标类物资的比例，需要通过招标活动，根据具体洽谈条件，决定此类物资的供货比例。

（2）瓶颈类物资由年度框架协议决定。瓶颈类物资由于市场上供应商的数量少，市场价格波动大、交货的及时性难以保证等问题，如果管理不当容易成为“卡脖子”的高风险物料。为降低风险，企业应与供应商达成中长期合作，按年度的谈判确定供货方式，签订年底框架协议保障物资的供应与成本的稳定。

（3）模具类物资由模具产能规划决定。通常与模具产能规划有关，可变性比较大，建议通过人工方式分析确定。

（4）其他物资遵循优质优价原则。除上述三类物资，可按照品质、价格等条件作为对比依据，选择最优比例，通常由供应商绩效确定的供货比例。

具体可按如下规则确定供货比例：一是同等品质、相同供货条件情况下，供货比例向优价倾斜；二是同等价格、相同供货条件情况下，供货比例向品质好倾斜；三是每家供应商所占份额原则上不超过供方产能 50%；四是每家供应商供货比例原则上不能超过 80%，更不允许独家供货。

上面所讲的供货比例制定的原则，在制定供货比例时还需考虑到如下三个制约要素：一是品质优先级约束（如品质绩效分数越高，比例越大；基于关键物料的主要性能要求，指定供方或限制供货比例；黄牌供应商问题物料比例不超 10%，红牌比例为 0，品质部发布停止供货或恢复供货的通报）；二是价格优先级约束（如按价格排序，价格最低优先级最高；按供货意愿排序，由实际洽谈场景决定）；三是交期服务优先级约束（如供应商绩效的交货期绩效分数越高，供货比例越大）。

在采购执行过程中，通过供货比例进行控制是常见手段。一般 ERP 系统采购模块都具备相应功能，当根据物料采购需求（计划）下达采购订单（合同）时，系统会自动按供货比例向不同的供应商下达采购订单。在特殊情况下可能会出现偏差，这时需要设置供货比例执行偏差追溯机制，记录供货比例偏差的原因记录。

成本管理会计应监控供货比例执行偏差，及时分析异常供货比例，防止在采购环节人为修改比例的腐败行为出现，造成物料采购成本升高或供应风险的现象。组织采购部门、生产部门进行原因分析，并跟踪改正措施的执行。

4. 采购价格控制

根据询比价、招投标定价、谈判议价等多种采购方式确定采购价格，并以此控制采购订单的执行。同时，监控采购价差、发票价差的变化，组织采购部门进行原因分析，并跟踪改正措施的执行。

5. 核价及来料定额管控

采购核价员根据市场情况定期进行材料价格测算，并以此跟踪对比供应商的物料价格差异，监控来料定额管控，实现满足配套生产，同时减少积压。

6. 采购运杂费管控

按规划优化供应商布局，平衡管控运杂费、仓储费与到货及时性。在物料采购与分两票制结算时，通常会发生材料发票与运杂费发票不同步的现象，采购结算员收到运杂费发票较晚于材料发票，这种情况会影响材料采购成本的分析，在实际工作中，采购应及时办理结算，跟踪接收发票，或者可以考虑改为一票制的结算方式。

7. 采购降本指标

制定合理的采购降本指标体系，并将相关指标落实到部门及直接责任人，调动供应商管理人员、采购人员的积极性，以达到降本增效的目的。

第五节 采购成本分析

采购成本的监控与分析主要包括监控采购价格执行偏差，监控对企业采购成本有影响的业务执行偏差，监控采购效率对采购成本的影响，监控采购管理的例外事项与异常情况，采购价格与成本的市场情况、历史对比和趋势分析，以及竞争对手的采购成本分析等。本节内容分为供货比例控制、定价对比分析、采购成本综合分析、对竞争对手分析和材料采购成本监控分析等。

一、供货比例控制

根据供应商绩效确定的供货比例，按供货比例控制采购执行，监控供货比例执行偏差，及时分析异常供货比例，组织采购部门、生产部门进行原因分析，并跟踪改进措施的执行。供货比例控制主要内容如下：

（1）供货比例偏差损失分析。对当月供货比例执行情况分析，形成分析报告，及时反馈给供应管理部门，对供货比例偏差较大（如超过5%）的到货进行原因分析，及时采取纠正措施并跟踪执行。对连续多月（如三个月滚动数据）供货比例执行偏差大的到货分析，形成分析报告，及时反馈给供应管理部门，进行原因分析、整改与监督执行，必要时提报内审。

（2）独家供货分析。原则上企业应尽量减少独家采购，这有利于避免供应链风险、增加价格谈判优势，如确实需要独家供货，则需定期进行分析。比如，制作独家供货情况分析报表，包括独家原因、独家时间及其他组织是否有独家等信息，必要时提报内审等。

二、定价对比分析

定价对比分析主要内容如下：

（1）发票价差分析，对于异常原因进行分析，寻找改善方法并落实。

（2）采购订单差异分析，分析采购订单差异形成原因，找出改善空间并进行改进。

（3）临时采购物料成本分析，检查临时采购是否符合成本管控规范。

（4）补差、返利协议执行情况分析，谨防遗漏。

（5）自制件和外协件价格对比分析等，支持决策调整参考。

三、采购成本综合分析

采购成本综合分析主要内容如下：

（1）供应商物料价格对比分析。

（2）物料采购历史价格趋势分析。

（3）采购费用（如运费、仓储费、杂费）占比分析。

（4）供应商库存管理占比分析。

（5）供应商交货及时性对成本影响分析等。

（6）物料合格率分析等。

四、竞争对手分析

对竞争对手进行分析的目的是要明确我方与竞争对手相比的成本态势情况。比如，我们的优势在哪里，对手的优势在哪里；优势和劣势的根源是什么，是源自我们与竞争对手战略上的差异，还是源自各自所处的不同环境，或是企业内部结构、技术、管理等一系列原因。然后从消除劣势，保持优势着手，制定在竞争中战胜对手的策略。通过对竞争对手的分析，找到努力的方向，在竞争中保持先机。

五、材料采购成本监控分析

材料采购成本监控分析主要内容如下：

（1）重点监控主要材料有20～30种，价值占全部总值的70%～80%以上的采购成本变化。

（2）大量采购的常用材料、器材的采购成本监控分析。

（3）性能比较特殊的材料、器材的采购成本监控分析。

（4）突发事件紧急采购的采购成本监控分析。

（5）波动性物资、器材采购的采购成本监控分析。

（6）计划外资本性支出、设备器材的采购，数量巨大，影响经济效益深远的。这类采购的采购成本监控分析也是主要关注点。

04 第四章 企业制造成本管控

制造业的制造成本管控是企业成本会计的日常工作内容，通常以生产成本核算与分析作为其主要工作内容。在生产经营活动中，成本会计依据既定的成本标准（或定额）对实际发生的生产耗费进行严格计算与审核，发现并控制成本形成过程中的损失与浪费现象，以实现或超越预期的成本目标，这是狭义的成本管控。作为成本会计，做好产品的生产成本计算、成本分析是必要的工作，然而全价值链成本管理绝不仅限于此。除成本核算、成本分析外，还包括成本预算、控制、考核与决策等内容。

本章将从全价值链成本管理逻辑、制造成本基础管理和成本控制、质量成本管理、制造成本核算、量差的控制与分析、产品生产成本分析等方面，分享优秀企业全价值链制造成本管控的方法，希望能给制造业成本管控人员带来一些启发。

第一节　制造成本管理逻辑

越来越多的企业对成本的管控覆盖到全价值链的端到端全流程，除了第二、三章所讲的研发成本管控和采购成本管控之外，制造成本管控也是成本管理中的重要组成部分。全价值链制造成本的管理逻辑包括：基于预算的目标成本控制、基于成本中心的责任成本归口管理、基于“四个细化”的成本核算体系、基于标杆的成本竞争分析，以及基于边际成本的辅助决策制定。

一、基于预算的目标成本控制

基于预算的目标成本控制是一种高效的成本管理策略，它利用标准成本管理体系，在信息化与数字化技术的支持下，将成本核算、计划、控制与分析紧密结合，形成闭环。在此体系中，产品标准成本的制定是标准成本管理体系的起点和成本控制的基础，成本会计的重点工作转入对业务执行过程的各种差异的实时监控，协同生产管理人员及时分析差异产生的根因，果断采取纠正、改正措施，防止差异产生。比如，美的集团提出“标准成本即实际成本”的口号。他们将实际成本与标准成本进行对比，找出成本差异形成的根本原因，追究责任，进一步采取行动措施。

二、基于成本中心的责任成本归口管控

在企业内部划分成本责任中心，明确各中心的成本控制范围和责任，并按照成本中心归集、报告及考评成本控制业绩。由于各成本中心仅对其能直接发生影响和控制的成本负责，因此，需按成本的可控性将成本划分为可控成本与不可控成本。凡是在某一责任中心发生且能由该中心控制和影响的成本和费用，均列入其成本控制与考核范围。而对于发生在其他责任中心但应由本中心承担的成本，则视为不可控成本，不应纳入本中心的控制和考核范围。基于成本中心的责任成本归口管控方式，体现了成本控制过程中权、责、利的协调统一，有助于调动各成本责任中心的积极性，从而提升成本控制效果。

三、基于“四个细化”的成本核算体系

“四个细化”包括：成本组织细化（细化至工厂、车间、班组及工序层面）、成本标准细化、成本核算时间维度细化（细化到月度、日度）和成本要素细化（即在物料成本、物料管理费、资源成本、外协加工成本和制造费用等五大成本要素的基础上，进一步细分形成二级成本要素，或称成本子要素）。在没有信息化和数字化技术应用的情境下，很难做到成本与费用的明细数据归集。因此，成本核算的精细化通常需要依托ERP系统和MES系统的支撑。

四、基于标杆的成本竞争分析

标杆即竞争对手。通过分析其成本数据，企业能识别对手优势，进而制定针对性改进措施，力求超越。通过对比分析，企业可以清晰地了解自身与竞争对手之间的差距与优势，进而协同相关业务部门共同研讨改进和优化行动措施。企业还通常会利用商务智能（BI）等成本分析系统来辅助决策。

五、基于边际成本的辅助决策制定

通过边际成本法，企业可以计算出产品的单位变动成本和固定成本。然后，结合市场需求和价格信息，通过比较销售收入和总成本，企业可以确定盈亏平衡点。如果实际销量高于盈亏平衡点，则企业可以实现盈利；如果实际销量低于盈亏平衡

点，则企业将面临亏损。在成本核算与成本分析中，盈亏平衡分析常被用于确定生产量、销售定价及自制与外购决策。边际成本法优于完全成本法，能避免短期利润误导，有利于快速做出短期产量的决策。此外，基于边际成本法建立本量利分析模型，能预测保本点、利润及销售量，进一步为企业快速对各种短期经营决策做出最优选择提供了有力支持。

第二节　制造成本基础管理和成本管控

本节重点介绍制造成本的基础管理及其在制造成本环节的管控方法。企业的制造成本基础管理工作主要从成本要素、成本科目、成本中心、生产工单、成本计算方法和成本定额等方面展开，并在制造环节围绕生产工单进行全方位的制造成本管控。

一、制造成本基础管理

1. 成本要素

国际上，工业企业生产产品的成本构成要素通常被划分为：物料成本、物料管理费、资源成本、外协加工费和制造费用五大类，又被称为成本五要素。这些成本费用要素是在生产经营过程中按经济用途进行分类的。与国内成本会计学教材的分类相比，存在一定的差异。在国内成本会计学中，产品的成本构成通常按照直接材料、直接人工、燃料及动力、制造费用四个方面进行区分，又被称为成本项目。成本五要素的划分方式更有利于工业企业在生产经营过程中清晰地归集成本数据。通过按照成本五要素进行产品成本核算、控制与分析，企业可以更全面地了解产品成本的构成情况。此外，这种划分方式也更适应信息化、数字化技术背景下的成本明细核算和精细化管理需求。

为使成本核算、成本控制与成本分析更精细，还可以对各个成本要素进行二级分类，成本要素的二级分类通常被称为成本子要素。

产品成本要素、子要素所对应的会计科目，如图4-1所示。

成本子要素是对成本要素的细分，下面分别介绍各类成本要素的子要素设置方法：

（1）物料成本的成本子要素设置。物料成本为产品生产所耗的直接材料、燃料、动力费等的购置成本，其成本子要素可以按材料的ABC分类法（主次因素分析

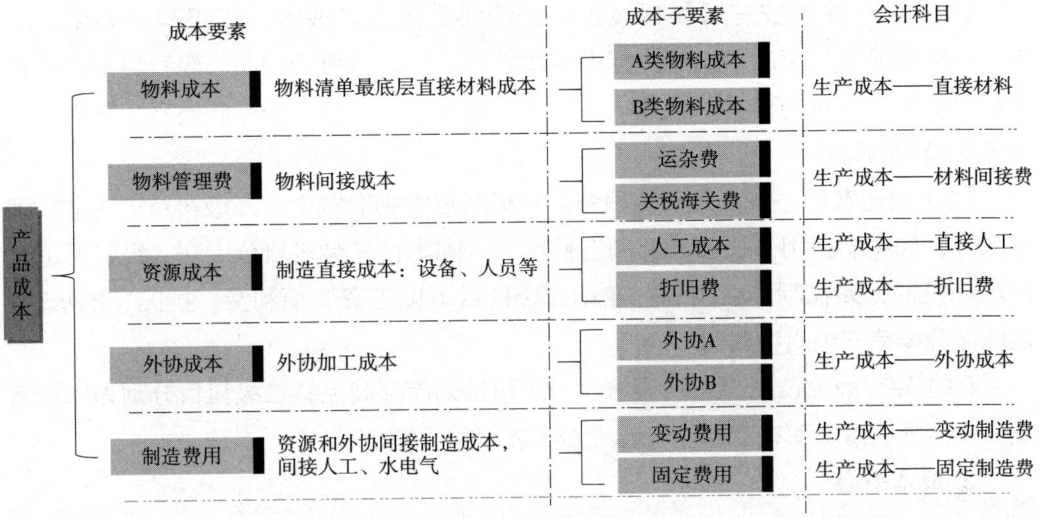

图 4-1　产品成本要素、子要素与会计科目对应关系

法）与燃料动力费等进行明细设置，以便于直接材料成本的明细分析与管控。

（2）物料管理费的成本子要素设置。物料管理费是物料的间接成本，包括采购过程中发生的运费、杂费、海关费和关税等，其成本子要素可以按此细分，以便于物料间接费用的明细分析，支撑与战略供应商协商生产厂的布局与决策，以达成供应链整体成本的优化。

（3）资源成本的成本子要素设置。产品加工生产过程中需要经过若干工序，每个工序的加工需要消耗设备和人工资源，设备资源的耗费对应设备的折旧费，人工资源的耗费对应人工成本。

（4）外协成本的成本子要素设置。在产品生产加工过程为平衡生产能力与加工成本，需要与外部生产厂进行加工协作，外协成本的成本子要素划分可按照加工类别划分，便于各类外协加工成本、外协与自制成本的跟踪分析，以达成生产成本的节约与产能的平衡。

（5）制造费用的成本子要素设置。制造费用是指间接用于产品生产的各项耗费，制造费用发生的明细核算通过制造费用科目下设置明细科目的核算与费用控制，生产成本下的制造费分别按变动制造费与固定制造费两个成本子要素，以便于计算边际成本、边际利润和量本利模型的运用。

2. 成本科目

成本科目主要涉及制造成本相关的生产成本、制造费用和库存商品三个一级会计科目下明细科目设置。

（1）生产成本按三级科目设置。一级科目为生产成本；二级科目为生产成本——标准成本与生产成本——标准成本差异；三级科目分别在二级科目下可按直接材料成本、材料间接费、直接人工、外协成本、折旧费、变动制造费、固定制造费等三级明细科目。

（2）制造费用也按三级科目设置。一级科目为制造费用；二级科目按变动、固定区分，如制造费用——变动、制造费用——固定；三级科目分别在二级科目下进行明细设置，如在制造费用——变动二级科目下设工资、福利费、折旧、维修费、低耗品分摊等三级明细科目。

（3）库存商品按二级科目设置。一级科目为库存商品；二级科目分别为库存商品——标准成本、库存商品——标准成本差异科目等。

3. 成本中心

成本中心按工厂、车间、班组进行分级设置，形成树状层次结构，主要用于归集、报告和考核各成本费用责任中心的成本及费用数据。在成本管理工作中，需要将成本中心与成本费用项目结合起来考虑，并明确区分成本费用的可控性。判断成本费用可控性的三个依据有：可以预计、可以计量和可以控制。在这种情况下，成本中心同时也是责任中心，需要对其承担的可控成本和费用进行预算控制与责任考核。

4. 生产工单

生产工单，又称生产订单、生产任务，是生产加工作业及成本管理的对象。在生产流程中，一个生产工单清晰地界定了产品的生产计划数量、所选用的物料清单及工艺路线，并依据此工单管理投入产出与资源和费用消耗。生产工单不仅是产品加工流程的基本构成单元，也是生产成本中材料、资源与制造费用归集的基本单元。

在ERP系统中，一旦确定了生产工单的生产计划数量，系统便会根据该工单所引用的物料清单自动计算出其标准成本，包括材料成本、人工成本及其他相关费用。企业依据生产工单来确定材料消耗定额，并管理领料。当产品完工入库、生产工单关闭时，系统会计算该工单的实际耗用成本，并对比标准成本，分析各项差异（在采用标准成本法的情况下）。

为精细化成本核算与管理，通常要对标准生产工单与非标准生产工单进行区分。非标准生产工单（因返工、改装需求而下达的工单）因其物料需求与工序流程的不同，对生产成本与费用有较大影响，需要单独核算与管理其成本费用。

5. 成本核算方法和成本定额

成本核算方法以标准成本法（适用于离散制造企业）为主，同时借鉴定额成本法的优点，将标准成本法下产生的成本差额，依据一定的规则分摊至产成品的成本之中。这样可以更为清晰地获取产成品的标准成本、差异与实际成本。

成本定额包括物料消耗定额、资源消耗定额、费用消耗定额等。其中，物料的消耗定额是依据物料清单制定的，而资源消耗定额和费用消耗定额则是通过工艺路线的资源分配来确定的。当各项定额确定之后，将进行成本卷积，形成产品的标准定额成本。这些定额是生产执行过程中对成本控制的标准。

产品消耗定额制定，如图4-2所示。

在标准成本法管理模式下，物料清单被用于制定产品所需消耗的原材料、零件及部件的数量。基于这些原材料、零件及部件的单位标准成本（或定额成本），可以计算出产品的直接材料成本，产品所消耗的物料也可以通过多级物料清单的方式进行有效管理。在工艺路线中，需要明确产品的加工工序，以及各工序所耗用的资源及其数量。生产工序中的加工工人、机器设备、装夹具和外协服务均被视为资源进行处理。直接人工成本则根据工序耗用的人工工时数与相应的人工费率进行计算。同理，设备折旧费和制造费用也是按照相关资源的耗用量与对应的资源费率来计算的。

6. 成本类型

为满足成本核算、成本管控和销售报价的需求，企业通常会通过设置不同的成本类型。比如：

（1）为符合成本报价的需要，设立报价成本类型，通过报价成本类型，利用信息系统实时更新获取信息、快速计算支撑销售报价的产品成本。

（2）为提供产品在不同时点、不同成本类型下的成本变动分析报表，在系统中设立模拟成本模型，当材料市场发生变化、材料价格调整时，利用信息系统能快速生成对应的产品模拟成本，支持销售报价、产品定价与生产调度等决策调整。

（3）为满足成本预算管理需求，设立预算成本模型，利用信息系统快速生成产品的预算成本数据，支持成本预算与目标成本管理。

（4）支持成本核算的标准成本，一般不宜频繁变动，设立冻结成本模型。在生产经营活动中，按冻结成本计算入库、出库与库存的材料与产品成本；生产领用、管理耗用物料、成品时，也按冻结成本计算，信息系统实时反映物资价值流。

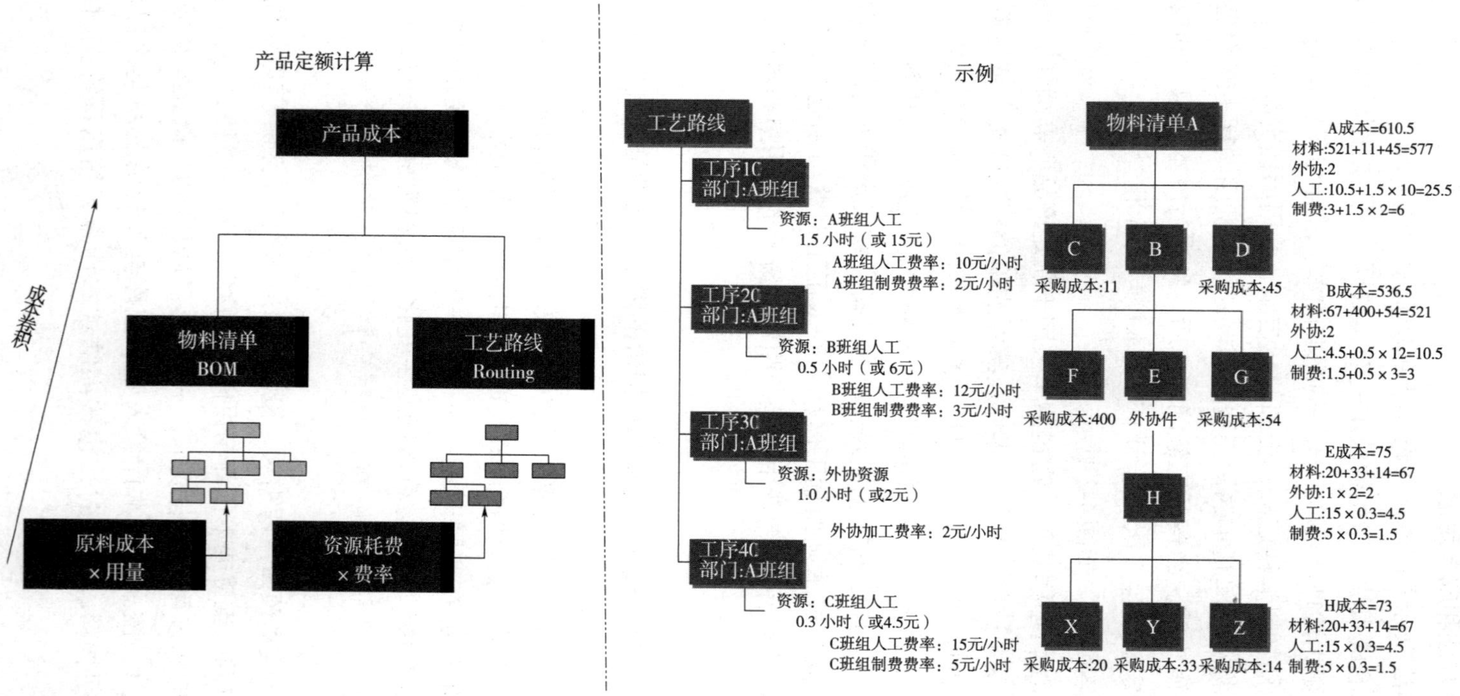

图 4-2　产品消耗定额制定示意

成本类型应用举例，如图4-3所示。

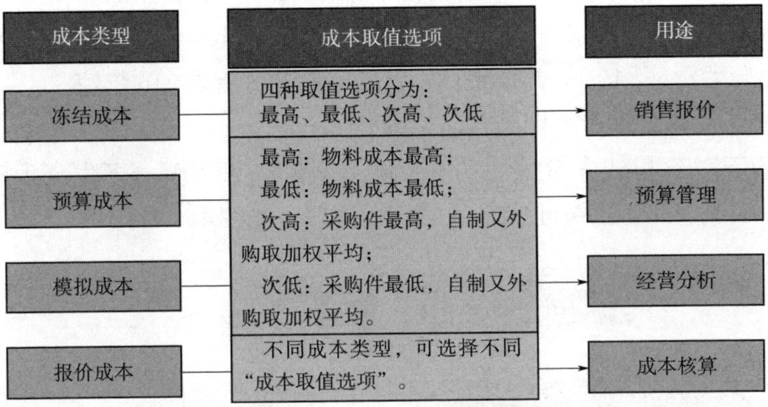

图4-3　成本类型应用实例

定义成本取值规则，统一管理集团各个事业部的各种成本类型的取值，建立取值模型，供集团及下属各事业部灵活使用。各成本类型的取值规则与用途可参照如下建议：

（1）冻结成本。用于成本核算，取数规则集团统一，按就近就高原则，事业部在有特殊需求时，需申请批准后方可更改规则。

（2）预算成本。用于预算管理，取数规则集团统一，年度预算制定时创建，年度预算调整时进行更新。

（3）模拟成本。用于经营分析，根据分析目的与要求不同，灵活定义取数规则。

（4）报价成本。用于营销报价，包括商机报价、年度报价、季度报价和零星报价等报价业务需要。

取数规则按就近就高原则，既自制又外购物料按加权平均进行取值；财务和业务部门明确和清晰报价取数据规则，便于业务部门对外报价和决策。

二、制造成本的管控

制造成本的管控通常是车间成本管理员的日常工作，一般按车间作为成本责任单位进行管理，成本监控对象为生产工单，围绕生产工单进行产品生产的投入产出，以及资源成本与费用的监控。生产工单通常是成本管理的基础单元，一个生产工单相当于一个批次的生产任务，在生产工单上记录本批次生产的产品计划数量，以及产品生产的物料清单、加工路线、使用加工的工序，因而，生产工单的成本计划（预算）数据就形成了。在实际生产加工过程中，按生产工单的计划领料、配料，可实时监控企业用料的偏差，通过原因分析，采取纠正措施。下面将从生产工单的全生命周期管理和车间成本管控两个方面说明制造成本的管控。

1. 生产工单的全生命周期与状态管理

为了便于对车间成本管控活动的理解，我们先来了解一下生产工单创建、发放、暂停、取消、完工到关闭的全生命周期管理，如图4-4所示。

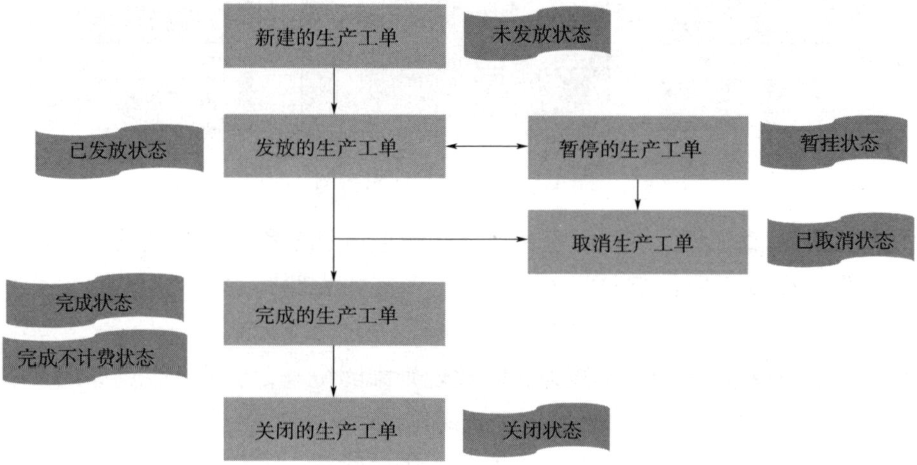

图 4-4 生产工单的全生命周期与状态管理

生产工单的状态如下：

（1）未发放状态。它表示生产工单已创建，相应的工艺信息（如物料需求、工序需求）已经装载到这个工单内，开工时间和完工时间已经初步确定。但该生产工单还不可以开始生产，不可以对这个生产工单进行发料、工序移动及完工入库的处理。通过控制提前向生产工单发料、减少存货成本占用。

（2）已发放状态。它表示生产工单已经开始准备生产、或处于生产过程中。将生产工单状态从未发放状态转变为已发放状态，表示对该生产工单的确认。当生产工单状态变为此状态后，将发放日期设置为当前日期，同时根据工艺路线的工序排序，将生产工单计划数量移至第一道工艺路线工序，这时可以处理发料与工序资源与费用消耗。此工序完工后，移至下道工序，直至完工。

（3）暂挂状态。它表示生产工单已暂停生产，停止对该生产工单的所有操作，包括物料发放与工序移动。

（4）取消状态。它表示生产工单已取消不再继续加工。对于要取消的生产工单，需先将可回用的物料退回至仓库，物料退回后再取消该生产工单。

（5）完成状态。它表示生产工单已完成。在生产工单完工入库时，如果生产工单完工数量大于等于生产工单的计划数量，生产工单将变为“完成”状态。在该状态下，仍然可以对该生产工单做操作，如：领料、补料、退料，产品完工入库，以及工序移动等业务处理。

（6）完成不计费状态。它表示生产工单已完成，但不再接受其他活动。不能更新生产工单，也不能对生产工单进行业务处理，但可以将其状态更改为“完成”，或者关闭生产工单。

（7）关闭状态。它表示生产工单已关闭，这时已完成该生产工单成本的数据收集，同时根据标准成本计算出成本差异数据。该关闭状态控制生产工单的操作，在该状态下，不可以对该工单作任何的事务处理。

2. 车间生产成本管控

车间生产成本的管控是围绕生产工单进行的，那么车间生产成本的监控点就贯穿在以生产工单为对象的生产管理流程中，车间以生产工单为对象的成本管控示意图，如图4-5所示。

成本管理员对车间生产过程的成本管控点如下：

（1）发放未领料考核。监控作业发放日期与实际上线日期的差异，避免因备料不足、物料供应不及时等原因造成订单推后或被取消而带来损失。

（2）库存影响测算。监控作业计划上线时间与实际上线时间差异，并测算由此对库存造成的影响，加强库存管理。

（3）需求变更对成本的影响测算。审批生产任务更改流程，测算需求更改对成本的影响，如果造成损失，向责任单位追索。

（4）调机转产损耗测算。在执行调机转产时，预先做好调机转产的损耗测算，支持计划员决定是否转调机转产，一旦发生调机转产，账面上清晰记录调机转产带来的损失，测试依据为维护调机时间和调机物料用量损耗。

（5）换货流程监控。监控车间私自换货行为，分析供应商不良行为对成本造成的影响。当出现不合格物料时，区分不合格物料的责任方，是自错还是供应商责任，属于供应商责任的不合格物料，监控供应商补充提供合格品。

（6）超领审批。生产单位自错的责任导致物料不良，车间需领出大于生产工单需求数量的物料，财务人员需审批超领合理性并记录责任单位，追溯责任。

（7）退料及时性监控。监控取消的生产工单，如已发料的生产工单取消，须监督把物料全数退回仓库，防止物料的丢失，减少浪费。

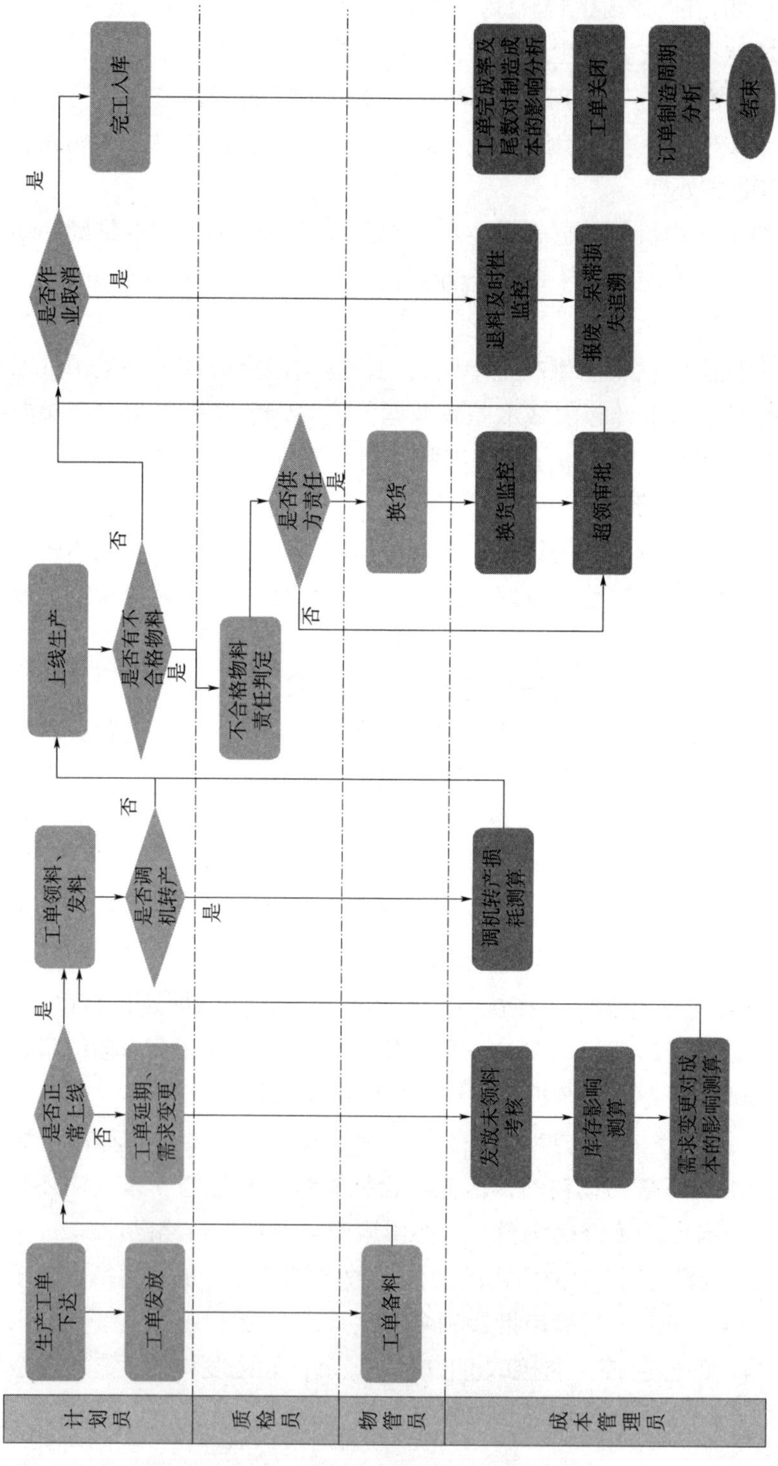

图 4-5　以生产工单为对象的成本管控

（8）报废、呆滞损失追溯。监控不合格品报废、呆滞报废的物料，对不合格品报废及呆滞报废造成的损失区分责任主体，并追溯损失。

（9）工单完成率及尾数对制造成本造成的影响分析。监控生产工单作业发放时间、发料时间及完工时间差异，计算作业完成率；跟进尾数作业的清理，找出尾数作业原因，并敦促责任人员落实解决措施。

（10）生产工单关闭。产品生产完工按生产工单关闭流程处理，形成生产工单的关闭差异，并对差异进行分析。

（11）订单制造周期分析。分析客户下单到装柜出货的全流程中耗时最长的时间段，测算其成本影响，并找到对应责任人提供改善措施。

上述车间生产成本监控点是针对标准生产作业时，成本管理员需要重点监控的内容，然而在实际生产加工过程中还有像产品返修、改装这样的非标作业，这些也是成本管理员需要重点监控的内容，监控时主要看以下几个方面：非标生产作业发料差异分析（监控非标作业发料差异原因）；非标生产作业完成率分析（监控非标作业发放到完工的时间是否异常）；非标生产作业损耗归集及责任主体追溯（计算非标作业造成的损耗，并追溯责任主体）。

上述这些监控点和监控内容，都是围绕生产工单来的。在监控方法、手段上，一般需要 ERP 系统与 MES 系统支撑，并通过 BI 工具进行实时展现，成本管理员应及时揭示问题，协同车间、仓库管理人员研讨改进方案并付诸行动。如果没有 ERP 系统或 MES 系统支撑，上述工作的开展就会比较困难，工作强度也会很大。不过，小规模企业可以通过人工表格建立模型进行相关数据的采集分析。

第三节　质量成本管理

质量成本管理是企业为确保产品和服务质量而实施的一种全面控制质量成本的管理体系。它贯穿于产品从市场调研、设计、试制、生产制造直至售后服务的整个生命周期，特别是与制造环节紧密相连。

在控制质量成本时，企业不仅要关注质量成本总额的管理，还要注重各项成本比重的调控，使成本达到最优状态。通过合理调整质量成本的比例结构和费用分布，企业应将质量成本控制在合理的范围内，这样既能有效降低质量成本总额，又能确保产品质量符合设计要求，从而为提高企业质量成本投入的经济性和合理性，以及实现良好的质量成本经济效益打下坚实的基础。质量成本控制，见表4-1。

表4-1 质量成本控制

项目	内容
质量成本控制的目的	有利于企业领导进行质量决策； 有利于提高经济效益； 有利于提高企业质量体系的有效性
质量成本控制的内容	考察、监督、推动质量成本计划的进展； 采取必要的措施巩固执行质量成本所取得的成果， 并为继续控制质量成本提供资料
质量成本控制的步骤	事前控制；事中控制；事后控制
质量成本控制的方法	限额费用控制法； 围绕生产过程重点提高合格率方法；运用改进区域、控制区域、至善区域的划分方法进行质量改进、优化质量成本方法；运用价值工程原理进行质量成本控制方法

一、全面质量成本构成

质量成本管理需要全员参与，这意味着企业的每一个部门都需要投入到质量管理工作中去，共同确保产品从设计到交付的每一个环节都符合高标准。从企业价值链的角度分，质量成本管理一般包括产品开发系统的质量成本管理、生产过程的质量成本管理、销售过程的质量成本管理、质量成本的日常控制。

质量成本从质量保持费与故障损失费的角度区分为：预防成本、鉴定成本、内部故障损失成本、外部故障损失成本等四大类，对每一大类再进行细分，以便于质量成本的精细化管理与控制，全面质量成本的构成，如图4-6所示。

1. 预防成本

预防成本是用于预防产品质量缺陷和不合格品的发生而支付的质量管理活动费用。主要包括如下内容：

（1）质量培训费用。企业为达到质量要求，对有关人员进行质量管理意识、质量管理知识、技能培训所发生的费用。

（2）质量管理费用。为开展质量管理活动所发生的一切费用，如制定质量手册、程序文件、质量计划等发生的费用。

（3）新品评审和质量审核费用。用于对新品评审、产品质量审核、质量管理体系审核所支付的费用。

（4）质量改进费用。企业为建立质量管理体系，提高产品和工作质量、调整工艺开展工序控制所支付的费用和可以列入产品成本开支的产品质量技术改进措施等发生的费用。

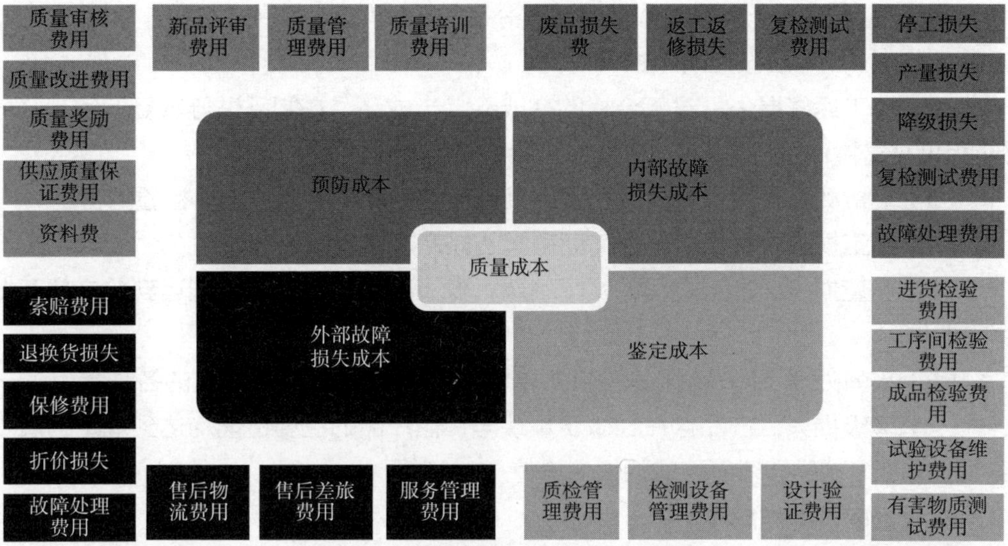

图 4-6　全面质量管理成本的构成

（5）工资及附加费。支付给专职质量管理人员的工资、专职质量管理部门办公费用及各种附加费用等。

2. 鉴定成本

鉴定成本是鉴定产品质量是否满足规定的质量要求而支付的费用。主要包括如下内容：

（1）进货检验费用。鉴定供方提供产品质量的费用。

（2）工序间检验费用。对中间产品和产品制造过程中各工序的状况进行鉴定所支付的费用。

（3）成品检验费用。对产品入库、出厂的质量鉴定所发生的费用。

（4）试验设备维护费用。对试验设备的日常保养、维修与维护等发生的费用。

（5）检验和试验设备费用。查核产品在整个加工期间是否符合质量要求所需的检测和试验设备等发生的费用。

（6）工资及附加费用。支付给专职检测、计量人员的工资、检验部门的办公费、各种附加费用等。

3. 内部故障损失成本

内部故障损失成本是在产品交付客户以前，因不能满足规定的质量要求造成的产成品、半成品、在制品、试生产产品等因报废而造成的净损失价值，主要包括如下内容：

（1）废品损失费。无法修复或在经济上不值得修复的产成品、半成品、在制品、试生产产品等因报废的净损失价值。

（2）返工返修损失。对不合格的产成品、半成品、在制品进行修复而使其合格所耗用的原料、材料、动力、人力与复检等费用。

（3）复检测试费用。对经过返工或其他校正作业的产品进行再检验的费用。

（4）停工损失。由于质量故障而引起的减产、停工损失等费用。

（5）产量损失。加工过程的实际产量，低于改进控制方法可能达到的产量而发生的损失。

（6）故障处理费用。对已发生的质量事故进行分析处理所发生的各种费用。

（7）降级损失。产品存在轻微质量缺陷，但产品的主要性能均达到规定的质量要求而需降级减价处理所造成的损失价值。

4. 外部故障损失成本

外部故障损失成本是指产品出厂后，因不满足规定的质量要求所造成的损失费和处理这类质量问题而支付的各种费用之和。主要包括如下内容：

（1）客户索赔费用。产品出厂后，因产品质量缺陷，由客户提出申诉并赔偿客户的全部费用。

（2）退货损失。产品交付后，由于质量问题而造成的退货、换货所支付的全部费用。

（3）保修费用。根据保修合同规定或在保修期内对客户提供修理服务的一切费用。

（4）折价损失。因客户接受低于标准的产品而承担的折扣让价费用。它包括因产品降级出售而损失的收益。

二、质量成本管理职责界定

质量成本受整个价值链的活动影响，影响因素多且管理复杂。为更好地管理质量成本，企业应制定质量成本管理规范与流程，明确管理责任，使质量成本得到有效的控制，质量成本管理职责可按财务部、品保部及其他部门进行设定。

1. 财务部的质量成本管理职责

财务部的质量成本管理职责，主要包括如下内容：

（1）负责归集、核算、汇总各部门的质量成本数据，并编制质量成本月报表。

（2）每月会同品保部（质量管理部门）对质量成本进行分析，及时向领导和有关部门提供分析报表和有关资料。

2. 品保部的质量成本管理职责

品保部的质量成本管理职责，主要包括如下内容：

（1）每月根据要求提供本部门的有关质量成本数据，定期上报财务部。

（2）负责对质量成本进行综合分析。

（3）根据质量成本综合分析结果，制订相应的质量成本改进措施，报关有关责任部门实施。

3. 其他部门的质量成本管理职责

其他部门每月根据要求提供本部门的有关质量成本数据，定期上报财务部。实施质量管理系统的企业，大部分质量数据可自动采集。

三、产品开发的质量成本控制

在产品开发过程中，质量成本控制能够帮助企业有效地控制产品质量，并降低成本。其内容包括质量标准设定、供应商选择与协同、研发过程控制、样品检测与验证、批量生产过程中质量监督、质量成本核算与分析，以及质量持续改进与优化等。

1. 质量标准设定

在产品开发初期，明确质量标准是关键。企业应根据市场需求、客户期望和竞争情况，制定符合自身发展的质量标准。这些标准包括功能、性能、安全性、可靠性和时效性等内容，以确保产品在不同环境下都能表现出良好的性能。

2. 供应商选择与协调

选择合适的供应商能保证产品质量。因此，企业应对供应商进行全面评估，主要包括质量保证、交货期、价格、售后服务、财务状况等内容。同时，要考虑供应商的能力、信誉、地理位置等因素。企业与供应商应建立长期合作关系，加强沟通与协调，确保供应商充分了解并满足企业的质量要求，在遇到质量问题时，及时与供应商协商解决，共同提升产品质量。

3. 研发过程控制

在产品研发设计阶段，应该制定严格的研发过程控制流程。从产品设计、材料采购、生产流程到质量检测，每个环节都需要确保符合企业的质量标准。加强内部沟通，确保各部门之间的协同合作。同时，积极引入新技术、新工艺，提高研发效率，降低研发成本。

4. 样品检测与验证

对每个研发阶段的样品进行全面检测和验证。在样品检测阶段，应采用科学的检测方法，如故障模式与影响分析、统计过程控制等，确保样品的功能、性能、安全性、可靠性等方面都符合预期要求。对于不合格的样品，及时进行调整和改进，避免批量生产后出现质量问题。

5. 批量生产过程中进行质量监督

在批量生产过程中，企业应建立健全质量管理体系，对生产线进行实时监控，确保产品在每个生产环节都符合质量标准。同时，定期对生产线进行质量审计，及时发现并解决潜在的质量问题。在生产过程中，积极收集和分析产品质量数据，为后续的质量改进提供有力的支持。

6. 质量成本核算与分析

为了更好地控制产品质量，企业需要对质量成本进行核算与分析。质量成本包括预防成本、鉴定成本、内部故障成本和外部故障成本等。通过对质量成本的核算，企业可以了解产品质量现状和改进潜力。在此基础上，对质量成本的主要组成部分进行分析，制定针对性的改进措施，有效降低质量成本。

7. 质量持续改进与优化

在产品开发与生产过程中，质量持续改进和优化是必不可少的。企业应关注市场动态和客户需求变化，及时调整质量标准，确保产品的质量始终符合市场需求。同时，加强与供应商、研发团队及市场部门的沟通与交流，共同探讨质量改进方案、通过不断优化生产工艺、提升供应商的质量水平等措施，降低质量成本，提高产品质量和市场竞争力。

四、生产过程的质量成本控制

生产过程即产品形成的过程，也是保证产品质量的关键环节。在生产过程中，质量成本管理包括质量标准设定、质量检测与控制、质量改进与提升、质量安全保障、质量环境保护、质量管理体系建设、质量成本核算与分析等。

1. 质量标准设定

质量标准设定是生产过程质量成本管理的第一步。企业应根据产品类型、市场需求、客户要求等因素，制定合理的质量标准和质检规范。此外，还应明确原材料、半成品和成品的检验项目、检验频次和检验标准，以确保产品质量符合预期，同时防止过度质检，增加质检成本。

2. 质量检测与控制

企业通过合理的检测手段和方法，对原材料、半成品和成品进行全面质量检测与控制，确保产品符合质量标准。同时，应该建立质量控制点，对关键工序进行实时监控，以及时发现并解决潜在的问题。

3. 质量改进与提升

企业应根据客户反馈、内部统计和质量检测结果，对产品质量进行全面的分析，找出产品存在的问题和改进点。通过采取有效的改进措施，提高产品质量和生产效率，降低废品率和维修成本。

4. 质量安全保障

企业应建立完善的质量安全管理体系，确保产品从设计到生产、销售和服务过程的安全性。同时，应该加强员工的质量安全培训，提高员工的质量安全意识，确保生产过程中的安全与稳定。

5. 质量环境保护

质量环境保护是企业的社会责任，企业应该注重环境保护，在生产过程中严格控制污染物的产生和排放。同时，应积极采用环保材料和节能技术，降低能源消耗和环境污染。企业还应加强与政府和社会的沟通与合作，共同推动环境保护事业的发展。

6. 质量管理体系建设

企业应建立完善的质量管理体系，明确各部门的质量职责和分工，确保产品质量管理的科学性和有效性。同时，企业应该积极推进质量文化建设，加强员工质量意识与培训，提高企业的质量管理水平。

7. 质量成本核算与分析

企业应该建立完善的质量成本核算体系，明确质量成本的分类和核算方法。通过定期对质量成本进行核算和分析，企业可以全面了解质量管理中存在的问题和改进点，为制定更加有效的质量管理策略提供依据。

五、销售过程的质量成本管理

销售过程中的质量成本属于质量外部故障成本，是企业为保障产品或服务质量在销售环节中产生的费用，以及因未达到产品或服务质量标准而引发的一切损失性费用。它一般包括产品售后服务费用、保修费用、退货损失、折价损失和索赔费用等。

在销售过程中，进行质量成本控制的关键在于做好产品包装与储运管理、控制售后服务费用支出和控制索赔费用。

1. 做好产品包装与储运

产品包装的好坏不仅能够有效地保护好产品不发生损坏，还能够吸引消费者购买欲望。许多企业的产品从企业到销售环节出现的损失，大部分情况是与产品的包装有关。由于每种产品使用的材料不同，运输方式不同，其对包装的要求也不一样。因此，应针对不同的产品、不同的运输方式采取不同的包装方法，以期起到保护产品的作用。另外，运输方式的选择也很重要。不同产品对运输方式的要求不一样，应尽量减少产品在运输过程中发生的损失。

2. 控制售后服务费用

随着市场竞争的激烈，售后服务的好坏，对产品销售影响很大，其发生的费用额也在不断地增加。同时，由于这些费用大部分发生在厂外或外地，其发生额的多少很难准确地加以控制，这也是影响企业质量成本、造成质量成本居高不下的一个主要原因。为了有效地控制售后服务费用，应该对售后服务的项目、开支标准等给出统一的规定，并定期进行检查。

3. 控制索赔费用支出

当企业产品出现质量问题时，需要对客户进行赔偿。赔偿工作中需平衡两方面：既要维护企业利益，依据实际损害提供合理补偿；也要顾及客户，尽量满足其合理赔偿要求。这是一项十分艰难的工作，为了做好这项工作，企业应该制定出各种不同情况下的赔偿方案及相应的规章制度，以维护企业的正当利益。

六、质量成本核算科目设置

对于质量成本的核算，大多数企业并未设置单独的科目核算，而是通常将与质量相关的成本费用纳入制造费用、销售费用或管理费用的相关明细科目中。这样归集的成本费用往往只是部分质量成本费用的反映。然而，也有许多企业十分重视质量管理与品牌形象的提升，注重加大对产品质量管理的投入力度。为进行有效的投入产出分析，这些企业将质量成本作为一级科目单独设置，并在其下设置二、三级科目，记录质量成本费用详细内容，从而进行质量成本的核算与管理。

由于质量管理活动、费用发生涉及从产品研发、供应、生产、销售与管理等企业的全价值链，我们可对整个价值链中各个环节的活动进行分析，找出发生质量成本费用的活动。然后，据此设计质量成本核算的科目体系。

全价值链的质量成本核算，见表4-2。

表4-2　全价值链的质量成本核算

价值链环节	价值链活动	发生质量成本费用的活动
研发	需求管理	质量需求收集、质量需求评估、质量需求转化
	产品定义	产品质量的要素、标准定义
	质量策划	质量目标设定、过程规划、资源配置、方法工具选择、监控方式等质量策划活动
	产品开发	供应商质量审核、新夫格产品测试、新规格产品认可以、产品设计评审、产品验证、产品认证、产品确认
	工艺设计	工艺设计评审、工艺验证、工艺确认、工艺控制计划
供应	供应商开发	供应商质量审核、零部件认可
	供应商辅导	供应商质量辅导
生产	生产计划	生产质量计划设定
	工艺准备	工艺评审、作业指导书准备
	组织物料	物料标识与追溯、存储条件监控
	来料控制	来料检验试验、来料周期试验、不合格来料评审
	产品实现	首件确认、在线检验、在线修理、制程巡检、产品周期试验、批次返工、质量分析、停工、报废
	出货检验	产品检验、不合格品评审
	设备维护	检测设备校准、检测设备使用、检测设备维护
销售	物料运输	包装防护验证、运输条件监控、到货开箱检验
	产品销售	折价销售
	售后服务	用户投诉、质量问题处理、用户回访
管理	质量管理部门	DQ 管理、SQ 管理、MQ 管理、MSQ 管理
	质量系统部门	体系管理

在管理会计中有关质量成本管理内容，可将质量成本区分为预防成本、鉴定成本、内部损失成本与外部损失成本等。为了更精细核算、归集各价值链中的质量活动成本，可以按表 4-3 所示在质量成本一级科目下设置质量成本的二、三级明细科目。

表4-3 质量成本核算的科目设置

质量成本二级科目	质量成本明细科目	质量成本二级科目	质量成本明细科目
预防成本	质量管理费用	内部损失	返工费用
	体系管理费用		修理费用
	质量培训费用		报废损失
	质量评审费用		停工损失
	质量改进费用		产品降级损失
	质量奖励费用		质量分析处理
	供应质量保证费用		
	资料费		
鉴定成本	质检管理费用	外部损失	服务管理费用
	有害物质测试费用		保修费用
	设计验证费用		退换货费用
	来料检验试验费用		产品折价损失
	制程检验试验费用		索赔费用
	出货检验试验费用		售后物流费用
	实验测试费用		售后差旅费用
	检测设备管理费用		呼叫中心费用

企业在质量成本核算中，还可以增加价值链环节作为辅助核算，增加质量成本的统计分析维度。

七、质量成本报表、指标与分析

1. 质量成本指标

质量成本指标主要包括预防成本率、鉴定成本率、内部损失成本率、外部损失成率、质量成本率、产品销售收入质量成本率、利润质量成本率等，各个指标的计算关系如下：

$$预防成本率=\frac{预防成本}{质量总成本}\times 100\%$$

$$鉴定成本率=\frac{鉴定成本}{质量总成本}\times 100\%$$

$$内部损失成本率=\frac{内部损失成本}{质量总成本}\times 100\%$$

$$外部损失成本率=\frac{外部损失成本}{质量总成本}\times 100\%$$

$$质量成本率=\frac{质量总成本}{产品总成本}\times 100\%$$

$$产品销售收入质量成本率=\frac{质量成本}{产品销售收入}\times 100\%$$

$$利润质量成本率=\frac{质量总成本}{总利润}\times 100\%$$

2. 质量成本报表

质量成本报表主要包括年度质量成本计划表、质量成本部门统计表、报废明细表、返工明细表、预防成本统计明细表、鉴定成本统计明细表、内部质量成本统计明细表、外部质量成本统计明细表、质量成本月报表、按价值链环节统计质量成本等。

3. 质量成本分析

企业应该定期进行质量成本分析，并与品质保障部门协同完成。质量成本分析的内容主要包括：质量成本二级科目的饼图和趋势图、质量成本内部损失的趋势及其主要原因、质量成本外部损失的趋势及其主要原因、影响质量成本的关键因素及其主要原因、企业价值链各环节与活动的质量成本费用支出饼图分析，以及各价值链活动质量成本的趋势图等。

第四节　制造成本核算

在标准成本法下，车间制造成本核算遵循以下流程：首先，需要制定产品的标准成本，在生产工单建立后，引用产品相应的物料、资源与费用标准，作为生产加工的管控依据；然后，在生产加工过程中，通过对生产工单的发料、退料与生产工序移动，计算产品生产工单的材料成本、人工成本、外协成本与制造费用等；最后，在产品完工入库与生产工单关闭时，结转生产成本并结算各种用量差异。

以生产工单为对象进行直接成本费用数据的归集与核算，如图4-7所示。

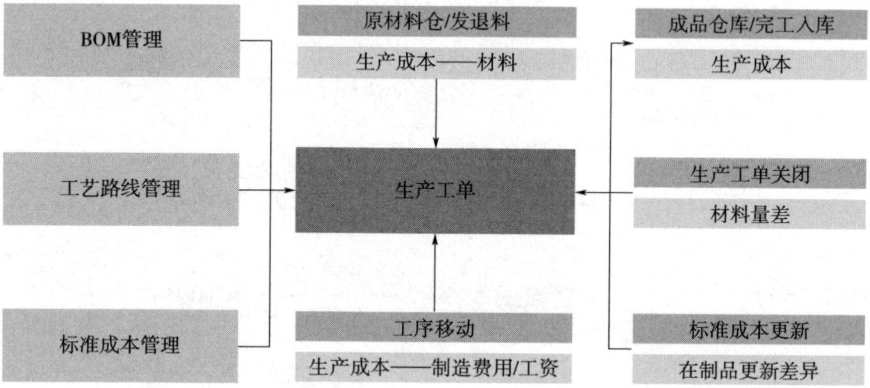

图4-7　以生产工单为对象的成本核算

一、标准成本制定与成本费用归集

通过物料清单定义的材料消耗定额计算直接材料标准成本，计算公式如下：

直接材料标准成本＝材料标准用量 × 标准单位成本

通过工艺路线定义的资源（人工、设备、外协等）消耗定额计算各种资源标准成本，计算公式如下：

各种资源标准成本＝资源标准用量 × 标准分配率

人工成本、折旧费与外协费等均可按上述公式计算。

围绕生产工单的生产加工活动包括生产发料、退料与工序移动，随着工序移动消耗各种工序资源，通过实际用量与标准成本计算、归集生产工单的成本费用。下面是生产成本核算的相关账务处理：

（1）直接材料成本核算按生产工单归集，生产工单对应到成本中心和产品，直接材料向生产工单发放时，其会计分录信息如下：

借：生产成本——直接材料成本（材料耗用量 × 标准成本）

　　贷：原材料等科目（材料耗用量 × 标准成本）

（2）当车间加工出现剩余原材料时，可以进行原材料的回退处理，其会计分录信息如下：

借：原材料等科目（材料退回量 × 标准成本）

　　贷：生产成本——直接材料成本（材料退回量 × 标准成本）

（3）当车间发生报废时，及时作报废处理，其会计分录信息如下：

借：报废科目等（材料报废量 × 标准成本）

　　贷：生产成本——直接材料成本（材料报废量 × 标准成本）

（4）工序移动时，按消耗的人工资源，结转直接人工成本，其会计分录信息如下：

借：生产成本——直接人工成本（工时数 × 标准小时工资率）

　　贷：应付职工薪酬

（5）工序移动时，按制造费用资源吸收制造费用，其会计分录信息如下：

借：生产成本——制造费用

　　贷：制造费用——变动费用（资源数 × 资源标准费率）

　　贷：制造费用——固定资费（资源数 × 资源标准费率）

其他资源成本费用与上述方式相同。

上述会计处理中，直接材料成本、直接人工成本及制造费用可归集到生产工单，而间接费用和公共费用则遵循先归集后分摊的原则。间接费用被计入相应费用中心的成本或制造费用科目，并通过费用预算进行控制；公共费用则先按费用归口管理原则计入相应费用中心的成本或制造费用科目，同样通过费用预算控制其发生。这些归集后的间接费用和公共费用，再根据各受益单位的成本中心进行分摊，最后依据成本动因，分摊到相关产品成本中。

二、成本结转与差异结算

产品完工时做完工处理结转生产成本，同时关闭生产工单，结算生产工单的加工差异。在生产过程中，生产工单未关闭时，材料单位标准成本发生变化时，计算成本更新差异。

（1）产品完工入库存，按标准成本、费用结转，其会计分录信息如下：

借：库存商品等

　　贷：生产成本——直接材料成本

　　贷：生产成本——直接人工成本

　　贷：生产成本——制造费用等

（2）生产工单关闭时，生产工单完成，系统计算并结算差异，包括材料用量差异、资源、费用的量差等。

生产工单关闭，结算差异的会计分录信息如下：

借/贷:生产成本——标准成本差异——材料成本差异、人工成本差异

贷/借:生产成本——标准成本——直接材料成本、直接人工成本等

成本差异的构成,如图4-8。

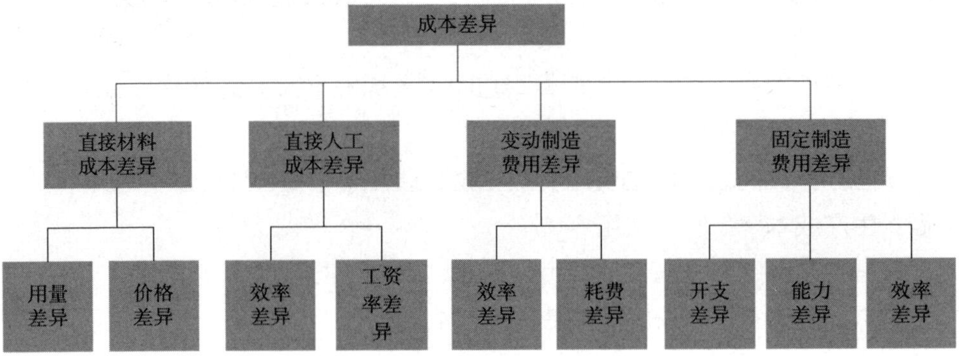

图4-8 成本差异树状图

(3)生产过程中,生产工单未关闭时,材料、资源的单位标准成本发生变动时,形成成本更新差异。其会计分录信息如下:

借/贷:生产成本——标准成本差异——更新差异

贷/借:生产成本——标准成本——直接材料成本、直接人工成本

上述为基于生产工单的直接材料成本、直接人工成本、制造费用结转到库存商品等科目的会计处理。除了直接成本费用外,还有一些间接费用、公共费用等。这些间接费用与公共费用采用先归集后分摊的原则进行会计处理如下:

(1)对于间接费用,计入相应费用中心的成本、制造费用等科目。此类间接费用的发生,通过费用预算控制。

(2)对于公共费用,先按费用归口管理原则,计入相应费用中心的成本、制造费用等科目。此类公共费用的发生,通过预算控制,然后分摊到各受益单位的成本中心。

(3)将资源吸收到生产成本科目。

三、差异分摊

标准成本法(离散制造企业)通过定义物料与资源的标准用量与标准成本,监控业务实际发生量差与价格,从而有效、便捷地实现成本管控的目的,然而在成本发生较大波动时,不能很好地反映产品的真实成本,影响产品销售报价和产品销售

利润分析，为此借鉴定额成本法的优点将标准成本法下产生的成本差额通过一定的规则分摊到产成品的成本中，这样可以比较清晰的获得产成品的标准成本、差异与实际成本。需要进行分摊的差异包括采购过程中发现的价差与生产过程发生的量差，以及仓储运输中的损益等，分摊基准可采用标准成本额及相应的成本动因，各种差异分摊处理的会计分录如下：

借/贷：库存商品——差异

　　贷/借：原材料——材料成本价格差异

　　贷/借：生产成本——标准差异——直接材料差异

　　贷/借：生产成本——标准差异——人工成本差异

　　贷/借：生产成本——标准差异——制造费用差异

第五节　量差的控制与分析

在标准成本法下，制造成本管控特别关注量差的控制与分析，这些量差包括材料成本、人工成本和制造费用的差异等。

一、材料成本差异分析

标准成本确定后，就须对所发生的材料成本进行控制，对于出现脱离标准成本、产生成本差异的现象，成本会计应该协同车间管理人员查找原因，并根据具体原因采取措施予以纠正。

材料成本差异分为材料成本价格差异和材料成本数量差异，材料成本价格差异主要产生于采购环节，这在企业采购成本管控章节作了比较详细的介绍，材料成本价格差异对车间来说，属于不可控成本，其成本控制责任归属于采购管理部门。然而，材料成本数量差异通常产生于生产环节，造成材料成本量差因素很多，有材料消耗定额制定不当、工人生产投料不当和车间存储运输损耗等原因。除此以外，还存在工人操作技术低、工人情绪低落、设备效率、材料质量次、设计变更、工艺变更等原因。

材料用量差异因素，如图4-9所示。

造成材料用量差异的原因很多，有工人方面的、工艺方面的、设备方面的，还有车间管理等多方面的原因，成本管理人员应该协同相关管理人员制定改进措施并监控执行。

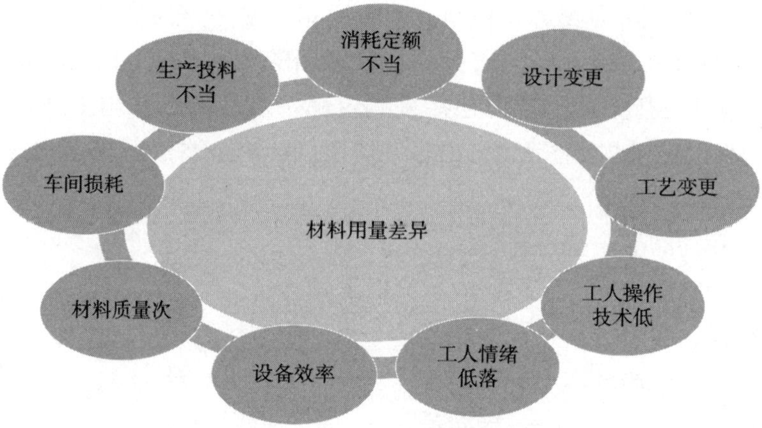

图4-9　材料用量差异因素

二、人工成本差异分析

人工成本差异也像材料成本差异一样，可拆分为价格差异和用量差异。人工成本控制从人工价格和人工用量两个方面进行控制。在人工标准成本的建立、考核、分析需要考虑这两方面因素。人工价格是指小时工资率，即每小时支付的工资额；人工用量是指使用的人工工时，也称为人工效率。

制定人工标准成本，先要区分清楚各种直接作业的种类，随后确定生产单位产品所需要的标准作业时间（人工工时）和标准工资率（单位工时的工资）。

人工标准成本=工时标准×工资率标准

人工的工时标准主要是由生产技术部门和人资、成本部门主持制定。它是指在现有生产技术条件下，生产单位产品所需时间，包括直接加工操作必不可少的时间与必要的辅助时间，如工间休息、设备调整时间等。

1. 人工成本工资率差异分析

工资率差异的影响因素主要包括工人调度不当、工资变动、工资计算方法变化、紧急性增发工资和季节性工资等，如图4-10所示。

工资率差异主要是由职工薪酬管理制度造成的，责任主要归属人力资源管理部门，成本管理人员应协同人力资源管理人员优化和改善职工薪酬管理制度等。

2. 人工成本工资效率差异分析

工资效率差异的影响因素主要包括技术不熟练、工人调动频繁、材料供应不及时、燃料或动力供应中断、设备方发生故障、生产计划安排不当等，如图4-11所示。

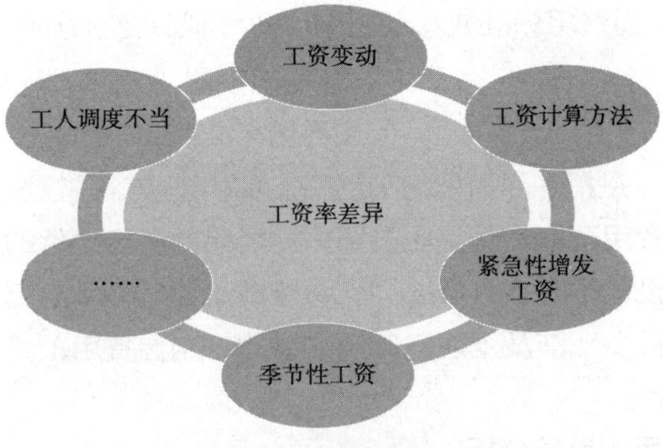

图 4-10　工资率差异因素

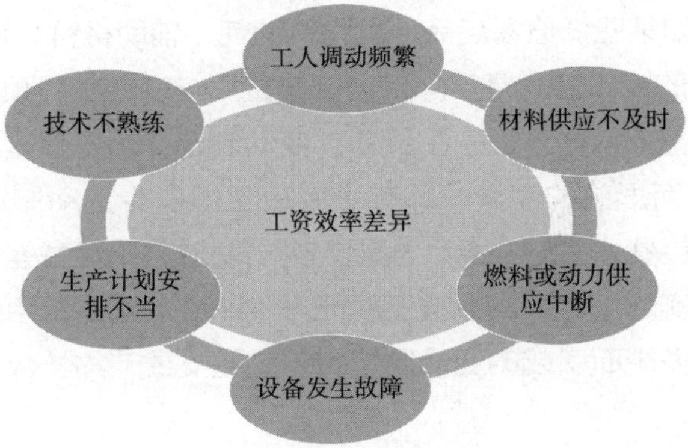

图 4-11　工资效率差异因素

工资效率差异是由生产管理、调度造成的，责任主要归属生产管理部门，成本管理人员应协同生产管理人员制定改进措施，如加强采购与生产计划管理、合理安排员工工作与加强员工培训和设备维护保障等。

三、制造费用差异分析

制造费用涉及内容较多，为便于控制与分析，通常将制造费用按成本费用习性分为变动制造费用与固定制造费用。在分析制造费用差异前，先建立制造费用标准成本，然后再分析制造费用的变动费用与固定费用的差异。

1. 制造费用标准成本的建立

生产部门的制造费用标准成本的建立，也是分别确定其数量标准和价格标准。数量标准通常采用单位产品的直接工时（或设备工时等其他用量标准）；价格标准通常采用制造费用的分摊率标准。

$$制造费用标准成本=工时标准\times制造费用分摊率标准$$

$$制造费用分摊率标准=\frac{制造费用预算}{生产量标准}$$

制造费用预算，是指在尽可能地节约开支和合理支配的情况下各费用项目的最低支付金额。制造费用预算的制定应参照以往经验并考虑物价的变化趋势，由生产车间、生产计划、设备动力、人资部门、财务成本部门等多部门共同研究确定。这是因为制造费用项目多，涉及上述各部门的缘故。制造费用预算还应分别编制变动费用和固定费用预算。

2. 变动制造费用的差异分析

制造费用中的变动部分是随产量变化而呈正比例变动，但又不构成产品实体的一些间接性费用，如某些低值易耗品、机物料消耗、辅助材料、辅助人工等。

变动制造费用的成本差异是实际变动制造费用与变动费用预算之间的差异，同样可分解为价差和量差两个方面：①价差。变动制造费用价差是指变动制造费用小时分配率脱离标准而形成的差异，即每小时应负担多少变动制造费用的变化，反映着变动制造费用耗费水平的高低，故称为变动制造费用耗费差异。②量差。变动制造费用量差是指实际工时脱离标准工时而形成的变动制造费用差异，反映工作效率，即所花费工时多少而引起的变动制造费用的超支或节约，故称为变动制造费用效率差异。

下面分别分析变动制造费用的耗费差异和效率差异的影响因素：

（1）费用耗费差异。影响变动制造费用耗费差异因素，主要包括预算估计错误、辅助材料价格变化、辅助材料质量、辅助人工工资调整、辅助人工过多等，如图4-12所示。

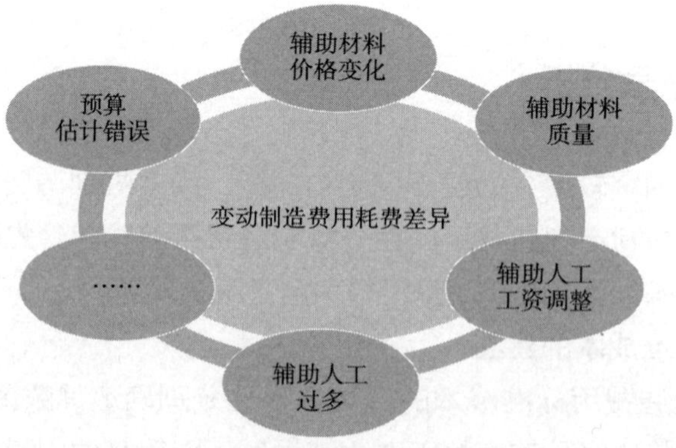

图4-12　变动制造费用耗费差异因素

影响变动制造费用耗费差异的因素较多，也比较复杂，不能简单地把责任归属给生产管理部门，需要对各个影响因素进行具体分析，如辅助材料的价格变化因素，正常情况企业所有的材料采购活动由采购部门负责，这时，辅助材料的价格变化的责任归属给采购管理部门，但如果辅助材料是由生产管理部门负责采购的（为体现管理灵活性，会将部分非重要、量少的物资采购下放给使用部门），这时，价格变化的责任归属为生产管理部门。

（2）费用效率差异。影响变动制造费用效率差异的因素，主要包括工人调动频繁、材料供应不及时、材料质量低劣、燃料或动力供应中断、设备发生故障、“窝”工、批量小批次多、生产工艺变更、工人生产技术不熟练等，如图4-13所示。

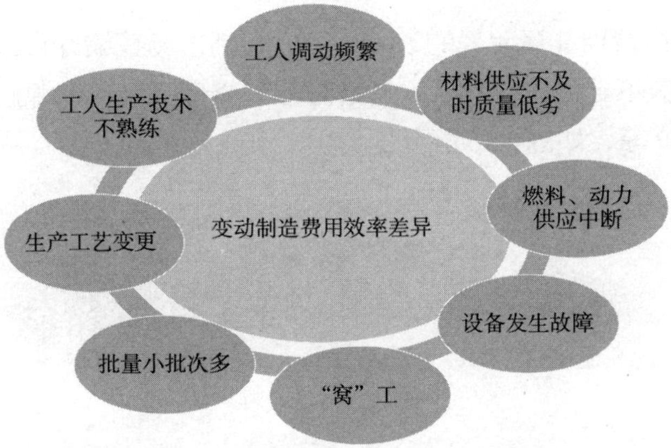

图 4-13　变动制造费用效率差异因素

3. 固定制造费用的差异分析

固定制造费用是与产品产量变化无直接关系，如管理人员工资、折旧费、修理费、租赁费、取暖费、水电费、办公费、差旅费、保险费、职工福利费和劳动保护费等。

固定费用的差异分为两种：耗费差异和能量差异。固定费用耗费差异是指实际发生的固定制造费用超过了预算而形成的差异；固定费用能量差异是指实际业务量的标准工时未能达到而形成的差异，或者说未能充分发挥现有生产能量而造成的损失。

影响固定制造费用耗费差异的因素，主要包括管理人员工资福利调整、设备折旧方法的改变、设备维修保养费用变化、租赁费、保险费调整和各项公用费用价格上涨等，如图4-14所示。

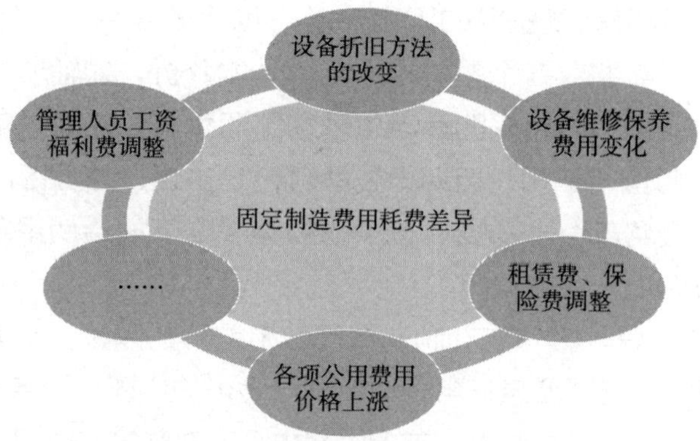

图4-14　固定制造费用耗费差异因素

影响固定制造费用能量差异的因素，主要包括市场萎缩订货减少、设计生产产量过剩、材料供应不足停工待料、设备故障停工修理、燃料能源短缺开工不足、产品调整小批量试产等，如图4-15所示。

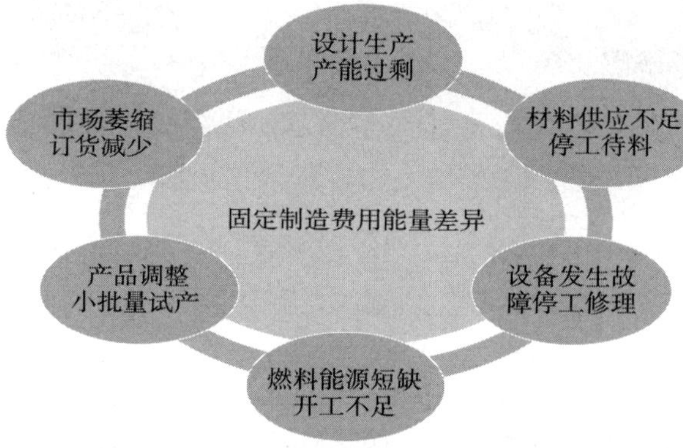

图4-15　固定制造费用能量差异因素

总之，成本管理人员应定期找出定量差异，针对差异协同生产、工艺、设备等管理人员进行原因分析，根据具体原因制定改进措施与行动计划并监督执行。

第六节　产品生产成本分析

生产成本分析是当前大多数成本会计的主要工作内容，也是企业进行成本管理和控制的重要手段之一。通过对产品生产过程中的材料消耗、人工费用、制造费用等各项成本的分析，企业能够全面了解生产成本的构成和分布情况，有助于企业发现成本改善的空间，从而为成本控制提供有力的决策依据，并据此制定合理的成本控制策略。产品生产成本的分析还可以从生产成本管理阶段、管理成效对生产成本影响的指标等多个不同维度展开。

一、生产成本管理分析

生产成本管理通常划分为三个阶段：产品生产成本计划阶段（事前）、执行阶段（事中）和控制阶段（事后）。生产成本分析相应地包括事前、事中与事后三个方面的分析。

1. 生产成本的事前分析

生产成本的事前分析是在未形成成本之前所进行的成本预测，从成本历史数据找规律，收集市场数据和变化趋势，由此制定的产品生产成本预测数据，以生产成本预算方式体现，使企业的成本控制有可靠的目标与依据。

2. 生产成本的事中分析

生产成本的事中分析指对正在执行的成本计划（生产成本预算）结果所进行的分析，对成本定额的执行进行监控。生产成本的事中分析主要是为了进行成本控制，防止实际成本超过目标成本的范围，强调成本控制分析及时性与时效性，便于生产管理人员和成本管理人员及时采取纠正措施。

3. 生产成本的事后分析

生产成本的事后分析是对成本实际执行的结果所作的分析。事后分析主要是对成本执行的结果进行评价，分析产生问题的原因，总结成本降低的经验，有利于下一管理周期的成本控制活动的开展。

二、生产成本管理成效分析

有效的生产成本管理不仅能够降低生产成本，提升企业的经济效益，还能够优化资源配置，进而提高生产效率，确保产品质量，并大幅度减少浪费。同时，还能推动企业成本管理工作不断向前发展，实现持续改进。企业通过进行生产成本管理成效分析，可以客观地评估企业的成本管理水平。这种分析通常包括企业总成本水平分析、各经营领域的成本水平分析，以及各经营领域中主要单位产品的成本水平分析等。

1. 企业总成本水平分析

企业总成本水平分析是把企业实际总成本与同企业的先进成本水平做比较，然后再对构成总成本的各要素进行分析，找出差距、寻找主要的影响因素。企业成本水平分析的主要成本是指标有企业产品总成本和可比产品成本降低额、降低率等，成本影响因素的分析通常可以从产品产量的变动、产品品种结构的变动、单位产品成本的变动三个因素来分析。

2. 各经营领域成本水平分析

分析各战略经营领域的成本水平是确定其经营资本利润率的基础工作，是制定企业战略不可缺少的依据。经营领域成本水平的分析主要指标包括资源配置效率、生产效率、质量控制效果、材料与人工等资源浪费情况，以及成本管控制度与措施的执行效果等。

3. 主要产品单位成本分析

对于经营领域结构复杂、产品品种众多的企业，需要选择重点分析对象（如主要产品）和主要成本因素进行详细分析。所谓主要产品，包括两层含义：一是代表性产品，即分析了该产品的成本后，就可推算出其他产品的成本情况；二是在战略经营领域各品种中，对经济效益有举足轻重的影响，不同的战略经营领域有不同的主要产品。在分析各个生产成本因素时要抓住如下要点：

1）材料成本分析要点

（1）检查与评估控制实际消耗量和提高原材料利用率的意识、措施。

（2）检查与评估降低采购价格的措施。

（3）评估标准价格、消耗定额的计算方法是否妥当。

（4）评估库存程度是否合理等。

2）工人工资分析要点

（1）检查与评估掌握实际工作时间和提高工作效率的意识及具体措施。

（2）评估工资比率的决定方法与工作人员的积极性。

（3）评估标准工资和工时定额的设定方法。

（4）检查与评估是否做过必要的差异分析。

（5）检查与评估多余的二线人员是否进入一线工作等。

3）车间管理分析要点

（1）检查与评估车间管理预算编制的状况。

（2）评估标准值的确定是否妥当。

（3）检查与评估是否积极地控制实际发生的车间费用。

（4）检查与评估在差异分析后是否做出必要的处理等。

4）企业管理费分析要点

（1）评估管理费用中各部分费用开支的必要性。

（2）评估管理费用的预算和企业的需要平衡性。

（3）检查管理费用的使用是否严格按照预算执行。

（4）检查与评估差异分析、原因分析频率以改进措施的效果等。

如果要更彻底地了解影响成本项目的原因，还可以对管理费用的各个具体项目再做具体分析，对于不同企业，有些费用会有所差异。

三、影响生产成本的指标分析

在进行生产成本分析时，既要分析产品成本的要素指标，还要扩展到影响生产成本的生产指标，因为对各项目成本的原因分析时通常会追溯到这些扩展指标。这些指标通常包括生产计划完成率、按时交货率、全员劳动生产率、设备折旧率、设备故障率、工具消耗、生产安全事故发生数、损失率和事故处理及时性等。

成本的要素指标通常是指成本的直接材料、直接人工、燃料动力及制造费用等产品成本要素指标，本章第二节有相关说明，这里不再买赘述，下面主要说明扩展指标。

（1）生产计划完成率。它是实际生产完成量与计划完成量的比率，用于检测生产部门生产计划完成情况。计划完成率对成本产生的影响主要有：产品提前完工会增加产品库存、造成积压增加仓储费用；不能按计划完成，会造成零部件短缺或不配套，影响交付与仓储费用等。

（2）按时交货率。它是按时交货额与计划交货额的比率，用于检测生产部门生产进度执行情况。按时交货率会影响对客户的交付，可能造成机会成本损失。

（3）全员劳动生产率。它是总产值与员工总人数的比率，用于检测员工平均生产值，确定全员劳动生产率。全员劳动生产率影响人工成本等。

（4）设备折旧率。它是设备折旧费用与设备资产的比率，用于检测资产消耗占设备资产比率，以测定设备有效利用率，设备折旧率将对制造费用产生影响。

（5）设备故障率。它是指设备故障检修费用与产值的比率，用于检测设备资产的有效利用率。设备故障率对制造费用、人工成本、计划完成率等产生影响。

（6）工具消耗率。它是工具消耗额与产值的比率，用于检测工具消耗与产值的比率关系，越少越好。工具消耗率对制造费用等产生影响。

（7）生产安全事故发生数。它是一定周期内发生的安全生产事故数，用于检测生产部门的安全管理效果。生产安全事故发生数影响人工成本、制造费用等多个方面。

（8）生产安全事故损失率。它是生产安全事故损失额与产值的比率，用于检测生产安全事故造成的损失情况。生产安全事故损失率影响人工成本、制造费用等多方面。

（9）生产安全事故处理及时性。它是指生产安全事故是否得到有效及时的处理，用于检测生产安全部门的工作情况。生产安全事故及时性，有利于快速恢复生产，降低对人工成本、制造费用的影响。

四、常用产品与生产成本分析报表

产品成本分析应该从不同角度进行，便于管理者及时纠正管理不当之处，以及相关的经营决策。常用产品与生产成本分析报表主要内容如下：

（1）产品成本构成与占比分析。

（2）产品成本同比、环比分析。

（3）产品成本趋势分析。

（4）可比产品成本升降情况的分析。

（5）产品边际成本分析。

（6）产品成本标杆对比分析。

（7）产品成本计划（预算）完成情况分析。

（8）产品各产线成本对比分析。

（9）责任成本费用归口分析。

（10）产品盈利能力分析等。

总之，企业在进行成本分析时，不应仅仅局限于事后查看产品成本报表或简单地将数字堆砌在一起。相反，成本分析应当能够体现产品成本计划的执行情况，以及与同期成本的对比状况。进行成本分析的目的，不仅仅是找出实际成本与计划（或目标）成本、同期成本之间的差异，以此来评估绩效；更重要的是，要通过深入分析来探究成本的形成过程，以及成本发生的来龙去脉。通过分析原因，我们可以识别出非增值活动、低效高耗活动等，从而为企业降低成本找到新的突破点。在此基础上，企业可以采取相应的改进措施，不断提升自身的成本管理水平。

05 第五章

企业供应链成本管控

为了应对全球竞争带来的价格下行压力，确保一定的利润空间，企业应寻找降低成本的有效策略。在探索降低成本的方法时，企业不应仅限于审视自身运营，而应将目光投向整个供应链。

实际上，挖掘单一的生产成本的潜力是有限的，也正因如此，不少大型企业非常重视供应链成本管控，他们处于供应链的核心，处于有利地位，有能力、有条件、有必要推行供应链成本管理，这些企业的实践表明其价格优势取决于供应链的总成本。

供应链的成本构成如图5-1所示。

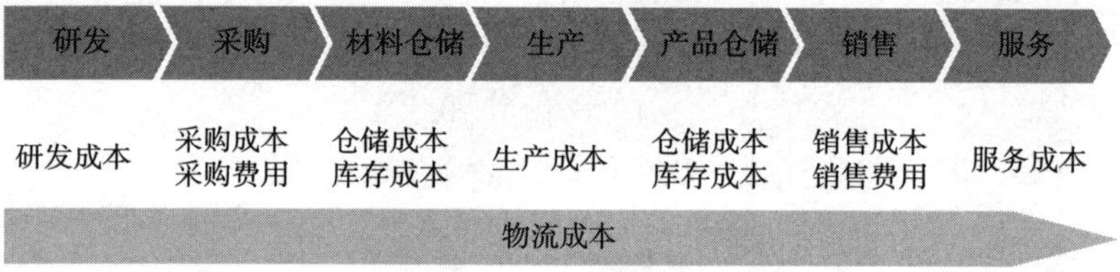

图5-1 供应链成本构成

要取得供应链成本的优势，需要多部门、多单位协同完成。成本管理会计通过了解供应链各环节成本的高低，能发现企业在供应链活动中存在的问题，并通过企业与同类企业或竞争对手的供应链成本对比，找出与同行及竞争对手之间的差距。为此，企业制订供应链计划、调整供应链活动，以及以评价供应链活动效果为依据采取行动措施，从而实现供应链上各节点企业的最终成本最优。

企业通过供应链重构、供应链计划优化、多基地与多产线的竞争性下单、供应商布局与仓库布局调整，以及多组织、多部门协同工作方式，实现了供应链成本的优势，达到供应链整体成本的优化。

本章将从供应链成本管理逻辑、重构供应链降低采购成本、优化供应链降低库存成本、按订单生产跟踪订单成本、多生产基地成本竞争性下单、优化供应链物流降低物流成本等方面，分享优秀企业全价值链供应链成本管控的方法，希望能给供应链成本管控人员带来一些启发。

第一节 供应链成本管理逻辑

供应链成本管理是成本管理会计的工作拓展，将成本管理工作由组织内部延伸供应链的组织外部，对整个供应链的管理进行统筹规划，优化供应链流程，按贡献分配收益，激励供应链中各组织发挥各自优势，利用数字化技术加强供应链中各组织协同与一体化运行，从而提升供应链管理的整体效率，降低供应链的整体成本，使企业间的成本竞争走向供应链成本的竞争。

随着数字化技术的迅猛发展，许多大企业在ERP系统成熟应用的基础上，着手供应商关系管理系统、客户关系管理系统、仓库管理系统的建设，通过技术平台、集成技术，使用这些系统得以一体化运行。为加强供应链上内外组织高效、协同、一体化的运行，构建供应链管理数字化平台。

一、供应链重构

供应链重构是对供应链的结构和流程进行全面的优化和改进，以提高供应链的运行效率、灵活性和可靠性，快速适应市场变化和客户需求的多样化。

（1）供应链流程优化。通过对供应链的流程进行全面的分析和改进，消除浪费和低效的环节，提高整个供应链的运作效率。

（2）供应商整合。通过对供应商进行评估和选择，选择合适的供应商并与其建立长期合作关系，实现供应商的整合和优化。

（3）物流网络重构。通过对物流网络进行重新设计和布局，优化物流运输和配送路线，提高物流效率和降低物流成本。

（4）信息技术应用。通过应用先进的信息技术，如物联网、大数据、人工智能等，实现供应链信息的实时共享和交流，提高供应链的透明度和预测能力。

（5）风险管理。通过建立完善的风险管理体系，对供应链中可能出现的风险进行预防和应对，提高供应链的稳定性和可靠性。

（6）客户需求管理。通过对客户需求进行分析和预测，实现精准生产和及时配送，提高客户满意度和忠诚度。

二、供应链计划

供应链计划涵盖了从原材料采购到最终产品交付给消费者的所有环节。为了实现高效的供应链计划，就需要对整个供应链内的各个环节进行全面优化，从而制定出协同的作业计划。这样做一方面能够减少因信息不对称所带来的过量采购和过度生产问题，进而避免高额库存的积压；另一方面还能通过分析供应链中的关键瓶颈资源，有效提高资源利用效率，同时降低材料、在制品、产品的库存，从而降低库存成本。总之，供应链计划是企业供应链管理的核心内容，它负责分析、协调和平衡所有输入信息和资源，确保企业能以最经济的方式实现供应的精准性和灵活性，直接影响供应链的运作绩效。

（1）协同性。一个企业的供应链涵盖了从采购原材料、制造产品到最终交付客户的全过程，涉及企业内部、外部多个供应链环节。高效的供应链计划应全面考虑整个供应链运行所需的所有活动，快速响应需求。因此，需要企业内部团队、客户及供应链上的各个合作伙伴共同参与，共享统一的供应链协同计划平台，实现计划的协同。

（2）组成。供应链计划包括需求计划、主生产计划、物料计划、产能计划、生产计划、库存计划、仓储计划、配送计划等主链计划，以及由主链计划衍生出的辅链配套计划。这些计划的一致性是供应计划得以实施的保障。

（3）优化策略。这一系列计划由各个内部组织运作，在重构企业供应链时，企业借助数字化技术，进行供应链整体计划优化，可实现供应链计划的一体化运行。这包括管理输入，以预见取代应急、应对、应变；以信息取代库存，从而提升客户需求的满足率、降低库存水平、最大化产品周转率、提高设备利用率和降低供应偏差的代价。

三、按订单生产

当前市场竞争激烈，促使企业越来越重视客户个性化需求。得益于数字化技术，很多企业已实现按订单生产和成本跟踪。这一模式不仅能帮助企业实时掌握订单进度，确保准时交付，还能有效降低库存成本，避免生产不足或过剩。尤其在产品淘汰率高的行业，减少产成品、中间品和原材料库存能防止它们迅速贬值成废品，从而避免重大损失。

通过建立数字化供应链平台，加强沟通与协同，企业能显著提升订单执行效率与客户满意度，并实现按订单精准核算成本，保障利润空间。

（1）订单信息的准确性。包括订单编号、产品型号、数量、价格、交货日期等信息都需要准确无误地记录和管理。只有确保订单信息的准确性，才能避免订单出现错误和延误。销售订单是驱动供应链高效运行的龙头和关键。

（2）供应链的协调与合作。订单管理需要与供应链中的各个环节进行协调和合作，包括与供应商进行及时的沟通和协商，确保供应商能够按时交付所需的物料和产品；与物流公司进行合作，确保订单能够按时送达客户手中。只有实现供应链的协调与合作，才能够高效地完成订单管理。

（3）订单成本的测算与跟踪。在承接订单前测算订单成本与毛利，并按订单进行全程跟踪与监控，确保订单利润的实现。

（4）客户关系的维护。订单管理需要注重与客户的良好沟通和关系维护，包括及时回复客户的询问，提供准确的订单进度信息，解决客户的问题和投诉。只有保持良好的客户关系，才能够获得客户的信任和满意，进而促进订单的成功执行。

（5）风险管理。订单管理需要对潜在的风险进行预判和管理，包括市场需求的波动、供应链中的延误、产品质量问题等都可能对订单管理造成影响。因此，订单管理需要建立风险管理机制，及时应对潜在的风险，确保订单能够顺利进行。

四、多生产基地

大型集团化企业为了高效率、低成本、规模化满足客户的需求，围绕客户形成敏捷、本地化服务，通常会建立足够多的生产基地。集团在对多基地管理上，需要统筹内部资源进行集约配置，通过信息系统全覆盖推进各项业务的整合和融合。同时，推进统一研发、统一销售、统一采购的一体化运营体系，在生产、采购、营销、研发等方面产生的协同效益，提升综合竞争力。

生产基地以生产制造为核心任务，以绿色制造、智慧制造、成本最优、效率最高为目标，不断提升产品制造能力与成本竞争力，既要对绿色安全生产和产品制造成本负责，也要对产品经营绩效和长期发展能力负责。同时，在满足交期情况下，通过多基地（或多产线）生产成本比价下单，达到集团成本最优；通过多机型成本比价排产，达到工厂成本最优，从而实现整体成本最优。这样有利于促进供应链的运营效率和生产效益提升，降低整体运营成本，降低从销售到供应链的整个价值链的成本。

五、物流成本

物流成本是指在产品从生产到消费的整个过程中，因物流活动而产生的各种费用总和，包括了包装、装卸、搬运、运输、储存、流通加工、物流信息等环节所消耗的人力、物力、财力的总和，它是企业运营成本的重要组成部分。要想降低物流成本、提高效率，企业需加强与客户、供应商及物流服务提供商的合作。这种合作不仅能提升效率，还能降低成本，具体表现为：能够迅速响应市场需求，有效缓解库存积压问题，确保原材料的稳定供给，并削减运输与装卸费用。

优化以上供应链关系不仅能降低物流成本、减少经营风险，还能提升企业竞争力。为了获得更大的成本优势，企业可以采取一系列供应链优化策略。比如，通过优化供应链规划流程来降低物流成本，或调整供应链网络布局进一步减少成本支出。

1. 优化供应链计划

准确的需求预测和精细的计划管理可以帮助企业减少库存积压和物流成本。通过分析历史销售数据、市场趋势和消费者行为，企业可以制定更加准确的需求预测。同时，建立有效的计划管理系统，及时掌握市场需求变化，以便合理安排供应链物流活动，减少成本浪费。

2. 优化供应链网络

优化供应链网络结构是降低物流成本的关键措施。企业实现供应链网络优化的方式如下：

（1）供应商的合理选择。选择具有良好信誉、高质量和适时交货能力的供应商，以减少物流环节带来的成本和风险。

（2）仓储设施布局优化。根据销售地域和物流需求，合理规划和设计布局仓储中心设施，使其离客户更近，降低物流配送成本和时间。

（3）运输方式优化。选择适宜的运输方式，如公路、铁路、水路或空运，根据货物性质和运输距离优化运输路线来降低运输成本。

第二节　重构供应链降低采购成本

随着全球化的发展，供应链越来越复杂，涉及的环节也越来越多，为保障供应链安全，获得更好的供应链效率与成本竞争优势，企业应定期审视与评估供应链，通过对供应链的重构，获得供应链的安全保障和成本优势。

一、多元化供应商和合作伙伴的应对策略

供应链多元化能增强供应链的韧性，有助于企业应对短期挑战及奠定长远发展的基础。通过与多个供应商建立合作关系，企业可以降低对单一供应商的依赖，减少供应链中断的风险、降低物料的采购成本。此外，加强对供应商的评估和审核，确保供应商提供的产品和服务质量可靠和稳定，是进一步增强供应链韧性的关键。同时，还需建立一套完善的危机管理体系和应急预案，包括事先评估和识别可能存在的风险和威胁，制定相应的风险管理策略，并制订应急预案。为确保这些预案在

实际中能够有效发挥作用，企业应定期组织模拟演练，以验证应急预案的可行性和有效性。

多元化供应商和合作伙伴是一种有效的供应链管理策略，其效果主要表现在：

（1）降低风险。多元化供应商和合作伙伴可以帮助企业分散单一供应商或合作伙伴可能导致供应链的脆弱性风险，确保供应链的稳定性和可靠性。

（2）提高效率。企业与多个供应商和合作伙伴建立关系可以增加企业的选择范围，从而更容易找到具有竞争力的报价和更高效的优秀解决方案。多元化供应商和合作伙伴还有助于企业更好地利用规模经济效应，提高采购和生产效率、降低采购成本。

（3）灵活性。多元化供应商和合作伙伴可以为企业提供更多的灵活性，以应对市场变化和不确定性。企业可以根据市场需求和供应情况，选择不同的供应商和合作伙伴来满足生产需求，提高供应链的适应性，避免供应商涨价，造成采购成本的增加。

（4）促进创新。企业与多个供应商和合作伙伴合作，可以为企业提供更多样化的创意和解决方案。多样化可以促进企业创新，推动产品和服务的改进和产品成本节约。

（5）建立长期合作关系。企业与多元化的供应商和合作伙伴建立长期合作关系，可以促进相互信任和合作共赢。建立长期合作关系可以帮助企业更好地了解供应商和合作伙伴的需求与期望，促进更好的合作和协调，寻求供应链整体成本降低，并分享收益。

总之，为了成功实施多元化供应商和合作伙伴策略，企业需要制定明确的采购和供应商的管理战略，对供应商进行评估和选择，建立有效的沟通和协调机制，并持续监控和管理供应商绩效。同时，企业与供应商和合作伙伴建立长期合作关系，共同发展和成长，实现互利共赢。

二、供应链优化重构的应对策略

通过供应链优化重构，企业可以对供应链的节点进行重新布控，拓展新的供应链渠道，合理选址，有效控制库存。供应链重构也将促进企业供应链管理模式和体系的改善。下面介绍供应链优化重构的一些关键措施：

1. 识别潜在的瓶颈和低效环节

全面评估供应链，识别潜在的瓶颈和低效环节，这包括成本、库存、销售、供应商和物流等方面的数据。通过分析这些数据，可以确定哪些环节需要优化，以及如何提高效率并降低成本。

对供应链进行全面评估是供应链优化的基础步骤，供应链评估的方法和步骤如下：

（1）数据收集和分析。数据收集包括成本、库存、销售、供应商和物流等，运用统计分析方法对数据进行分析，找出异常值和潜在问题。

（2）流程图分析。通过绘制供应链流程图，对整个供应链流程进行可视化展示，有助于发现潜在的低效环节和瓶颈，如物流延迟、信息传递不畅等。

（3）供应商和客户评估。评估供应商和客户的绩效，包括交货准时率、质量合格率、价格水平等。通过与供应商和客户的沟通，了解其需求和期望，找出潜在的合作改进空间。

（4）库存分析。分析库存周转率、库存量、库存成本等指标，找出库存管理中存在的问题。比如，是否存在过量库存、缺货等，以及是否有优化库存的潜力。

（5）物流分析。评估物流环节的效率和成本，包括运输成本、运输时间、运输损耗等。通过优化物流策略和运输方式，有利于降低物流成本和提高物流效率。

（6）技术评估。评估现有技术和设备的性能和效率，了解是否有更先进的技术和设备可以引入，以提高生产效率和降低成本。

（7）人员评估。评估员工的工作效率和工作质量，了解是否存在人力资源浪费或不足的问题。通过培训和激励措施提高员工的工作技能和工作积极性。

通过以上评估方法，可以全面了解供应链的运行状况，这些信息也将有助于后续制定针对性的优化措施，提高生产效率和控制成本。

2. 引入先进技术

引入先进技术，特别是自动化、数字化和智能化技术，如物联网、大数据和人工智能等，这些新技术应用可以提高生产自动化水平，降低人工成本，提高生产效率。通过引入这些先进技术，供应链能够变得更加高效和灵活，从而更好地满足客户需求。这些技术还可以实现实时监控和精确控制，优化库存管理，降低库存成本。常用的供应链优化技术有：

（1）物联网技术。物联网技术是通过将物理设备与互联网连接起来，可以实现设备间的数据交换和远程监控。企业可以在全球范围内跟踪和管理供应链中的货物和设备，提高供应链的可视性、透明度和利用率。

（2）数据分析技术。数据分析技术可以帮助企业从大量的数据中提取有价值的信息，以更好地理解客户需求、预测市场趋势和优化库存管理，达到降低成本的目的。比如，利用大数据分析工具，企业可以对销售数据、运输数据和库存数据等进行深入分析，优化供应链管理策略。

（3）人工智能技术。人工智能技术可以通过机器学习和深度学习算法，自动处理和分析大量的数据和信息。企业可以利用人工智能技术对供应链进行预测和优化。比如，预测未来市场需求、自动制定最优的运输路线来降低物流成本等。

（4）区块链技术。区块链技术可以提供一种去中心化的、不可篡改的数据存储和共享方式。在供应链管理中，区块链技术可以用于提高供应链的透明度和可追溯性，降低欺诈风险和减少信息不对称问题。

（5）自动化技术。自动化技术可以提高生产效率和质量，减少人工错误和延迟。比如，自动化生产线、自动化仓库和自动化运输系统等技术都可以应用于供应链管理，提高整个流程的效率和准确性，达到降低成本的目的。

这些技术可以单独使用，也可以结合使用。企业可以根据自身的需求和资源，选择合适的技术进行引入和应用。同时，也需要注意技术的适用性和成本与效益，避免盲目追求技术先进而忽略了实际业务需求和经济可行性。

3. 优化供应商管理

企业通过选择和管理供应商，确保获得高质量的原材料、零部件和服务，降低采购成本，提高生产效率。对供应商进行定期评估和优化，可以提高供应链的整体效率和降低供应成本。优化供应商管理的相关措施如下：

（1）供应商评估和选择。制定供应商评估指标，包括质量、价格、交货期、服务等，对现有供应商进行定期评估，并根据评估结果进行选择和调整。同时，对新供应商进行资质审查和样品测试，确保其符合企业要求。供应商评估的品类分析包括评估供方实力、评估产能供应、评估合并关系等，如图5-2所示。

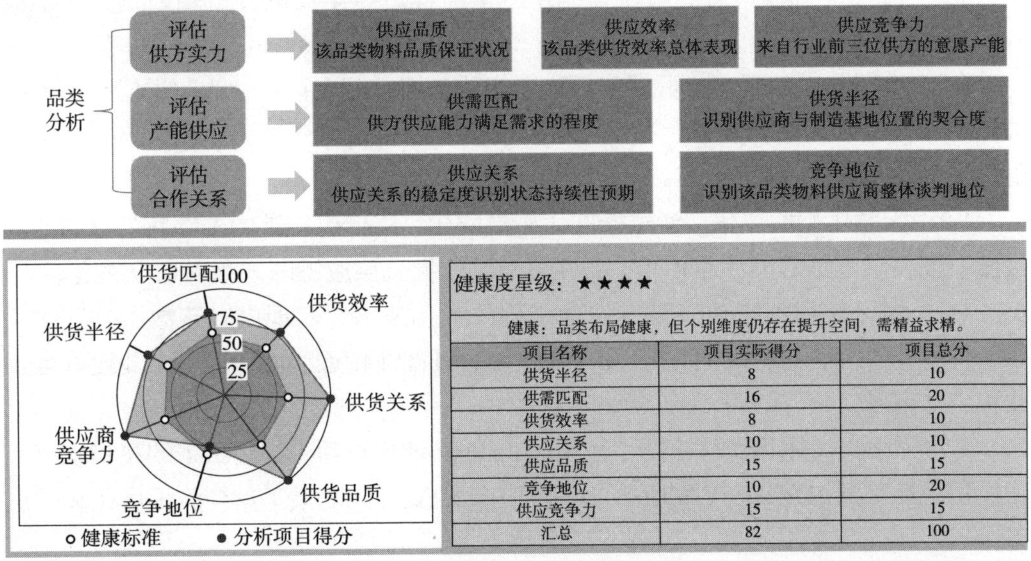

项目名称	项目实际得分	项目总分
供货半径	8	10
供需匹配	16	20
供货效率	8	10
供应关系	10	10
供应品质	15	15
竞争地位	10	20
供应竞争力	15	15
汇总	82	100

图5-2　供应商评估的品类分析

（2）供应商的谈判和合同管理。供应商进行谈判，明确采购条件、价格、交货期和质量标准等关键条款，并签订书面合同以确保双方的权益。同时，对合同执行过程进行监控和管理，以确保合同条款得到有效执行。

（3）供应商绩效管理。建立供应商绩效评价体系，对供应商的交货准时率、质量合格率、价格水平等指标进行考核和评价。根据评价结果进行奖惩和激励，以提高供应商的绩效水平。

（4）供应商关系管理。建立和维护与供应商的良好关系，通过沟通、协调和合作解决供应商的问题和困难。同时，与供应商分享企业的战略目标和业务计划，建立长期稳定的合作关系。

（5）供应商开发与培训。激励供应商进行技术创新和品质提升，提供必要的培训和技术支持。同时，企业应积极开发新的供应商资源，引入竞争机制，降低采购成本。

总之，通过优化供应商管理，将促进供应商提供高质量、低成本的原材料和服务。同时，从长远考虑，企业应进行供应商的合理布局，防范供应链风险，提高供应链的整体效率。

4. 优化供应链流程

审查、分析和改进供应链中的每个环节，减少浪费、降低成本、提高效率和质量来实现供应链的优化。优化供应链流程的相关措施如下：

（1）流程分析和审查。对现有的供应链流程进行全面的分析和审查，找出低效、浪费和瓶颈的环节，包括生产流程、采购流程、物流流程和销售流程等。

（2）流程改进和再造。根据分析和审查的结果，制定针对性的改进措施和流程再造方案。比如，简化流程、减少不必要的环节、优化操作过程、引入自动化和智能化技术等。

（3）标准化和模块化。通过标准化和模块化，降低供应链中不同环节之间的耦合度，提高供应链的灵活性和可扩展性，有助于提高供应链的效率和响应速度。

（4）信息化和数字化。通过信息化和数字化技术，实现供应链数据的实时采集、传输、处理和分析，有助于提高供应链的可视性和透明度，帮助企业更好地预测和应对市场变化。

（5）人员培训和管理。对员工进行必要的培训和管理，提高员工的技能水平和工作积极性。通过建立有效的激励机制和考核制度，鼓励员工参与流程优化和改进工作。

（6）持续改进和监控。建立持续改进的机制，定期对供应链流程进行评估和改进。同时，通过监控和管理，确保流程改进措施得到有效执行和长期保持。

通过以上措施，企业可以实现优化供应链流程，提高效率和质量，降低成本和风险。在优化过程中，还需要注意流程的可靠性和稳定性，确保流程改进不会对企业的正常运营造成负面影响。同时，企业需要根据自身实际情况和市场环境的变化，持续优化和调整供应链流程，以适应不断变化的市场需求和竞争态势。

5. 强化合作和协同优化供应链

供应商、客户、运营团队等所有利益相关者保持密切联系，持续评估和改进供应链管理的过程和绩效，以确保其始终处于最优状态，有助于提高供应链的协同效应和整体竞争力，相关措施如下：

（1）建立合作伙伴关系。供应商、客户、物流服务商等建立紧密的合作伙伴关系，共同制订计划、解决问题和分享信息等。通过合作伙伴关系的建立，可以增强彼此之间的信任和合作，提高供应链的可靠性和稳定性。

（2）跨部门协同。打破部门之间的壁垒，加强跨部门协同和沟通。通过建立跨部门的供应链管理团队，促进信息共享和流程整合，提高整个供应链的运作效率。

（3）持续改进。建立持续改进的文化和机制，鼓励员工提出改进意见和建议。通过不断优化流程、提高技术水平、降低成本等方式，不断提高供应链的竞争力和盈利能力。

（4）创新驱动。激励创新思维和行动，不断探索新的供应链管理模式和技术。通过引入新技术、开发新产品和拓展新市场等方式，推动供应链的不断升级和创新。

（5）人才培养。重视人才培养和团队建设，提高员工的素质和能力。通过培训、激励和奖励机制的建立，激发员工的积极性和创造力，为供应链的持续改进提供人才支持。

通过以上措施，企业可以与供应链中的利益相关者强化合作和协同优化，分享信息和目标，并协同努力以实现共同利益。同时，要注意保持与市场需求和竞争态势的同步更新，不断调整和完善供应链管理策略，以适应不断变化的市场环境和企业发展需求。

三、全球布局的应对策略

企业在全球范围内进行生产和销售的战略布局（即全球布局）以实现资源的优化配置和最大化市场份额。为了更有效地应对外部事件对供应链可能带来的冲击，企业需要采取多种措施应对。

1. 全球布局供应链体系

（1）实现资源的优化配置。不同国家和地区具有不同的资源优势、成本优势和税收政策，通过在全球范围内进行布局，企业可以充分利用各地的资源优势，实现资源的优化配置和节约成本。

（2）开拓更广阔的市场。全球化的加速和国际贸易的增加，倒逼越来越多的企业开始将目光投向海外市场。通过在全球范围内进行生产和销售的布局，企业可以更好地满足不同国家和地区的市场需求，扩大市场份额和销售额。

（3）多种方式实现全球布局。比如，在生产方面，企业可以在全球范围内选择合适的供应商和生产基地，实现生产和采购的全球化；在销售方面，企业可以在海外建立分公司、办事处或销售渠道，拓展海外市场；在物流方面，企业可以优化物流运输和配送路线，实现物流的全球化和一体化。

（4）风险和挑战。比如，不同国家和地区的法律法规、文化差异、贸易壁垒等。因此，企业在全球布局过程中需要充分了解和考虑各种因素，制定科学合理的战略和方案，极力规避各种风险带来的损失。

总之，具备全球布局的供应链创新需要企业具备全面的战略视野和执行力，需要高层管理者的支持和全体员工的参与。同时，企业还需要借助外部资源，如咨询公司、研究机构等，以获取专业知识和经验。此外，政府和社会组织也可以通过政策引导和规范制定等方式，推动具备全球视野的供应链创新的发展。

2. 全球布局的供应链创新策略

（1）国际化战略布局。企业需要制定国际化的战略布局，明确国际市场拓展的目标和路径。通过市场调研、战略制定、团队建设、机构建立、产品改造、营销推广及风险管理多个环节，企业可以发现新的市场机遇，提升品牌知名度和影响力，扩大市场份额。

（2）全球资源整合。企业可以利用全球资源，整合供应商、合作伙伴和分销渠道等资源，提高供应链的效率和响应速度。通过与国际供应商和分销商的合作，企业可以获取优质的资源和技术。

（3）标准化和合规性。企业需要关注国际市场的标准和合规性要求，确保产品和服务的合规性和质量的可靠性。通过了解不同国家和地区的标准和法规，企业可以优化产品和服务的品质，提高市场准入能力。

（4）跨境电商和数字化营销。企业可以利用跨境电商平台和数字化营销手段，开拓国际市场。通过跨境电商平台，企业可以快速进入海外市场，提高销售量和品牌知名度。同时，数字化营销可以帮助企业精准定位目标客户，提高营销效果和客户满意度。

（5）跨国人才培养。企业需要培养具备全球视野的跨国人才，提高企业在国际市场的适应能力和竞争力。企业可以通过招聘国际化人才、提供跨文化培训和交流机会等方式，建立一支具备国际视野和跨文化沟通能力的人才队伍。

总之，通过全球布局，企业能够实现资源的优化配置、开拓更广阔的市场、提高自身的竞争力和可持续发展能力。

四、数字化转型的应对策略

在大数据、云计算、人工智能、移动通信技术等的支撑下，为企业数字化转型提供契机。通过数字化技术构建高效透明的应急供应链体系，有助于防范突发事件带来的风险。

数字化转型可以帮助供应链实现智能化、可视化和协同化的升级，提高供应链的运行效率和可靠性，有效降低成本和潜在风险。企业可以通过物联网、大数据、人工智能等信息技术，实现对供应链中各个环节的实时监控、预测和优化，提高供应链的透明度和可预测能力。同时，数字化转型还可以帮助企业优化物流、仓储和配送等环节，提高物流效率和降低物流成本。

1. 数字化转型的具体措施

（1）建立统一的供应链管理信息平台，实现信息的共享和交流。

（2）推行智能制造和工业互联网的技术应用，提高生产效率和产品质量。

（3）利用大数据和人工智能技术对供应链的数据进行挖掘和分析，洞察供应链的运行状况，发现潜在的优化点和创新点，为决策提供支持，提高供应链的预见性和适应性。

（4）推行数字化营销和销售，提高客户满意度和忠诚度等。

2. 信息技术对供应链优化地影响

（1）信息技术能够提升供应链的透明度，通过实时数据传输和处理，使企业对供应链的状态有更为准确地掌握。

（2）信息技术能够优化供应链计划，通过数据和算法驱动的预测，企业可以更好地规划和调整供应链。

3. 人工智能技术对供应链优化的影响

（1）人工智能技术可以通过机器学习和深度学习等技术，对供应链数据进行智能化分析，提供更为精准的决策支持。

（2）人工智能技术能够帮助企业实现智能化库存管理，降低库存成本，提高库存周转率。

4. 物联网对供应链协同的影响

（1）物联网技术能够实现供应链的各个环节的设备互联互通，提升供应链的协同效率。

（2）物联网技术能够实时监控设备状态，预防设备故障，降低维修成本，提高设备运行效率。

5. 区块链技术促进供应链透明化的表现

（1）区块链技术能够提升供应链的透明度和可追溯性，通过数据上链，保证数据真实性和不可篡改性。

（2）区块链技术还可以支持智能合约、自动执行合同，根据特定条件自动执行交易或操作，智能合约有助于提高供应链中的自动化程度。

（3）区块链技术能够降低供应链中企业的信任成本，提高供应链的协同效率。

6. 大数据技术推动供应链智能化的表现

（1）大数据技术能够对海量供应链数据进行存储、分析和挖掘，提供智能化的决策支持。

（2）大数据技术能够帮助企业实现精准营销，提高销售和供应链的协同效率。

7. 数字化转型需要重点关注的工作

（1）企业需要建立完善的信息技术基础设施。

（2）企业需要培养和引进具有数字化技术背景的专业人才。

（3）企业还需要加强与供应商、客户、合作伙伴等的协同和合作，共同推进数字化转型进程。

8. 立足用户体验

为使企业成本管理数字化转型工作顺利进行，只有面向客户，重视客户体验，才有可能取得最大的成效，具体表现在：

（1）面对外部客户：通过标准化、系统化、智能化等手段，持续强化合规管控能力，降低合规风险，消除重大合规隐患。

（2）面对企业高管：通过智能化、可视化、智慧化等工具，强化对合规信息、成本结构、执行进度、投产效益等，帮助企业高管层迅速掌握关键信息。

（3）面对一般客户：通过模板、流程、智能化等工具，帮助客户在制单、审批等流程中降低操作难度，并通过优秀的UI（界面）设计和简化流程提升客户体验。

第三节　优化供应链降低库存成本

库存是企业生产经营过程中不可缺少的组成部分，有效管理库存成本，意味着在确保商品供应充足的同时，最小化资金的占用，提升资金利用率，避免库存积压造成的资源浪费。企业需要保持合理库存，以平衡客户资源、生产资源和运输资源，确保能够应对客户需求和生产中断的不确定性，保持生产过程的连续性和稳定性，从而避免缺货、供货延迟、紧急采购带来的成本上升，以及降低物流运输成本。

库存并不是越多越好，过量的库存不仅会增加存货成本，也会增加产品和管理成本，还会掩盖企业内部管理问题。保持合理的库存对企业运营管理的好处具体表现在：

（1）提升生产计划的灵活性。合理库存使企业能够更灵活地调整生产计划，减轻了生产调度和管理上的压力。这种灵活性有助于企业更有效地利用资源，从而降低生产成本。

（2）缓解原料供应的不确定性。面对原料交货时间的波动，合理的库存可以作为缓冲，确保在原材料延迟到达时，生产活动仍能持续进行。这减少了因原材料短缺导致的停工损失，以及因无法按时交货而失去销售订单的风险。

（3）加速订单响应，提升客户满意度。保持适量的库存可以缩短订货提前期，使企业能够更快地响应客户需求，加速产品交付。这不仅提升了客户满意度，还增加了市场销售机会，进而提高了企业的经营业绩。

（4）稳定经营，平衡供需矛盾。合理的库存能够作为调节器，有效应对外部市场需求的不稳定性和内部生产需求的均衡性之间的矛盾。它帮助企业在需求波动时保持稳定的生产节奏，减少了因需求变化而带来的经营风险。

（5）分摊采购与生产费用。在进行批量采购和生产时，库存可以作为一种成本分摊机制，将采购和生产过程中产生的固定费用分摊到更多的产品上，从而降低了单位产品的成本。

一、供应链库存的问题

供应链环境下库存管理追求供应链的总体成本最低，注重企业间的协作与共享信息。传统库存管理追求企业库存成本最低，只从企业出发。供应链的库存管理问题通常表现如下：

（1）供应链整体观念不强，供应链中的各个环节绩效决定着供应链整体绩效与各个环节各自为政。

（2）供应商的供货过程、制造过程本身或客户需求等各个环节存在可能的变化，造成供应链库存的不确定性存在。

（3）供应链的各个环节之间缺乏协调，信息透明度不高、缺乏监督、激励机制和利益分享机制。

（4）供应链的各个环节的信息传递效率低，系统没有集成、信息延迟、不准确，影响库存信息的准确度。

（5）供应链的各个环节间的交货数据、交货时间不准确、库存控制策略过于简单，常出现延迟交货或提前交货现象，协同效率低。

（6）产品的过程设计没有考虑供应链上库存的影响，存在供应链规划的缺陷。

为了降低库存成本，减少供应链整体库存量，就需要增加企业之间的信息交流与共享，减少不确定性因素对库存的影响，增加库存决策信息的透明性、可靠性、实时性。所有这些，都需要企业之间的协调。规划供应链的库存分布，有利于降低供应链的整体库存量。供应链中各个环节的库存分布都是始于客户需求，逐级向分销商、制造商、供应商驱动，如图5-3所示。

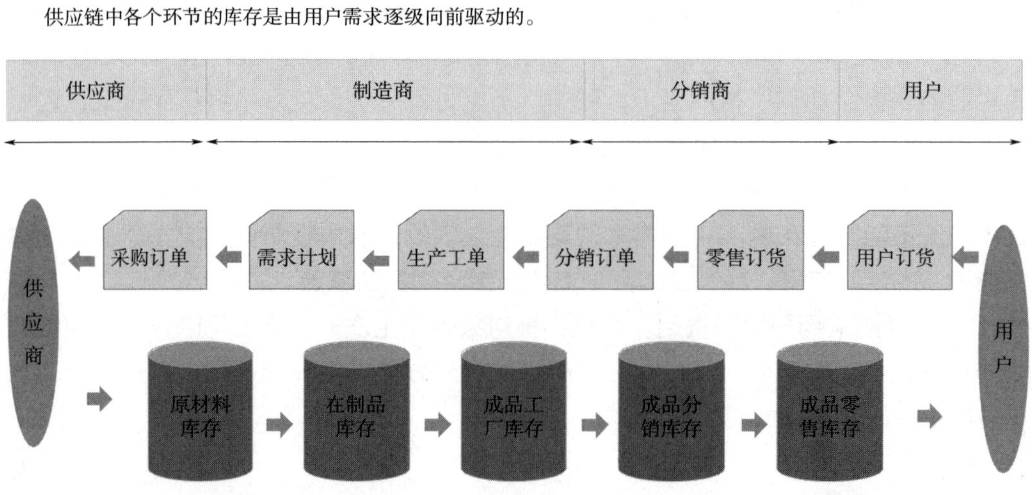

图5-3　供应链中的库存分布

在供应链物流中，因采购订货、车间订货、生产订货、分销订货、零售订货、客户订货等环节形成原材料库存、在制品库存、成品工厂库存、成品分销库存、成品零售库存等。

供应链管理所解决的核心问题即供需的匹配问题。当供需无法匹配，表现出来的结果便是产量过剩或者需求得不到满足。最大限度地满足需求与最大限度地降低成本，通常很难同时做到。比如，为了满足客户的个性化要求，如果采用快速交货、定制产品等手段，运作成本会大幅上升。

二、降低供应链库存的措施

如何建立适当的库存量，既减少库存成本，又不影响正常的产品生产和对客户的服务，如何平衡生产和销售计划，如何避免产生不必要的库存，如何优化库存成本等，这些问题是仓库管理等管理人员与成本管理会计需要面对和解决的问题。

供应链管理模式下的库存控制应对策略是零库存管理、供应商库存管理、联合库存管理、多级库存控制和优化供应链计划。

1. 零库存管理

零库存管理，又被叫作JIT（just in time的缩写）模式，即在有需求的时候，按需求量得到精确数量的材料和产品。核心内容是拉动式的供应链管理。所谓拉动式生产方式是指关于生产计划、原料供给、库存管理、产品运输等一系列过程全部灵活地按市场需求适时适量地进行，实现以销定产定采。而准时制是指将必要的零件以必要的数量在必要的时间送到生产线，并且只将所需要的零件、只需要的数量、只在正好需要的时间点送到生产线。准时生产制的出发点就是不断消除浪费，减少库存（包括减少库存量和减少库存时间），进行持续的循环式的改进。

2. 供应商库存管理

供应商库存管理，又被叫作VMI（vendor managed inventory的缩写）模式，是一种供应链库存管理策略，以实现客户和供应商双方成本最低为目标来优化原材料的库存管理，在双方同意的目标框架下，由需求方提出用料需求，供应商管理库存。VMI要求使用者向供应商提供足够透明的库存变化信息，以便供应商能及时、准确地做出补充库存的决定，客户和供应商要建立起相互信任的战略伙伴关系，是实施VMI的基础。

供应链的供应商库存管理模式，如图5-4所示。

信息交互是VMI模式有效实现的基础条件，供应商通过建立客户需求预测，并通过与分销商建立合作协议，将配送活动及订单处理整合与持续补货循环。其步骤如下：

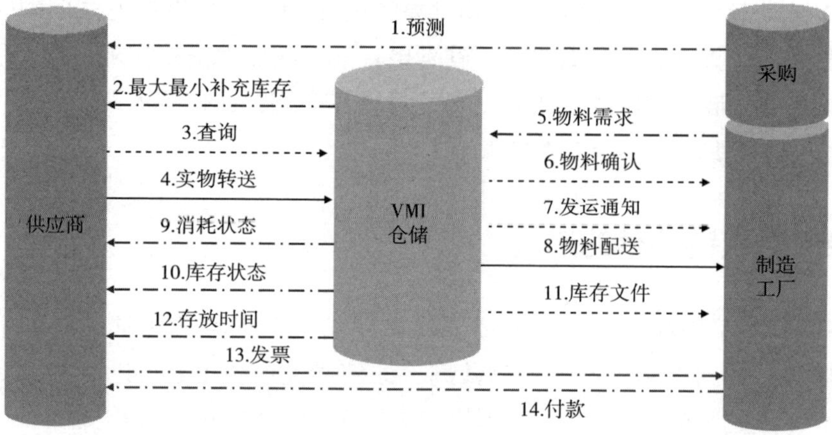

图 5-4　供应商库存管理模式

（1）根据客户存货水准及销售状况进行需求预测，经过计算后提出建议订购量。

（2）根据建议订购量，订单系统发出补货通知单，由客户对订单确认。

（3）根据订单管理系统（OMS）的数据，制造管理系统安排生产计划，由此计划排定配送计划。

（4）根据配送计划，将补货计划通知客户并进行实际补货。

VMI 模式的运用，企业将会产生如下收益：一是提高库存周转率；二是降低资金成本占用；三是降低库存成本；四是有效地削减和精准地控制销售渠道上昂贵的存货；五是提高企业的现金流利用率。

VMI 模式的运用，供应商将会产生如下收益：一是交易简单化，可节省大量的交易成本；二是供应商不必像以前那样疲于应付企业的订单，做好适当的库存管理即可；三是结合当前存货情况，使促销工作更容易实施；减少分销商的订货偏差，减少退货；四是需求拉动透明化、提高配送效率，以有效的补货方式避免缺货；五是有效的预测使其能更好地安排生产计划；六是通过销售数据透明化，简化了配送预测工作。

总之，VMI 模式是一种双赢的模式，供应商可以直接接触需求信息，有利于生产经营的稳定，同时可以极大地缩短交易时间，减少交易与回款风险；客户对采购件的品质、交付时间、交付成本有保障等。

3. 联合库存管理

联合库存管理是解决供应链系统中由于各节点企业的相互独立库存运作模式导致的需求放大现象，提高供应链的双方同步化程度的一种有效方法。联合库存管理强调双方同时参与，共同制订库存计划，使供应链过程中的每个库存管理者（供应商、制造商、分销商）都从相互之间的协调性考虑，保持供应链相邻的两个节点之间的库存管理者对需求的预期保持一致，从而消除需求变异放大现象。任何相邻节点需求的确定都是供需双方协调的结果，库存管理不再是各自为政的独立运作过程，而是变成供需连接的纽带和协调中心。

供应链的联合库存管理模式的运作流程，如图5-5所示。

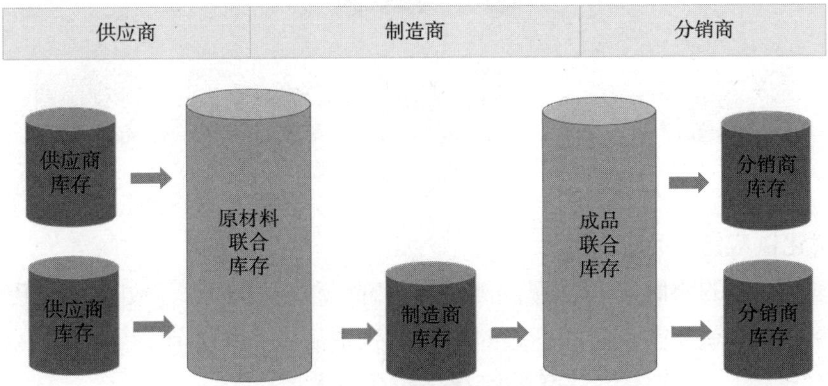

图5-5　联合库存管理模式

联合库存管理的实施保障，需要建立供应链协同管理机制，包括供应链共同合作愿景、利益的分配和激励机制等，联合库存的协同控制方法：一是建立信息沟通渠道，提高整个供应链的需求信息的一致性和稳定性，减少由于多重预测导致的需求信息扭曲，增加供应链各方对需求信息获得的及时性和透明性；二是需求方原材料库存协同管理通过物料需求计划（MRP）提交，联合库存协同管理根据此计划制订物资的配送计划。

由于数字化的协同系统支持，联合库存管理将极大地减少从原材料到客户的过程时间和库存，最大限度地提高供应链的运作效率。

4. 多级库存控制

多级库存控制的实现需要增加供应链的信息共享程度，使供应链中的各个部门都共享同一市场信息。多级库存控制的方法有两种：一是非中心化（分布式）策略，所有的库存点的控制参数是同时决定的，通过对供应链运营系统的全面把握，获得供应链库存的整体优化；二是中心化（集中式）策略，由各个库存独立地决定库存控制策略，通过信息共享实现相互之间的协调。

多级库存控制，如图5-6所示。

非中心化库存控制将库存控制分为三个成本归集中心：制造商成本中心、分销商成本中心、零售商成本中心。

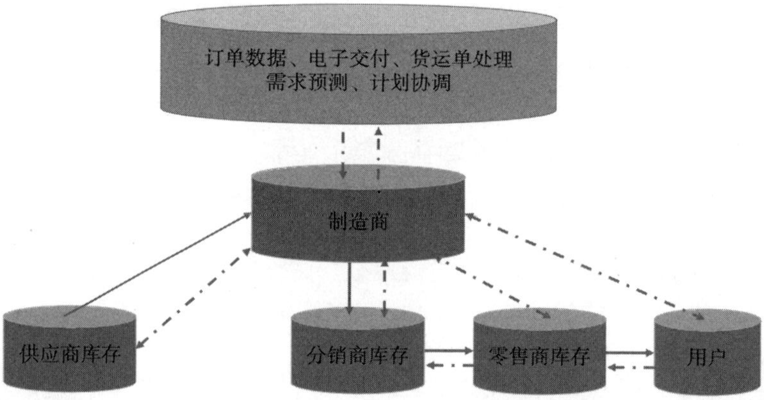

图 5-6 多级库存控制

5. 优化供应链计划

加强供应链的协同管理实现供需平衡，降低信息不对称导致的过量采购、过度生产而造成的高额库存，同时通过对关键瓶颈资源的分析，可以有效提高资源利用效率、降低材料、在制品、产品的库存与库存成本。

供应链计划的有效执行，将供应链的全流程打通，有利于整合供应链需求，提高预测准确性；供需匹配，提高计划的可执行性；缩短计划周期，快速响应需求的变化；供应能力管理，提高订单承诺能力；排产最优化，提高资源利用率；降低供应链的库存量，减少库存资金占用。

总之，供应链计划的有效执行，改善库存控制，大幅降低原料与中间制品的库存量，减小流动资金占用率，加强生产计划与执行管理，将加快库存周转、减少库存持有成本，实现持续降本和成本领先。

第四节 按订单生产跟踪订单成本

现代成本管理的主要工作是抓成本控制，而成本控制的重点则集中在产品和成本中心两个维度。现代生产组织倾向于从全局、全供应链的角度考虑问题，生产方式多样化。这些生产方式对成本管理的重点与要求也会有相应的差别。

一、不同生产方式对成本管理的影响

根据企业生产组织的特点，生产方式通常分为四种：按订单设计、按订单装配、按订单生产和按库存生产等。

1. 按订单设计

按订单设计，又被叫作ETO（engineering to order的缩写），是指根据客户的具体需求进行定制化设计，然后投入生产。这种生产方式的特点是产品生产频次低，生产批量小，产品的设计工作和生产相对复杂，如生产耗用的材料、生产工序、耗用的资源（设备、人工）可能存在不同，有的甚至需要进行特殊处理。由于在生产过程中耗费的材料成本、人工成本与制造费用都不同，因此在进行订单利润、成本评估与核算时，需从产品设计之初直至售后服务结束，全面审视并评估整个过程的成本费用与盈利状况，以确保生产经营的安全稳定运行。此类情况一般出现在装配制造企业。

2. 按订单装配

按订单装配，又被叫作ATO（assemble to order的缩写），是指企业根据客户订单的具体要求，将预先生产好的半成品或组件进行快速组装，以满足客户的定制化需求。生产商一般会维持适量的零部件库存，以便在接到客户订单时，能迅速依据订单信息，利用产品的配置系统高效处理数据，并调动预存的零部件，按照客户的定制化需求快速组织生产装配，确保在最短时间内提供多样化的产品。然而，这种灵活高效的生产方式也伴随着一定的零部件库存成本。因此，在生产与销售的组织过程中，生产商必须谨慎权衡快速响应客户需求与合理控制零部件库存成本之间的平衡，才能实现效益最大化。

3. 按订单生产

按订单生产，又被叫作MTO（make to order的缩写），是指根据客户订单的需求量和交货期来安排制造客户所需的产品。其生产计划和原料采购主要依据接收到的订单中所指定的产品物料清单来制订与安排，同时考虑客户的特殊需求进行定制化生产。这种生产方式有利于将存货降至最低，从而降低生产经营成本，避免产品过量生产造成的存货占用资金成本、产品淘汰造成损失。

4. 按库存生产

按库存生产，又被叫作MTS（make to stock的缩写），是指根据市场需求预测、参考本身的库存存量来编制生产计划，再按照计划生产出成品。这是大多数企业采用的一种生产组织方式，产品属于大众化的通用规格的消费商品，也可能是企业的自有品牌产品。但这种生产方式容易造成大量的产品库存积压，这些产品库存会占用企业大量的流动资金，进而对企业的资金运作构成压力。如果生产的产品不能适销对路，可能会长时间滞销，最终不得不降价或进行报废处理，可能对企业的经营带来隐患和损失。

总之，按库存生产，通常是按销售预测进行生产，按月计算产品的实际成本，这样将造成产品过剩或不能满足市场需求；事后才能计算成本，不能保障产品的销售利润，而且按库存与预测生产在产品淘汰率高的企业中，产成品库存，甚至中间品和原材料往往会很快变成一堆废品（呆滞物品），造成巨大的浪费和损失，这种生产组织方式正逐渐被按订单生产取代。按订单生产，指按订单全程跟踪成本，划分成本的归属责任，控制成本锁定订单利润，可降低库存成本、消除生产不足或生产过剩。

二、跟踪管理订单成本

按订单生产细分为按订单设计、按订单生产和按订单装配三种方式。这三种方式的成本管理又有些不同，它们的成本管理特点是：按订单设计的成本管理、按订单生产的成本管理和按订单装配的成本管理。

1. 按订单设计的成本管理

在按订单设计的生产方式下，产品设计部门首先会根据客户提供的销售订单（产品个性化需求），进行产品的初步设计。随后，成本管理与采购部门会依据这份设计草案，结合企业的实际生产能力和市场状况，对产品的成本进行初步估算，为销售部门提供报价支持。一旦订单获得确认，产品设计部门将携手采购、生产及成本管理等部门，共同开展产品的详细设计。在这一阶段，会全面评估产品选材、加工工艺的经济性和可行性与加工周期的适用性，确保在满足客户需求的同时，实现成本的有效控制。这时预算将作为后续各项工作的行动指南。它能帮助我们有效跟踪和控制采购成本。比如，根据订单对应的原材料和零部件采购成本预算来执行；同时，它也能指导我们管理生产成本，通过生产预算（包括生产成本预算）来监控订单的生产进程；此外，它还能助力我们管理研发、销售、售后服务等各项费用，确保每一笔支出都在预算范围内。

2. 按订单生产的成本管理

按订单生产是指企业根据客户的具体需求，在销售订单确认后，组织生产并进行相应的成本管理和控制活动。这种方式通常适用于定制化程度高、客户需求多样的生产环境。按订单生产是建立在信息化和精益生产上的一种生产经营方式，它带动了整个物流环节的运作，围绕客户订单，展开采购、生产及销售活动，使得整个物流系统的运作更有目的性和方向性，极大地提高了物流效率，缩短了产品的生产周期，能在最短的时间内完成订单合同，满足客户的需求。因此，在生产成本控制方面从生产计划开始减少了生产源头的流通费用，按订单生产有利于降低企业生产物流成本。同时，企业也减少了库存压力和资金流通不畅的苦恼，对企业的可持续发展有着重大影响。

3. 按订单装配的成本管理

按订单装配是按单生产中最简单的类型，也是与传统的按库存生产最接近的类型，还是一种很先进的生产方式。企业在接到客户订单后，将预先生产和存储的标准化零部件进行重新组合配置，以快速提供定制化的产品。在个性化需求日益增长、市场需求多变、交货期缩短和订单量增多的背景下，这种生产方式对企业的生产供应柔性和敏捷性提出了更高要求。计算机、汽车、家具等办公和家用产品的生产厂家，因市场竞争激烈而广泛采用这种生产方式。对于按订单制造的企业而言，当产品制造周期无法满足客户需求时，按订单装配便成了一种最可行的解决途径。通过零部件的预投生产（这些零部件是在客户下单前就已经按计划生产并入库的），能够显著缩短生产周期，缩短总装计划时间，从而加快对客户需求变化的反应速度，避免成品库存积压，迅速满足客户的个性化需求。但与按库存生产相比较，按订单装配在材料采购、生产计划、库存管理等方面均存在更高的管理难度。与传统的ERP系统相比，按订单装配对ERP系统的功能有更高要求，需要：

（1）模块化的工程设计功能。

（2）方便快捷地完成各种通用基本组件的设计与分类整理。

（3）面向订单的装配计划模块。

（4）迅速获取并处理订单数据信息，然后按照客户的需求组织产品的生产装配来满足客户个性化的需求。

（5）生产模式的计划和配置能力。

（6）同时具备标准组件的大批量化生产与装配作业的小批量生产两种配置能力。

总之，按订单生产与跟踪订单成本对企业管理要求高，通常需要数字化技术支撑才能高效地运转起来。在手工作业状态下，操作工作量大，程序、数据复杂，难以取得好的效果。图5-7所示为按订单生产与全程成本跟踪订单成本的数字化方案案例，供参考。

要实现按订单生产与全程的成本跟踪管理，必须打通OMS、APS、ERP三个系统，实现系统间的无缝集成。

按订单生产与全程成本跟踪的实现方案简述如下：

（1）客户在OMS系统下达需求意向，销售人员根据需求意向初步评估是否能交付，是按哪种方式组织生产。随后，向成本管理员发出成本报价申请。

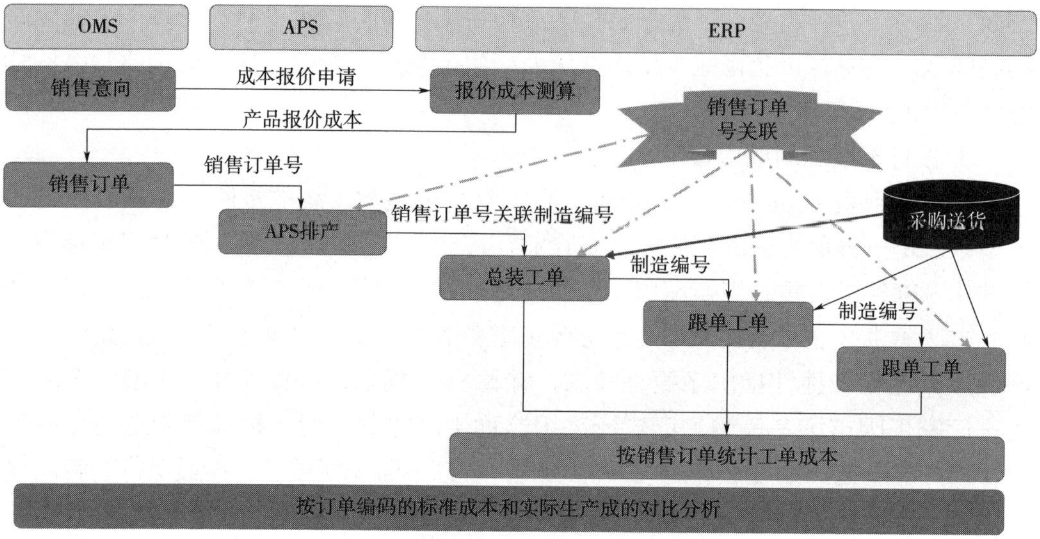

图 5-7 按订单生产与全程成本跟踪

（2）销售管理人员与成本管理员根据生产组织的具体方式，组织销售订单的成品成本测算，成本测算一般在 ERP 系统的成本管理模块中进行。成本测算完成后，形成产品报价成本并推送给销售人员。

（3）销售人员据此判断后，签订销售合同与销售订单，销售订单号将作为销售订单的源头和销售订单跟踪的主要线索，并与后续总装生产工单、部件生产工单、零件生产工单的制造编号进行关联。

（4）订单信息从OMS系统导入APS系统，再从APS系统排产后导入ERP系统，拉通三个系统，保证数据的一致性。

（5）按销售订单号统计总装工单和跟踪单件工单的成本和损耗。

（6）总装工单、部件生产工单和零件生产工单的材料、零件的超领和报废损耗须关联工单号、关联制造编号。

（7）抽取各系统数据，可实时按销售订单号对报价成本和工单成本进行统计分析，这样可跟踪到订单的成本和预计毛利的变化情况。

总之，按订单生产就是根据客户订单的需求量和交货时间来安排生产。这样做的目的是减少库存，实现零库存生产——有订单就生产，没订单就调整计划。销售订单编号会一直伴随着产品，从设计、采购、领料、车间生产、外协加工，直到完工入库和售后服务。在这个全过程里，每个环节的成本发生和分摊，都会以销售订单号为依据来追踪。

第五节　多生产基地成本竞争性下单

大多数企业发展到一定体量之后，为规避单一区域集中布局导致市场、品类、原料等潜在风险，通常会选择多基地战略，即在不同地域设立多个生产基地，用于供应本地市场。一方面多生产基地的本地化生产在运输成本上具备优势，快速满足客户需求；另一方面，多基地有利于企业利用不同区域的人力成本优势、地价优势、能源成本优势、政策优惠等条件优化企业经营总成本。然而，很多企业在建立多生产基地之后出现了排产决策、产能投资等方面的协同问题，如果安排不当，反而违背了降低总成本的初衷。

随着生产制造向规模化、精益化发展，小批量、多批次订单越来越多，订单管理日益复杂。在开始生产之前进行销售订单分配是第一道坎，尤其对于多基地生产模式的企业而言，订单分配对生产和交付效率影响较大，不同分配方式也会导致显著的成本差异。另外，传统的销售订单分配模式通常是依靠人工决策，或者遵循固定的标准化模式，销售订单分配效率低，很难全面考虑所有因素，导致大量的生产资源和成本浪费。

一、如何实现最优排产

企业在对生产基地进行订单分配时，通常要综合考虑产品交期、生产产能及成本收益等因素。鉴于各企业的具体情况不同，其考量的优先级也会有所差异，若考虑不周往往容易导致顾此失彼的情况。受限于技术条件，企业要全面精准、系统性地梳理并量化这些影响因素，确实是一项艰巨的任务。无论是产品交期、生产产能还是成本收益，都不是单一维度的问题，它们之间存在着复杂的相互关联和影响。特别是对于那些生产活动可能跨越不同区域、涉及数十家工厂、数百个车间及生产线的大型企业而言，订单分配的难度更是显而易见。

实践中，企业在进行订单分配时常常会面临如下问题：

（1）盲目追求交期忽视生产能力和生产成本，可能会出现订单增多但收益未必增长的情况。交期固然非常重要，但也不能不计成本地生产。假如某个订单的交期在5月底，由于某种原料紧缺，需要额外增加费用采购，使得总成本超过了订单收益，这个时候企业就要考虑是否要和客户沟通延期交付了。

（2）工厂产能匹配不合理导致资源和成本浪费。订单的产品数量有多有少，工厂的产能有大有小，它们并不一定是一一对应的关系，有的订单需要指定工厂，有的工厂可以同时承接几个订单的产量。比如，假设某批订单能够生产的工厂有10个，实际上不会让10个工厂都去生产，有的工厂产能比较大，可以承接3个订单的生产量，企业在分配单时就可以有更多的选择。在标准化批量生产中，通常生产数量越多成本越低。

（3）成本和收益计算难度大。在计算成本收益时，不能仅看订单数额，还要考虑背后的成本情况。很多企业计算成本时，通常会考虑物料、人工等较明显的成本，容易忽视运输物流等潜在成本支出。比如，边远地区工厂人工成本较低，但原料运输成本高，成品发运成本也高。相反，附近地区人工成本高，但运输更快、成本更低。因此，要全面科学地比较成本，就不能单独考虑原料和人工成本。

在数字化技术支撑下，在面对多个生产基地如何分配订单排产的问题时，有两种方案：一是多生产基地成本竞争性下单；二是大数据驱动的智能排产。

二、多生产基地成本竞争性下单

集团公司一般是通过多基地、多产线来满足客户的需求。在满足客户交货要求时，集团公司可以通过竞争性下单、经济性排产的管理模式来促进供应链运营能力提高和生产效益提升，降低整体运营成本，降低从销售到供应链的整个价值链的成本，从而使成本最优、收益最大。

多生产基地成本竞争性下单方案，如图5-8所示。

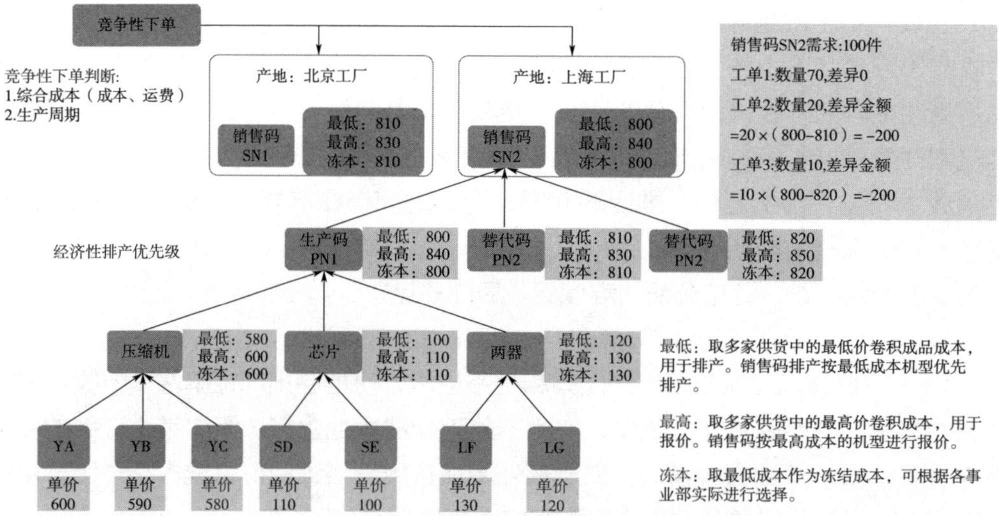

图5-8 多生产基地成本竞争下单（单位：元）

1. 多生产基地成本竞争性下单的原则

（1）通过多基地成本比价下单，达到集团公司成本最优。

（2）通过多机型成本比价排产，达到生产基地成本最优，从而实现整体成本最优。

2. 成本竞争性下单管理逻辑

成本竞争性下单的管理逻辑是分别计算各个生产基地的最低成本、最高成本和冻结成本等三类成本，用最低成本排产，用最高成本报价，用冻结成本核算，说明如下：

（1）最低成本。取多个生产基地中的最低卷积成品成本，用于排产，销售码排产按最低成本机型优先排产。

（2）最高成本。取多个生产基地中最高价卷积成本，用于报价，销售码按最高成本的机型进行报价。

（3）冻结成本。取最低成本作为冻结成本，进行实际成本核算。

3. 成本竞争性下单判断的标准

（1）综合成本最低，综合成本除制造成本外，还需要考虑运费等物流成本。

（2）生产周期最佳，快速满足交付要求。

4. 多生产基地成本竞争性下单的排产管理模式

（1）最低成本比价，促进工厂降低成本，促进供应链布局优化提升。

（2）最低成本比价，则可以通过销售码工单差异，直接反映实际与目标的差异。

（3）最高成本报价，在把控市场的同时，留有盈利空间，为集团公司赢得合理利润。

（4）简化考核和财务核算，工单差异清晰。

三、大数据智能排产

引入大数据和智能决策技术，给各生产基地的订单分配带来了新的解决思路。通过对各生产基地的数据和分配规则进行梳理，综合考虑各种影响订单分配和生产的各种因素。基于这些因素和目标，建立一个智能的算法模型。当有新订单进来时，这个模型会自动分析订单的交货时间、成本、收益等关键信息，并智能地匹配最适合的生产基地。这样，我们就能得到最优的订单分配方案，确保订单和生产资源得到最佳匹配。

相较于传统方式，这种智能决策的分配订单模式不仅让生产管理更加灵活，还优化了供应链，缩短了订单交付时间，特别适合处理小批量、多批次的订单。

当然，多生产基地排产还需要考虑目标和约束的差异，从企业的业务特性来梳理优化方向和解决方案。在全局优化思维下，应从分配规则、排单因子、排单计划等角度进行优化。

第一，将生产基地数据及分配规则统一化和标准化，避免散乱管理带来的浪费。全面分析生产基地管理策略，区分生产基地等级和能力，通过系统集中管理生产基地有关基础数据，统一配置管理不同等级生产基地的分单规则，包括品类规则、产能分配规则和加单规则等。

第二，将排单因子模型化，提升计划决策的科学性。深入调研当前排产规则，结合实际数据对比分析，考虑未来变化整理排产因子适用的场景、权重、所需数据要求等，支持不同产品特性建立不同数学模型抽象化因子，纳入目标/约束条件库。

第三，利用智能算法，优化排产计划的效率和效果。根据不同阶段的计划需求，建立对应的优化求解模型，从数据、模型和优化等多个角度来破解生产排单的核心问题，可以疏通生产管理中的多个要塞，助力各个生产基地、各个品牌均衡产能、提升订单满足率、降低成本，实现订单与资源的优化配置。

第四，智能排单的应用，将打通客户需求、产品生产、供应商资源，提升生产管理的柔性，也将进一步优化供应链结构，使销售、生产与供应更协同，进而缩短订单供应周期，高效满足多基地、小批量、多批次的订单需求，灵敏应对临时单、加插单等紧急需求，为营销提供决策支撑。

从数据到决策的升级，不仅是技术创新的体现，更是对业务模式的重构。对内，智能排单系统成功打破了不同品牌、不同环节之间的数据壁垒，进一步挖掘并激发了多元数据的潜在价值；对外，这一升级将有力推动多生产基地的统一协同和标准化管理，实现供应资源的智能化、精准化分配。通过内外联动的资源配置优化，供应链系统将变得更加敏捷、流畅，运营管理模式也将呈现出更高的协同性和柔性。这一系列的变革，更为企业的数字化转型奠定了坚实的基础。

第六节　优化供应链物流成本

不少企业在物流方面浪费的成本占比较高，导致成本高的许多因素不是普通成本会计所能决定的，因为这涉及供应商布局、产品规划、仓储中心的规划，以及运输方式选择等，这些都是需要领导，甚至集团高层才能决定。

供应链物流可划分为原材料物流、生产物流和产品配送物流，相关的成本项目费用包括运输、储存、装卸和搬运等，如图5-9所示。

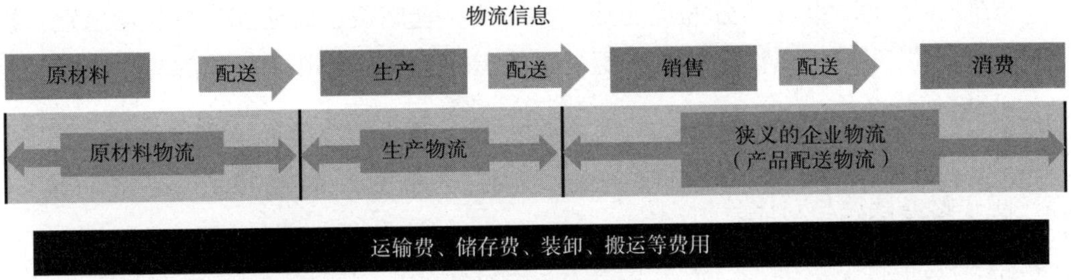

图 5-9　供应链物流

供应链物流优化可从降低原材料物流成本、生产物流成本和产品配送物流成本等方面达到物流成本降低的目的。

下面从物流成本组成、物流成本规划、物流成本影响因素、物流成本控制方法、物流成本控制要点、物流成本核算物流成本分析等方面阐述如何优化供应链物流降低物流成本。

一、物流成本的组成

企业的物流成本一般包括仓储成本、运输成本、信息成本和管理成本。由于物流成本涵盖面广，非常复杂，要做好物流成本管理，应进一步细化。

为了便于物流成本的更精细化地管理与分析，可以从供应链流程、物流活动和物料费用类型等三个维度细分，如图 5-10 所示。

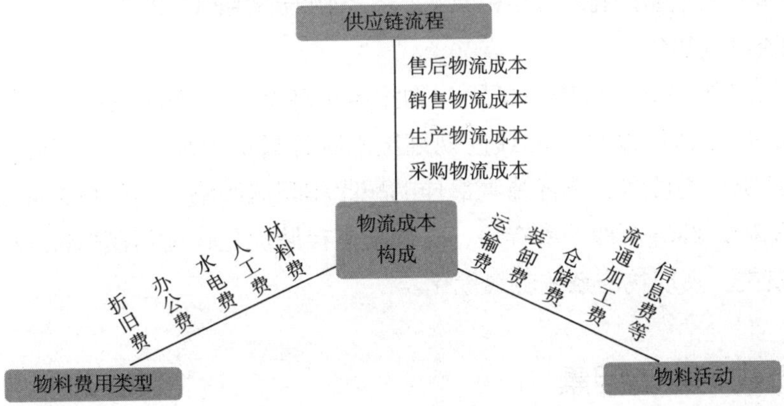

图 5-10　物流成本管理三个维度

按供应链流程的维度可分为采购物流成本、生产物流成本、销售物流成本和售后物流成本，可以按供应链的各个环节归集物流成本、明确成本归属责任。

按物流活动的维度可分为运输费、装卸费、仓储费、流通加工费和信息费。按物流活动提供部门归集物流成本，便于企业运输部、装卸部、仓储部等物流部门控制与分析物流成本。

按物料成本费用类型的维度可分为材料费、人工费、水电费、办公费、折旧费等，便于财务核算与对比分析。

二、物流成本规划

物流成本规划首先要了解业务的分布区域，以及当前的服务、成本等。比如，货源、客户与仓库的分布情况，服务方式、质量与成本情况，以及货源量与承运商的能力等情况等。物流成本规划分别从仓储物流布局、仓储物流分析和物流过程优化着手。

1. 仓储物流布局

评估按照现在的客户布局，安排最佳的货物流向，分析不同组合的成本与服务情况。根据评估结果，确定仓库布局，确定仓库的服务客户，确定商品的流向，确定经济库存分布，确定最佳的运输方式，确定最佳承运商。

2. 仓储物流分析

细化企业的仓储物流的业务流程与操作规范，同时制定各类监控、分析报表。包括分析客户的需求，安排最佳的库存分布；分析成本的变化，提出改进措施；分析与考核各类承运商的服务水平和成本；各类物流费用的分析等。

3. 物流过程优化

为提供最佳的价值效能，须优化物流各个环节，使物流过程迅速、通畅和合理。比如，使用线性规划、非线性规划技术制订最优运输计划，实现物品运输优化；运用系统分析技术，选择货物最佳的配比和配送线路，实现货物配送优化；运用存储理论确定经济合理的库存量，实现物资存储优化；运用模拟技术对整个物流系统进行研究，实现物流系统的最优化。

三、物流成本影响因素

物流成本影响因素很多，主要包括竞争性因素、产品因素、环境因素和管理因素等。

1. 竞争性因素

竞争性因素包括订货周期、库存水平和物流运输等，各因素对成本影响如下：

（1）订货周期。企业物流系统的高效可以缩短企业的订货周期，降低客户的库存，从而降低客户的库存成本，提高企业的客户服务水平，提高企业的竞争力。

（2）库存水平。存货成本的提高，可以减少缺货成本，即缺货成本与存货成反比。保持合理的库存，有利于提高企业的竞争力。

（3）运输方式。企业采用更快捷的运输方式，虽然会增加运输成本，却可以缩短时间，降低库存成本，提高企业的快速反应能力。企业应在运输成本与运输时间二者之间取得平衡，以满足与客户的需求。

2. 产品因素

产品的特性不同会影响物流成本，这些特性如下：

（1）产品价值。产品的价值高低会直接影响物流成本。产品的价值越大，对其所需使用的运输工具要求越高，运输、仓储和保险等成本也随着产品的价值的增加而增加。高价值意味着存货中的高成本，以及包装成本的增加。

（2）产品密度。产品密度越大，相同运输单位所装运的货物量越大，运输成本就越低，仓库中一定空间领域存放的货物也越多，库存成本就会降低。

（3）产品废品率。生产高质量的产品可以杜绝因次品、废品等回收、退货而发生的各种物流成本。

（4）产品破损率。易损性物品对物流成本的影响是显而易见的，易损性的产品对物流各环节，如运输、包装和仓储等都提出更高的要求。

（5）特殊搬运。有些物品对搬运有特殊的要求，如对体积大物品的搬运，需要特殊的装卸工具；有些物品在搬运过程中需要加热或制冷等，这些都会增加物流成本。

3. 环境因素

环境因素包括空间因素、地理位置及交通状况等。空间因素主要指企业制造中心或仓库相对于目标市场或供货点的位置关系等。若企业距离目标市场太远，交通状况较差，则必然会增加运输及包装等成本；若在目标市场建立或租用仓库，也会增加库存成本。

4. 管理因素

管理成本与生产和流通没有直接的数量依存关系，但却直接影响着物流成本的大小，如节约办公费、水电费、差旅费等可以降低物流成本总水平。

四、物流成本控制方法

物流成本控制需要考虑多方面因素，通过优化资源配置、提高效率、加强管理等手段，实现物流成本的持续降低。

1. 加强库存管理

合理控制存货是物流成本控制的首要任务。企业存货成本主要包括持有成本、订货或生产准备成本及缺货成本。存货量过多，虽然能满足客户的需求，减少缺货成本和订货成本，但是增加了企业的存货持有成本；反之，存货量不足，虽然能减少存货持有成本，但是又将不能正常满足客户的需求而增大缺货成本和订货成本。如何确定既不损害客户服务水平，也不使企业因为持有过多的存货而增加成本的合理存货储量，这就需要加强库存控制，企业可以采用经济定购批量法、MRP 库存控制法和JIT库存控制法等方法提升存货管理水平。

2. 提高物资活动效率

控制物流成本不仅仅是企业追求物流的高效化，更主要是从产品生产到最终客户整个供应链的物流成本高效化。随着当今激烈的企业竞争环境，客户除了对价格提出较高的要求外，更要求企业能有效地缩短商品周转的时期，真正做到迅速、准确和高效地进行商品管理，要实现这一目标，需要企业协调与其他企业、客户、运输业者之间的关系，实现整个供应链物资活动的高效化。因此，降低物流成本的目标应贯穿到企业所有职能部门之中，包括物流、生产、销售和采购等部门。

3. 提高物流服务

物流服务是指物流企业或企业的物流部门从处理客户订货开始，直至商品送至客户手中的整个过程，这个过程中要尽力满足客户需求，确保商品供应顺畅，同时减轻客户的物流负担。在这个过程中，配送是物流服务不可或缺的一部分，它包括备货、储存、分拣、配货、运输、送达服务等环节。通过实现高效化的配送，提高装载率和合理安排配车计划、选择合理的运输线路，可以降低配送成本和运输成本。

4. 物流业务外包

物流业务外包是控制物流成本的常见操作。企业将物流外包给专业化的第三方，通过资源的整合、利用，不仅可以降低企业的投资成本和物流成本，而且还可以充分利用这些专业人员与技术的优势，提高物流服务水平。

5. 借助物流信息系统

现代物流技术发展十分迅速，物流系统软件日趋完善。企业借助物流信息系统，一方面使各种物流作业或业务处理能准确、迅速地进行；另一方面物流信息平台的建立，各种信息通过互联网进行传输，从而使生产、流通全过程的企业或部门分享由此带来的收益，充分应对可能发生的需求，进而调整不同企业的经营行为和计划，从而有效地控制无效物流成本的发生，从根本上实现物流成本的降低。

五、物流成本控制要点

物流成本控制要点包括供应链流程和物流活动两个方面的成本控制。

1. 按供应链流程的物流成本控制

物流成本按供应链流程可分为采购物流成本、生产物流成本、销售物流成本、回收物流成本和毁损物流成本。它们的物流成本控制要点如下：

1）采购物流成本控制要点

（1）制定生产材料定额，一方面可以控制生产中的浪费，另一方面可以根据核算好的定额计算最佳进货批量，使有限的现金发挥最大的作用，促进原材料的流动性。

（2）优选供应商，一方面可以保证零部件质量的稳定，另一方面建立长期稳固的共同发展关系，可以享受批量效应带来的价格上的优惠。

（3）采购合同明确送货方式、到货时间，对违约责任、质量处罚都要有严格而明确的规定。

（4）运用现代化的采购管理方式，如控制采购批量和再订货点。

（5）降低采购途耗，供应与销售物流交叉化，提高物流作业效率。

2）生产物流成本控制要点

（1）生产工艺流程的合理布局，注意科学摆放，可减少厂内物流成本。

（2）合理安排生产进度，减少半成品和在制品的库存。

（3）实施物料领用控制，节约物料使用。

（4）采用 ABC 分类法和零库存管理机制。零库存管理目前采用得较为普遍，一方面可以节省不必要的备货费用，另一方面也可避免大量原材料占用仓储保管费用。

3）销售物流成本控制要点

（1）对外包和自营物流费用对比择优选用。

（2）对汽车、火车、航空和船运等各种物流方式，根据送货量的多少，核算各种运输方式的费用，综合权衡，合理选择。

（3）加强订单管理与物流相协调，增加销售物流的计划性。

4）回收物流成本控制方法

（1）增强废旧产品回收的意识。

（2）制定鼓励政策，建立回收物流机制，实现开源节流。

（3）成立专门部门或指定专人负责相关废弃物的收集运送及处理，加强回收物流成本的控制。

5）毁损物流成本控制方法

（1）仓库里因各种原因而残留下来过期的、废弃的、毁损的原料及零部件，企业应对这些物品进行分类收集及储存，搬运至适合的处理场所进行处理，避免造成资源浪费和环境污染。

（2）材料、配件及时处理，及时销账，使账面与库存相吻合。

2. 按物流活动的物流成本控制

物流成本按物流活动可分为运输成本、仓储成本、配送成本和包装成本。它们的物流成本控制要点如下：

1）运输成本控制要点

运输成本的构成包括人工费、燃油费、运输杂费、运输保险费用和外包运输费等，运输成本影响因素包括运输量、运输工具、运输里程、装卸技术改进程度和运输费率等。运输成本的控制措施包括：

（1）减少中间环节、二次运输，消除相向运输、迂回运输，减少里程，节约运费。

（2）根据货物的特点、物流时效、客户服务要求与运输成本的要求等情况综合评估合理选择运输工具。

（3）根据产品特点、客户需求、货物价值、仓储和运输模式等情况选择自营或外包的方式。

（4）通过合理装载降低运输成本。比如，拼装整车运输、轻重配载、解体运输、多样堆码，以及利用组合运输等方式减少空载、少载。

（5）利用现代运输技术降低运输成本。比如，托盘化运输、集装箱化运输、特殊运输等工具。

（6）运用线性规划、非线性规划技术制订最优运输计划和运输路径，实现运输优化。

（7）搞好自有运输工具的维修、保管和管理工作，严格控制各项费用支出。

2）仓储成本的控制要点

实现货物的合理库存、提高保管质量，加快货物周转，发挥物流系统的整体功能，保管的货物种类和适当的数量。自备仓库的仓储成本包括维护费、出入库和库存的操作费、折旧与存货占压资金的利息等。租用仓库的仓储成本包括仓库使用费和存货占压资金的利息等。仓储成本的控制措施包括：

（1）优化仓库布局，减少库存点。

（2）做好自用仓库与租用仓库的战略选择。

（3）利用现代化库存计划来控制合理库存量。

（4）运用仓储理论确定经济合理的库存量，实现货物仓储优化。

（5）库存管理中采用ABC分类法。

（6）加强仓库内部管理，降低仓储管理的日常开支。

3）配送成本的控制要点

配送成本与货物配送计划、货物的配送地点、选择货物配送使用的工具，以及货物配送线路等密切相关。配送成本的控制措施包括：

（1）配送中心的合理选址。

（2）优化配送作业，降低配送成本。

（3）运用系统分析技术，选择配送线路，实现货物配送优化。

（4）通过自动化技术，提高配送作业效率。

（5）建立通畅的配送信息系统。

4）包装成本的控制要点

包装成本与包装物采购、包装管理、包装方法、包装质量、包装周转使用次数和回收相关。包装成本的控制措施包括：

（1）购入包装物时登记入账，凭证发料，控制数量减少浪费。

（2）各部门按需提出包装物使用计划，交主管部门加工、购置或调拨。

（3）加强包装物质量验收和管理，搞好回收利用。

（4）采用包装替代品节约开支。

（5）加速包装物周转延长使用年限和次数，减少包装物损失浪费。

（6）根据具体情况改善包装方法。

（7）包装物尽可能简单、朴素和标准，满足需求即可。

六、物流成本核算

企业对物流成本的核算比较重视，通常会在采购成本、制造费用、管理费用、销售费用等一级科目下，设置二、三级科目进行相关的成本核算，但物流成本核算与归集的费用仍不够全面，在账面记录主要是运输费用、仓储费用、包装费用等物流的显性成本。为了系统性地管理与统计分析物流成本，可以将物流相关的成本区分为显性成本和隐性成本。

物流显性成本是现行成本核算中已反映，但分散于各会计科目的物流成本，包括运输费、仓库租金、包装费、装卸费、加工费、订单清关费、人员工资、管理费、办公费、应交税费、设备折旧费、设施折旧费、物流软件费等。

物流隐性成本是现行会计核算中未反映，需企业在会计核算体系之外单独计算的那部分物流成本，包括库存资金占用成本、库存积压降价处理损失、库存呆滞产品成本、回程空载成本、产品损毁成本、退货损失费、缺货损失费、异地调货费、设备设施闲置成本等。

为了规范物流显性成本的核算，企业可考虑单设物流成本一级科目，在此科目下，分别设置明细科目（按费用类型分）或辅助核算（按供应链或物流活动分）进行核算与物流成本费用的归集。

对于物流隐性成本，可纳入管理会计范畴，如果管理不善，物流隐性成本对产品成本、经营费用影响很大，企业应引起足够重视，对于各项隐性物流成本建立计算模型，定期计算、监控与分析。

七、物流成本分析

物流成本分析主要围绕物流成本的分析方法、物流成本的构成解析，以及衡量物流成本的关键绩效指标（KPI）三个方面展开。

1. 物流成本分析方法

物流成本的分析方法多样，目的都是为了深入了解物流成本的变化情况，同时找出影响这些成本变动的各种关键因素。具体分析方法如下：

（1）对比分析法。对比分析法是实际工作中广泛使用的分析方法。物流成本指标的对比分析一般有三个方面：一是实际物流成本指标与计划指标对比分析；二是本期实际物流成本指标与前期实际物流成本指标对比分析；三是本期实际物流成本指标与同企业先进水平对比分析等。

（2）因素分析法。因素分析法是将某一综合指标分解成若干个相互联系的因素，并分别计算、分析每个因素对物流成本的影响程度。

（3）作业成本分析法。作业成本分析法是一种新的成本核算体系设计思路，其基本原则是产品消耗作业、作业消耗资源。作业成本分析法认为企业通过执行各种作业、活动把资源转化为对外的产品和服务，因此作业是成本核算的对象，作业成本的应用要企业具有良好的管理基础和管理平台支撑。

2. 物流成本 KPI 指标

物流成本 KPI 指标主要包括单位销售额物流成本率、单位成本物流成本率、单位营业费用物流成本率、物流职能成本率和单位产品的物流成本等。

（1）单位销售额物流成本率：

$$\text{单位销售额物流成本率}=\frac{\text{物流成本}}{\text{销售额}}\times 100\%$$

单位销售额物流成本率越高，则其价格的弹性越低，从企业历年的数据，大体可以了解其动向。另外，通过与企业和企业外进行比较，可以进一步了解企业的物流成本水平。该比率受价格变动和交易条件变化影响较大，因此，作为考核指标还存在一定缺陷。

（2）单位成本物流成本率：

$$\text{单位成本物流成本率}=\frac{\text{物流成本}}{\text{总成本}}\times 100\%$$

单位成本物流成本率指标是考察物流成本占总成本比例的一个指标，一般作为企业内部物流合理化目标或检查企业是否达到合理化的指标来使用，这个比率受原材料变动和工厂设备折旧影响较大。

（3）单位营业费用物流成本率：

$$\text{单位营业费用物流成本率}=\frac{\text{物流成本}}{(\text{销售费用}+\text{一般管理费用})}\times 100\%$$

单位营业费用物流成本率指标可以用来判断企业物流成本的比重，而且这个比率不受制造成本变动的影响，得出的数值比较稳定，因此，适合于做企业物流合理化指标。

（4）物流职能成本率：

$$\text{物流职能成本率}=\frac{\text{物流职能成本}}{\text{物流总成本}}\times 100\%$$

物流职能成本率指标可以明确包装费、运输费、保管费、装卸费、流通加工费、信息流通费、物流管理费等各个物流职能成本占物流总成本的比率。

（5）单位产品的物流成本：

$$单位产品物流成本=\frac{物流成本}{产品数量}$$

单位产品物流成本指标是指单位产品的物流成本，它不受产品价格变化和交易条件变化的影响，因此，广泛应用于企业内部管理，通过历史数据的比较，可以比较准确地反映物流成本的实际变动情况和趋势。

物流成本分析的主要目的是在实现既定客户服务水平的条件下，降低企业的物流成本，提高企业的竞争能力。

06

第六章 企业销售成本与费用管控

销售成本费用是企业最难控制的成本之一，对于成本费用管理部门而言，如何有效管理销售费用支出是一大难题。若管控宽松，则销售费用可能失控，导致销售利润率下滑，引发高层不满；而管控过严，又可能抑制销售人员的积极性，影响销售业绩与收入，招致销售团队的抵触。因此，成本管理人员在实际管理中需要做好二者之间的平衡。

销售成本费用包括产品销售成本与围绕市场、销售活动发生的各项费用两部分内容，在成本费用项目划分上，将销售数量按产成品的单位存货成本结转的金额称为销售成本（或称主营业务成本），在销售环节发生的各种支出纳入销售费用（或称营业费用）科目核算。对销售成本与费用的管控，企业通常会采取如下措施：

（1）设定明确的预算。制定详细的销售成本和费用预算，并严格执行。销售费用预算应包括销售人员的薪资、差旅费、推广费用和市场营销费用等。

（2）优化销售流程。通过优化销售流程，提高销售效率，减少不必要的成本和费用支出。可以通过自动化销售系统培训销售人员等方式来优化销售流程。

（3）控制销售人员的开支。销售人员的开支通常是销售费用的主要组成部分，管理者需要设定合理的开支政策，对其差旅费和招待费等进行限制和审核。

（4）管理供应商和合作伙伴关系。在促销品、广告等市场活动服务的采购中，企业与供应商和合作伙伴保持良好的合作关系，争取更有利的价格和条件，降低此类物资的采购成本。

（5）制定激励政策。制定合理的激励政策，激励销售人员提高销售绩效，从而降低单位产品销售费用比例。

（6）追踪和分析数据。成本管理人员及时追踪销售成本和费用支出，并进行详细的数据分析，找出不必要的支出和成本高的环节及时调整和优化。

总之，这些控制措施的实施，对销售成本与费用管控可以取得一定的效果，也是我国大多数企业采取的管控措施。然而先进企业对销售成本、销售费用的范围更广、更细致。

本章将从销售成本费用管理逻辑、销售成本核算与管控、销售费用核算与管控，售后成本管控等方面，分享优秀企业全价值链销售成本与费用管控的方法，希望能给企业销售成本与费用管控人员带来一些启发。

第一节　销售成本费用管理

优秀企业在销售成本费用管控方面都有独到之处，其逻辑思维是一个系统而细致的过程，值得我们学习与研究。具体管理逻辑如下：

（1）成本费用管理会计的角色定位。由于销售成本费用的管理复杂性与难度，成本费用管理会计在销售管理中应当充当大管家、军师与参谋角色，类似销售部门财务 BP（业务伙伴）角色，不仅要承担核算、管理与控制的角色，还要提供服务。比如，通过财务分析发现问题，或通过销售费用管控帮助业务合理降低费用支出。同时，不影响销售收入的提升，寻找收支平衡点，为企业赢得最大的收益与利润。

（2）营销活动对准自己产品的市场定位和目标客户群体。在市场竞争激烈的情况下，企业要明确产品的定位，找准自己产品的市场定位和目标客户群体。只有了解自己的优势和不足，才能制定出更有针对性的销售策略，避免盲目竞争和无效营销，从而降低销售成本与费用。

（3）建立并实施有效的营销策略。通过市场调研和分析，了解目标客户的需求和购买行为，制定出符合市场需求的产品和营销策略，提高产品销售率，降低销售成本。

（4）控制销售渠道成本。有些产品销售渠道的成本很高，企业要根据自身需求和市场情况选择合适的销售渠道，合理控制销售渠道成本，避免过度投入。

（5）建立良好的客户关系。通过建立客户关系管理系统，掌握客户需求和反馈，及时解决问题，提高客户满意度和忠诚度，从而减少销售成本和提高销售额。

（6）对销售费用的分析，不能只浮于财务数字的表面，而是应深入销售业务。对营销活动进行深入理解，理解营销活动的底层逻辑，了解和明察业务判断经济业务发生的合理性与合规性，把控分析关键要点，不为分析而分析，撰写的分析报告能真正为业务部门提供有益的决策信息。

（7）面对销售商报价加强销售成本测算。为赢取客户订单，采用灵活多变的方式，按客户需求，快速调整产品配置，并快速测算出客户所需产品的成本，加上合理利润后形成报价。

（8）销售环节发生的费用五花八门对销售费用控制不易。按不同费用类型的特点采取不同管控策略。比如，对产品促销费用控制，通常按促销活动立项，再根据活动的规模、持续时间等因素编制费用开支预算，在相关领导审批后，按预算予以控制。不只是使用单一的费用管理信息系统进行管理，而是将营销活动的全过程连接起来，因为营销费用管理的依据、费用管理的效果及改进措施都与营销业务活动密切相关，通过规范营销全过程的管理、实现全过程营销与费用信息化和一体化管理。

（9）变动性销售费用是指企业在销售产品和材料的过程与销售量呈正比例变化的各项经费，包括销售佣金、业务提成、运输费、装卸费和包装费等。对销售变动费用控制，按销售数量、金额的预设比例进行支出控制等。

上述内容是优秀企业在销售成本费用管控方面所采用的逻辑思维。企业可以根据自身的实际情况选用、优化，使管控措施更贴合企业实际情况。

第二节　销售成本核算与管控

销售成本核算与管控在于精确计算成本，通过合理的核算方法和严格的管控措施，企业可以准确掌握销售成本情况，优化库存与销售渠道，严控营销费用与物流配送成本，并持续监控调整策略，以实现成本的有效降低和销售效率的提升。

一、销售成本核算

销售核算就是把销售时发生的收入与支出一项项列出来，其中包括销售收入核算和销售成本核算。

在产品（商品）的物权发生转移时，确认销售收入（一般由销售财务、应收会计做账务处理），会计分录如下：

借：应收账款

　　贷：主营业务收入

　　贷：应交税费——增值税——销项

同时结转销售成本，结转成本分录如下：

借：主营业务成本（或称销售成本）

　　贷：库存商品

大型集团在设置有配送中心（产品先根据订单发至配送中心，再进行近距离配送）时，通常会设置发出商品类似科目过渡，如产品发至配送中心时，会计分录如下：

借：发出商品

　　贷：库存商品

产品配送到客户，确认收入时，结转成本分录如下：

借：主营业务成本（或称销售成本）

　　贷：发出商品

在销售收入与销售成本核算时，需要把握好收入与成本匹配的原则。

二、销售成本管控

销售成本的管控主要体现在两个方面：一方面，通过精确的成本测算来支持销售报价，确保报价的合理性；另一方面，通过加强产品质量保障，减少退换货现象，从而避免由此带来的产品销售成本和物流运输成本的额外增加。

1. 报价成本的管控

常规产品的销售价格政策分为线上价格政策和线下价格政策，对客户个性化产品进行成本测算，支持销售快速报价政策等。

线上平台的定价政策需要根据平台规则、平台交易成本和平台频繁的促销活动，进行产品销售成本、销售收入与销售费用测算，保障盈利空间。为防止线上销售价格对线下销售的冲击，一般要做好线上销售产品与线下销售产品的区分。

线下产品的定价政策可按销售区域与渠道价格分别制定销售价格政策，分别按区域、渠道进行产品销售成本、销售收入与销售费用测算，以销售价格政策指导销售报价，保障产品销售的盈利空间。

为了支持产品销售报价成本的快速测算，需要建立报价成本测算模型，在客户提出个性化要求时，研发人员快速调整、维护物料清单与工艺路线，原料核价员根据市场情况快速更新原材料成本，成本会计在核准人工成本与制造费用的费率，按报价成本模型进行卷积计算产品销售报价成本。

销售报价成本测算模型，如图6-1所示。

报价成本测算模型可以使用ERP系统（或PLM系统）的BOM功能，如果没有使用这些系统，需要通过人工表格建立模型，当产品结构复杂时会比较麻烦。

2. 减少退换货的事故

通过对成品质检严格管控，杜绝问题产品出库，严格按客户要求发货，从而减少退换货的事故发生。退换货将会大幅增加因往返多次而带来的运输费、包装费、装卸搬运费、返修费等成本，不仅影响销售成本，还会影响客户满意度与回款。退换货时，要跟踪退换货的物资流转，以避免发生进一步的损失。成本会计进行销售成本分析时，应重点关注此项数据分析。

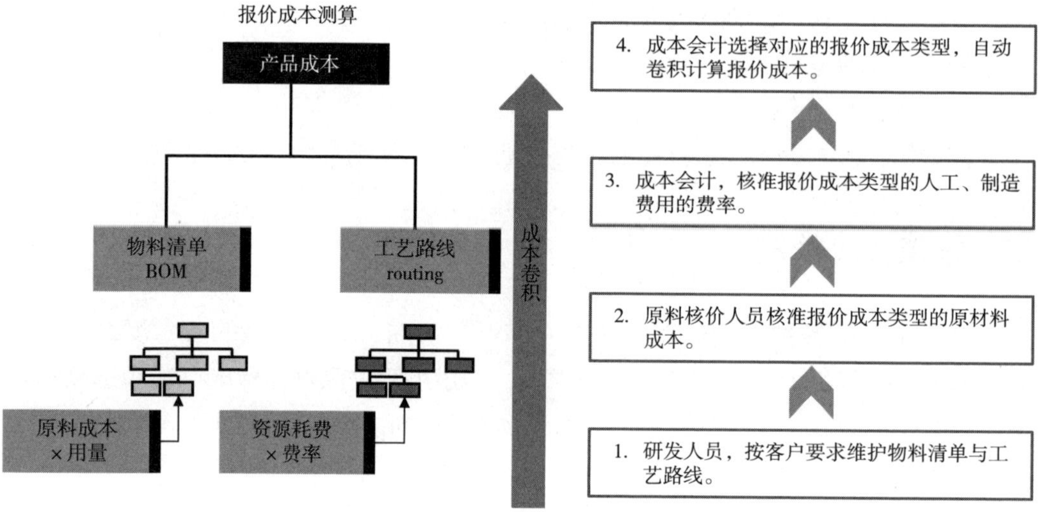

图6-1　销售报价成本测算模型

第三节　销售费用核算与管控

销售费用是指在销售产品或提供服务的过程中，企业所发生的与销售活动直接相关的各种费用。销售费用种类繁多，是企业最难控制的费用之一，没有一个办法可以解决所有的销售费用项目的控制问题。

一、销售费用的核心问题

销售费用的核心问题在于其支出与管控，这两个方面直接影响着企业的市场竞争力、品牌建设、产品或销售服务的质量，以及客户关系的维护。

1. 销售费用支出中的问题

尽管许多企业的销售费用占比相当可观，对企业的利润构成了不小的侵蚀，但这些费用支出仍然是不可或缺的，原因在于：

（1）维持销售体系的正常运转保证产品销售渠道的畅通。企业需要设立专职销售机构，在各地建立相当规模的营销网络，保证销售体系的正常运转与产品销售渠道的畅通等需要支出大额的销售费用。

（2）提高产品的市场占有率。企业品牌提升与适当的产品广告宣传，能够使消费者了解企业产品的质量、性能、价格，以及售前、售中与售后服务等方面的优势，刺激消费者购买该产品的欲望，从而扩大该产品的销售，树立良好的品牌形象。

（3）预测市场行情及本企业的销售情况。企业经营决策部门需要及时掌握市场调研、市场行情与销售分析的信息，以便于决策者根据瞬息万变的市场供求关系，及时调整企业的经营策略，使企业在竞争中处于有利地位。

（4）做好售后服务树立良好的企业形象。企业通过建立完善的售后服务体系，提高售后服务水平，促进消费者放心购买产品，为树立企业形象进行良好的宣传。

2. 销售费用管控中的问题

不少企业在销售费用管理管控中存在如下问题：

（1）销售费用支出占比过大。企业急于抢占市场，采取一些不切合实际的或不合理的营销策略。其主要表现为大做广告。一方面，认为广告费与促销费等费用发生越多，产品就会销售得越多，所以不惜巨额投入，通过宣传媒介大做广告。如果支付的巨额广告费和产品销售不相适应，企业现金净流量急剧减少会导致资金周转不灵与财务状况恶化。另一方面，现在的消费者日渐趋于理性消费，已开始意识到厂家的巨额广告费支出最终要转嫁给消费者，引起消费者对其产品价格的怀疑，进而不愿购买其产品。如果对销售费用支出产生的效果评估不及时、不到位，也会导致无效的销售费用持续支出。

（2）营销网络过于庞大。企业设置规模庞大、层次较多的营销网络，如果与产品的产销规模不相适应，会大幅度地增加销售机构的费用；如果管理不善，会造成整个营销体系的低效率运转。关于营销网络的规模与费用预算，企业领导层应慎重决策考虑。

（3）销售费用支出随意性大。销售费用项目繁多，包含内容非常广泛，在实际管理中，具体费用支出项目难以预先确定，销售费用的支出标准难以合理界定，以及销售费用支出产生的效果缺乏（或难以）有效评估。在不少企业所发生的销售费用中存在隐秘性，支出随意性大，透明度不高，其合理性往往经不起推敲，但又难以管理的现象。

二、销售费用的核算

营销工作着重于提升产品销售量、扩大市场占有率，以及强化品牌形象等非物质成果，销售费用的构成相当多样。为了降低销售费用和提高销售效率，企业需要全面考虑这些费用要素，制定合理的策略和预算，以确保销售目标的顺利实现。销售费用管理主要内容概括如下：

（1）销售人员薪酬。销售人员薪酬通常包括基本工资、绩效奖金、提成和补贴等。为了制定合理的销售人员薪酬策略，企业需要综合考虑市场行情、员工能力和绩效，以及企业战略目标等因素。合理的薪酬体系是激励销售人员更好地完成销售任务的关键。

（2）广告费用。广告费用包括广告制作成本、媒体费用和宣传材料费用等。企业需要通过合理的广告预算和策划，提高广告投放效果，从而增加品牌知名度。同时，企业也要跟进并评估广告效果，以便及时采取相应措施。

（3）促销费用。促销活动可以刺激消费者购买意愿，提高销售额。促销费用包括促销活动的策划费、宣传费、场地租赁费和礼品费等。企业需要根据市场状况和目标客户群体来制定相应的促销策略，以提高品牌知名度和销售额。

（4）销售折扣。销售折扣是指企业为了促进销售，给予客户一定的价格优惠。销售折扣包括现金折扣、数量折扣和季节性折扣等。企业需要制定合理的销售折扣政策，以吸引更多客户并提高销售效率与销售收入。

（5）销售佣金。销售佣金是企业为了激励销售人员更好地完成销售任务，根据销售额或利润的一定比例向销售人员支付的奖励。销售佣金可以激励销售人员提高销售业绩，同时也能够提高企业的销售效率与销售收入。企业需要根据市场状况和目标客户群体来制定相应的销售佣金政策，使其发挥应有的价值。

（6）市场营销通信费。市场营销通信费是指企业为了宣传和推广产品，与目标客户群体进行沟通和交流的通信费用。它包括市场调研、数据分析与营销策略制定等方面沟通和交流的通信费用。企业需要策划合理的市场营销方案，提高品牌知名度和销售额。

（7）包装费用。产品包装不仅起到保护产品的作用，还直接影响产品的外观和品质。包装费用包括包装物设计、包装物加工和包装材料采购等方面的费用。企业需要根据产品的特点和目标客户群体的需求，制定合理的包装策略，以提高产品的附加值和市场竞争力。

（8）运输费用。运输费用是企业为了将产品送达到客户手中所需的费用。运输费用包括运输方式选择、运输路线规划和运输保险等方面的费用。企业需要通过合理的运输策划，以提高物流效率和降低运输成本，同时确保产品能够及时、安全地送达到客户手中。

（9）保险费用。保险费用是企业为了规避风险，对产品或货物进行投保所需的费用。保险费用包括保险种类选择、保费缴纳等方面的费用。企业需要根据实际情况和风险承受能力合理制定保险政策，以减少企业风险和损失。

三、销售费用的管控

企业在面对销售费用种类繁多的问题时，应采取逻辑严密的多样化管控策略。深入分析每项销售费用的特性，并据此精心制定出一套明确且详尽的管控方案。如图6-2所示的各项主要销售费用管控措施，可作为参考。

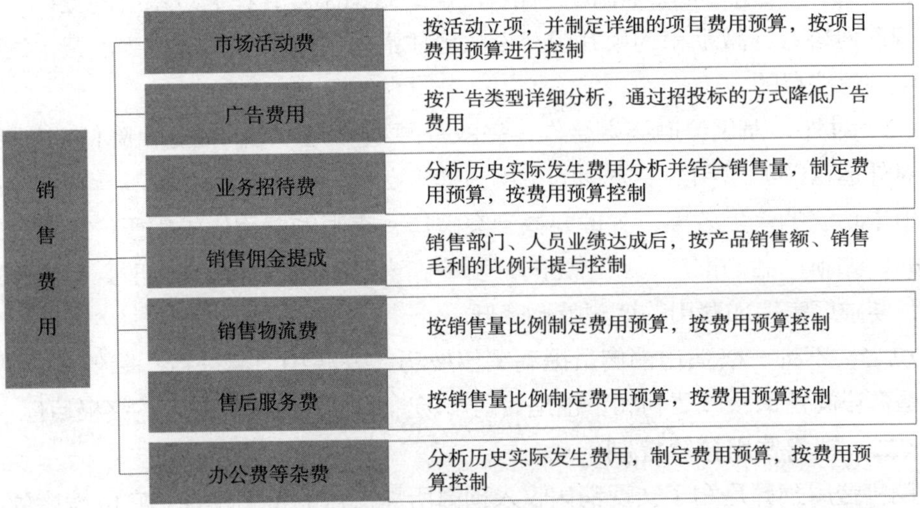

图6-2　销售费用管控示例

在制定销售费用控制方案前，先根据历史数据，从高到低列示销售费用各项明细费用，然后逐一分析各项费用的特性，根据企业实际情况，制定相应的管控方案，比如：

（1）市场活动费。按市场活动立项，并制定详细项目费用预算，按项目费用预算进行控制。

（2）广告费。按广告类型详细分析，通过招投标的方式降低广告费用。

（3）业务招待费。根据历史实际发生业务招待费用，分析结果并结合销售量，制定费用预算，按费用预算控制。

（4）销售佣金提成。销售部门人员业绩达成后，按产品销售额、销售毛利的比例计提与控制。

（5）销售物流费。按销售量比例制定销售物流的费用预算，按费用预算控制。

（6）售后服务费。按销售量比例制定售后服务的费用预算，按费用预算控制。

（7）办公费杂费。分析历史实际发生的办公费用和各种杂费，制定费用预算，按费用预算控制。

下面将从销售费用管控方法、销售费用预算控制和关键销售费用管控三个方面具体阐述。

（一）销售费用管控方法

企业通常采用的销售费用管控方法主要是销售费用预算控制、销售费用政策控制、销售费用开支流程控制、销售费用系统控制、销售费用开支监督和奖罚等。

（1）对内。通过建立规范的流程、严谨的政策制度，在信息系统的支撑下，以预算管理为核心，激励和约束并重，设法堵住销售费用管理漏洞减少浪费，达到销售费用的管控目的。

（2）对外。强化渠道终端合作，采取开源和节流并行的措施，降低销售费用。企业对外运营的渠道和终端方面的费用占销售费用的较大部分，对其管理得当能够取得事半功倍的管控效果，关键要找到突破口，有限的费用优先用于产生增量的营销行为，如新产品的推广、新市场的开发等，当经销商的增量扩大时，其毛利自然增加，要求厂家追加费用的期望就会降低。

总之，不拘一格强化销售员提高销售技巧，开源和节流并行，降低销售费用，这才是真正向营销领域要利润，也是目前市场营销、企业营销追求的终极目标。

（二）销售费用预算控制

销售费用预算是为了实现销售收入预算所需支付的费用预算。它以销售预算为基础，需要分析销售收入、销售利润和销售费用的关系，力求实现销售费用的最有效使用。

在安排销售费用预算时，可利用量本利分析的方法测算，保障未来支出的销售费用应能获取更多的收益。销售费用预算通常是企业最早要确定的预算项目之一。

1. 销售费用预算编制

销售费用预算编制按费用习性区分，可以分为变动销售费用和固定销售费用。

（1）变动销售费用。它是随销售额的变化而变化的运营费用，为提升产品的销售量所发生的支出。比如，包装成本、按销售金额比例计入的销售佣金和运费，以及按照销售量比例计入的品牌维护费等；业务管理费、业务招待费、人员差旅费等兼具变动费用和固定特性。变动销售费用预算要以预计的销售量为基础按费用项目进行确定。费用的预算与销售收入挂钩，与销售收入预算相配合，按照产品的品种、销售区域和费用用途等进行预算。

（2）固定销售费用。它是为实现产品销售需支付的固定性销售费用的预算，与销售收入无关，是不随收入增减的变动而变动的运营费用。比如，办公室的租金、仓库租金、仓库人员的工资、广告费用和保险费用，以及人员工资中的固定部分等。以上费用预算的确定需要对以往发生的费用进行分析，并考察费用支出的必要性和效果，或采用零基预算法确定各项费用的预算数额。

因此，在进行销售费用预算之前，需要根据企业的实际情况，非常清晰地将销售费用区分变动费用和固定费用，以便于采用有效的费用预算编制方法。

2. 预算控制的流程

销售费用预算控制的流程包括销售费用预算事前控制、销售费用预算事中控制和销售费用预算事后控制。

销售费用预算控制，如图6-3所示。

销售费用预算事前控制	销售费用预算事中控制	销售费用预算事后控制
重点	重点	财务分析关键点
费用申请审核	实时费用预算控制	按部门的销售费用分析
预算超支预防	费用预算进度管理	按部门的销售毛利分析
财务分析关键点	财务分析关键点	按部门的费用利润率分析（利润/费用）
公司现金流预测	当月预算金额	按市场活动项目利润费用分析
资金管理的角度	预算使用进度、可用额度	
市场活动（项目）管理制度	特殊项目费用预算分析	

图6-3　销售费用预算控制

1）销售费用预算事前控制

事先建立各项销售费用支出的合理标准，预防销售费用超支。有不少企业将销售费用和控制放在事后，进行事后分析，虽然可以发现一些问题，但费用已经发生了。科学合理编制销售费用预算是销售费用控制第一步，销售费用项目繁多，功能不一，需要进行合理地分类并对各类费用采取不同的预算编制方法。

按照销售费用投入的功能可分为战略性销售费用、战术性销售费用和基本销售费用：

（1）战略性销售费用是通过企业的战略性资产——品牌建立方面的支出，一般采取总额控制，但需对过去发生的上述费用进行分析与评估，考察费用支出的必要性和有效性，在此基础上形成下一个期间的战略性销售费用预算，或者采用零基预算法确定战略性销售费用的预算数额。

（2）战术性销售费用是通过各种有效的促销方式组合形成的费用投入，目的在于刺激消费需求，在短期内达到快速提高销售业绩、增加企业回报。战术性或变动销售费用实行按费用率（即销售费用与销售收入的比率）或单位费用（即单位销售量的费用）进行控制，战术性或变动销售费用预算要以计划销售量为基础分费用项目进行确定，最好实行弹性预算控制。

（3）基本销售费用是维持企业的营销活动所必需的支出。基本费用或固定费用采取总额控制，对过去发生的上述费用进行分析，评估费用支出的必要性和有效性，在此基础上形成下一个期间的销售费用预算或采用零基预算法确定上述各项费用的预算数额。

待销售费用预算编制完成，经过集团审批确认后，进入到执行控制阶段，根据经验在费用发生（销售活动开始）前提交费用申请。根据申请的费用项目、金额与销售费用预算，是否在合理范围内，这样在销售费用发生前进行控制，才能有效防止销售费用预算超支，否则有可能出现，销售人员拿已经发生的费用单据报销时，才发现费用超出预算，这样将造成非常难处理的事件发生。如果同意报销，则销售费用预算超支；如果拒绝报销，导致双方关系不和。因此，建议企业采用费用管理系统实现费用的全员、全流程、全方位的管理。

2）销售费用预算事中控制

销售费用的预算控制力度不能过刚也不能过柔，太过刚性可能会影响销售活动执行和销售收入的达成，过柔的话会造成销售费用预算管理失控，影响企业利润目标的达成，销售费用预算执行控制的可采取如下措施：

（1）刚柔并济地执行预算。市场瞬息万变，尽管有良好的费用预算可屏蔽正常的市场波动，但突发事件将严重影响费用预算执行效果。因而在销售费用预算的执行中进行风险规避，不要因为费用预算的管控造成市场机会的丢失，在预算管理中需要加入柔性，即建立和完善的费用预算调整机制。原则上，短期（季度、月度）的预算宜刚，长期（年度）的预算宜柔，实现刚柔并济的预算执行机制。

（2）建立激励和约束机制。考核和奖惩是销售费用预算管理工作的抓手，没有激励和约束机制的预算形同虚设，甚至比没有预算的结果更差。科学、合理的预算考核和奖惩体系有助于减轻信息不对称对预算管理的不利影响，及时准确地揭示预算过程中出现的差异和存在的问题，达到奖勤罚懒，调动员工积极性的目的。对销售管理人员可根据销售业绩、销售费用控制和使用效果等情况综合评定奖惩。销售费用预算的考核宜先刚后柔，先刚以显示规则的严肃性，在取得成效后再显示出人性化柔的一面。

（3）加强费用预算执行过程中的信息反馈，构建及时信息反馈体系。为了提升费用预算执行的效率与效果，关键在于强化执行过程中的信息反馈机制，建立一套反应迅速的信息反馈系统。这为实现透明营销、分析现状与加强沟通奠定了基础。销售费用多发生在销售一线，而其管理行为又多发生在总部，容易造成信息的不对称，导致销售费用管理失控。通过适度授权给一线管理人员，将费用的节约、超支、使用效率与绩效挂钩、完善信息反馈体系并利用信息化系统支撑，确保销售费用管理的透明、高效与可控，从而解决信息不对称问题，促进费用管理的优化。

3）销售费用预算事后控制

销售费用的预算事后控制是对已经发生的成本差异采取的修正行为，调整或修正未来的成本支出，当实际支出超过原有预算或者标准时，不论是量差还是价差，都应该查明原因，在进行原因分析后，采取相应的改进措施。同时，事后分析的数据还可作为销售部门、销售人员的重要考核依据。

（三）关键销售费用管控

由于销售费用的种类、项目繁多，又各具特点，为了对关键销售费用的有效控制，下面简要介绍销售日常管理费用、销售人员费用和市场推广费用控制的管控方法。

1. 销售日常管理费用控制

销售日常管理费用包括实施产品销售的日常工作管理所支出的费用。比如，办公费、会议费、房屋租赁费、折旧费等。控制销售日常管理费用需要做到如下三点：

（1）分析、评估每个销售费用项目，减少不必要的费用支出。

（2）记录销售费用支出情况，定期核查。

（3）销售费用控制要适度，不可过高或过低。

2. 销售人员费用控制

销售人员开支的费用包括销售人员进行产品销售活动所花的差旅费、交通费、通信费、工资福利费等。控制销售人员的费用可采用如下方法：

（1）销售人员自行负担费用。销售主管制定佣金比例时，将相关费用支出计算在内，相当于费用承包。此方法的优点是公平一致，处理简单，能保证企业利润；缺点是销售人员行动不易控制，业务性质不同、地域不同，支出也不同，对销售人员较不公平。

（2）限额报销逐项限制法，即对销售人员所有可能的开支逐项制定一个最高限额。此方法的优点是可以合理控制销售人员的各项费用开支。

（3）总额限制法，即规定销售人员一定时期内所报销费用总额的最高限额。此方法优点是管理相对简单，缺点是有些费用很难确定限额。

（4）无限额报销逐项报销法，即不限额度允许销售人员就其所支付的费用逐项报销。此方法的优点是灵活、有效，有利于销售人员建设性地开展工作，缺点是费用控制程度较差，需要进行定期核查，比较费时。

（5）完全报销法，销售人员只需定期报告费用支出的总额，即可全额报销。此方法的优点是可以激发营销人员的责任感，缺点是只适用于能力和信用度较高的营销人员，否则可能会导致销售费用挤占利润的现象。

3. 市场推广费用控制

市场推广费用的控制是对在整个产品推广过程中所花费用的控制。市场推广费用包括如下内容：

1）广告宣传费用控制

控制广告宣传费用可以从如下三个步骤着手：

（1）第一步，以年度广告计划为依据，安排各月广告费用。

（2）第二步，合理制定各区域广告宣传费用预算，并监督这些费用的使用情况。

（3）第三步，如遇到问题，应与相关媒体、广告商协商，及时解决。

2）促销费用控制

控制促销费用是每个企业都需要重点关注的问题。过高的促销费用会影响企业的利润，导致企业在市场竞争中的劣势。企业在制订促销计划时，应该充分考虑不同的产品和市场环境，制订计划与合理的促销费用预算。企业还应该不断优化促销方式，选择合适的推广渠道，并对目标消费者进行精准地推销，时刻监控市场的变化，及时更新促销计划，避免在促销方案上花费过多。企业应避免过度的促销，依靠长期的持续营销活动，为企业带来更高的客户价值，实现企业良性循环的发展。正确的促销策略，能够有效地提高企业的销售额和市场占有率，但也要掌握好促销费用的控制。促销费用管控可以采用如下方法：

（1）根据产品特性制订促销计划。企业在制订促销计划时，应根据不同产品的特性制定不同的方案。对于昂贵的高端产品，采用更精细的推销方式，在对消费者的需求与要求有充分考虑的情况下，不断升级产品的品质与服务，以提高产品的附加值，来满足目标消费者的需求，并在制订计划时，考虑到了市场的竞争性，以此来提高企业的市场影响力。而对于一些普及型产品，则可以采取一些大规模的促销手段，如在超市开展促销、赠送样品或者采用“满额送”等促销方式，刺激消费者的购买欲望，以提高产品的销售量。

（2）严格的促销费用预算管理。在制定促销费用预算时，企业要对可能的开销进行估算，从而制订出实际可行的预算计划。促销活动的预算费用应控制在企业总预算的一定比例之内，否则企业的负债压力将会增加，对企业的经营压力加大。企业在促销费用的预算总额内，还需要细化各项花费，要考虑到预算的合理性，并在实际执行中，进行动态调整，及时修正计划，控制企业的促销费用支出。

（3）选择合适的促销渠道。企业在推广产品时，应该根据目标市场群体选择合适的宣传渠道，通过选择合适的渠道，能够让更多目标消费者了解到产品，并对其产生兴趣，以提高企业的销售额。

（4）优化促销方式。企业在制定促销方式时，应该充分考虑到每一步的操作方法，并不断地优化。比如，在制作折扣手册或宣传印刷品的尺寸方案时，要考虑到印刷工艺是否能够确保成品的质量，制作成本是否适宜，并采用适当的广告规范格式。

（5）持续更新促销计划。企业在长期的销售过程中，要时刻监控市场环境的变化，及时更新促销计划，以使促销方案始终符合市场和目标客户的需求。如果促销计划缺乏针对性，就很难达到促销的预期效果，造成企业的浪费和亏损。

（6）合理控制促销对象。在制订促销计划时，企业需要明确目标客户群体，以此选择合适的促销方式，并进行精准的促销。不具针对性地吸引客户，客户会对企业的运营产生消极的影响，造成企业收益的损失。

（7）尽量避免过度促销。过度的促销可能会为企业带来大量的临时销售额，但是这种促销方式是不可持续的，过度促销可能导致部分消费者对自己购买行为的评价受到质疑，并会对企业产生不信任的态度。此外，过度促销还会导致客户的需求期望提高，而未来企业向这些消费者的销售可能会变得困难。

总之，企业应该在制订促销计划时，充分考虑到不同产品的特性和市场环境，制定促销活动方案并测算促销费用，在此基础上制定合理的促销费用预算。不断优化促销方式，选择合适的推广渠道，对目标消费者进行精准促销。同时，及时更新促销计划，并通过制定合理的策略来吸引促销对象。最终，企业应该尽量避免过度促销，以确保企业长期稳定和健康地发展。

3）市场辅助用具费用控制

市场辅助用具费用的控制应注意以下三个方面：

（1）依据区域情况的不同，分配相应的市场辅助用具。

（2）根据市场的销售情况，合理分配费用数额。

（3）设置专人定期检查辅助用具使用情况。

四、销售费用核算与分析

为了确保销售费用的精准管理、精细核算及有效分析，成本费用管理人员需与销售管理部门及销售管理人员紧密合作，依据企业的实际情况与管理需求，精心设计销售费用的明细科目体系。关于销售费用分析的有效方法与逻辑，应遵循以下步骤：明确销售费用目标、把握业务核心、梳理分析路径与销售KPI指标分析。

1. 销售费用核算

销售费用明细科目建议按三级科目规划，见表6-1。

表6-1 销售费用核算科目体系

一级科目	二级科目	三级科目	一级科目	二级科目	三级科目
销售费用	销售人员薪酬	基本工资	销售费用	广告费用	广告策划费用
		销售提成			广告制作费用
		奖金及特殊奖励			媒体费用
	业务费用	业务招待费		售后服务费用	消耗材料费用
		差旅费			客户损失赔偿费
		办公费			差旅费
		培训费			客服人员费用
		销售折扣			场地租赁费
		坏账损失			维修设备折旧费
	公关费用	公关公司费用		销售物流费用	库存费用
		赞助费用			包装费用
		庆典活动费			运输费用
		公关人员报销			装卸费用
		会议费		其他	…

销售费用的三级科目体系可以规划如下：

（1）一级科目。根据会计制度设定。

（2）二级科目和三级科目。不同企业根据各自情况有所不同，这将有利于销售费用的精细化的预算、核算、控制与分析。比如，二级科目根据销售费用的特点与管理要求细分，如销售人员薪酬福利、业务费用、公关费用、广告费用、售后服务费用与销售物流费用等；三级科目在二级科目下再根据管理需求进行细分。

销售费用核算相对简单，当销售费用发生时、分摊、预提时，会计分录如下：

借：营业费用（或称销售费用）——×××

贷：银行存款/待摊费用/预提费用等科目

2. 销售费用分析

销售费用分析能帮助企业深入了解营销活动的成本效益。它主要通过对销售费用结构分析、销售费用使用效果分析、销售费用控制分析和可控性分析，来审视企业销售费用的构成，分析销售费用支出，决定费用的控制层次，综合考虑其销售费用的有效性等，以期有助于提高营销活动投入产出的效率，增加企业收入和利润。销售费用分析主要包括如下内容：

（1）分析销售费用的各项构成。如广告费、销售推广费、促销费等，分析各项费用构成析比例，发现各项费用的走向。

（2）分析销售费用的支出效果。比如，是否达到计划的销售效果，是否达到经济效益的最大化，及其销售费用的有效性分析。

（3）分析销售费用控制的层次。主要包括实施营销活动预算编制、实施营销活动的运行监控、销售费用的费用核算等。

（4）分析企业销售费用的可控性。比如，通过因果关系分析来控制销售费用。

成本费用管理人员如果能对销售费用进行既准确又高效的分析，就能帮助提升投入产出效率，增加企业收入和利润。所以，销售费用分析不仅仅是罗列一堆数据那么简单，更重要的是要从这些数据里找出未能达成预期目标的项目，与销售管理人员挖掘没有达成目标的根本原因并及时调整与采取有效措施，使营销策略不受影响或将影响减至最小。

3. 销售费用分析思路

在做销售费用分析和财务分析时，业务实质始终是分析的核心，准确的数据是分析的基础。通过对销售相关的数据值、百分比、变动趋势分析，来寻找变化原因，并提出相关建议。

销售费用分析思路，如图6-4所示。

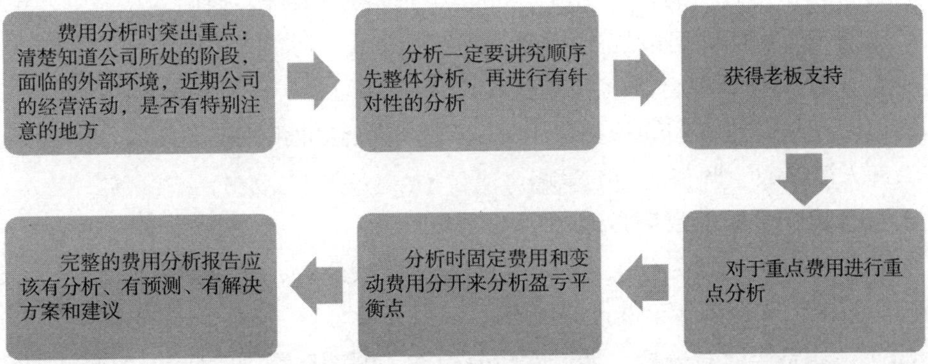

图6-4 销售费用分析思路

销售费用分析可以参考如下分析要点：

（1）销售费用分析时要突出重点。清晰了解企业所处的阶段、面临的外部环境、近期的经营活动中需要特别注意之处。这样带着问题进行分析，对容易出现超标且不好控制的费用进行针对性分析，在管控中把握近期需要进行调整的费用和调整策略分析的效果。

（2）销售费用分析一定要讲究顺序。先整体分析，查看费用占收入的比例，对比费用占比与销售费用预算、固定费用与销售费用预算、费用前后月份与去年同期，以及费用的发生部门是否存在异常等，再针对整体初步发现的较大问题作针对性分析。切记不能没有重点、全面地进行分析。

（3）获得老板支持。一般情况，市场营销部门是老板主抓的部门，在规模不大的企业甚至老板兼任营销总裁。由于市场多样性、变化大，营销管理人员通常以此为由，为追求业务活动的灵活性而漠视企业的既定规则，给销售费用的管理与分析带来困难，只在老板支持下，才能有效开展工作。

（4）对于重点费用进行重点分析。针对主要项目、大型活动，在项目预算管理制度中，要对比分析实际的费用和预算是否有差异、活动是否达到预期效果，此时分析不一定局限于费用，还可以掺入活动效果的评估与相关验证等。因为财务在各方面都是相通的，在做分析时应尽可能结合全部相关的财务因素进行分析，确保使相关的部门管理层了解全貌。

对于大型营销活动的营销费用的管控，需要建立一个项目信息评估、项目过程支持、项目费用控制、业绩考核与事后项目分析的良性循环。通过该循环可以提高项目的鉴别能力、运作的能力、项目的成功率和项目费用的使用效率，可以为销售费用管理的制定提供依据，对销售费用的使用效果进行评估，进而调整费用管理政策。

在做销售费用分析时，一切营销活动均围绕客户展开，根据二八原则，企业通过将销售费用真正用在可以提高市场份额、带来更大利润的重点区域和客户上，因此要把销售费用分析融合到客户的长期价值的管理之中。重点分析包括为争取客户、提供服务与留住客户的一切费用开销与客户为企业带来的全部收益的关系，以便于管理人员采取、调整恰当的策略。

4. 销售费用分析的常见方法

销售费用分析的常见分析方法有销售费用比较分析、销售费用多维分析、销售费用预测分析，以及盈亏平衡点分析等。

（1）销售费用比较分析。通过比较分析，了解销售费用的变动趋势，以及销售费用对产品销售额与销售量的影响，便于及时发现问题，调整销售费用管控策略，如表6-2所示。

表6-2　销售费用比较分析

销售费用分析目的	1. 了解销售费用变动与销售情况变动趋势的对比分析，及时发现异常费用； 2. 了解实际发生的费用和预算差异，及时发现问题，调整管控策略
销售费用分析报表	1. 销售费用变动趋势分析； 2. 销售费用与产品销售额对比分析； 3. 销售费用与销售量对比分析
销售费用分析的相关数据	1. 当月数、季度数、年度累计数； 2. 预算同期、去年同期环比

销售费用比较对象，通常是当月数、季度数、年度累计数与预算同期、去年同期进行对比，罗列相关数据后计算出差额。差额有两个概念，绝对金额和差的百分比法，若存在差异，要对该差异进行分析，找到解决的方案。

（2）销售费用多维分析。通过对产品、区域、销售组织与客户等多维度的销售费用分析、实现销售毛利率分析，及时发现问题，调整销售费用投放的决策，如表6-3所示。

表6-3　销售费用分析与决策

销售费用分析目的	1. 哪个区域投入产出比较高？哪种促销模式 / 宣传渠道效果好？分析收入增幅和费用的增幅的差哪些是异常的？ 2. 对具体问题的分析采用交集原则和重要性原则并存方法揭示异常情况
销售费用分析报表	多维分析，如按产品、区域、销售团队、客户混合维度销售费用分析表
销售费用分析的相关数据	1. 毛利率分析； 2. 价量价格分析

销售费用分析就是看哪个地区的投入产出更高效，还有哪种促销模式或宣传渠道最能带来好结果。以大型促销活动为例，选取若干大型促销活动作为案例，分析其收入增长的幅度与费用增长的差异，识别并理解异常点。特别是那种只能保持销量不变，对收入大涨没什么帮助的促销和宣传，须想办法在不减销量的前提下，换个渠道把费用降到最低。同时，挖掘并分析那些能有效吸引潜在消费者、产生积极效果的费用支出与宣传策略。在分析过程中，结合交集原则与重要性原则，揭示异常情况。

（3）销售费用预测分析。通过销售费用预测分析，找出可能发生的异常的费用支出，及时发现问题，调整营销策略和管控方案，如表6-4所示。

表6-4 销售费用预测分析

销售费用预测分析目的	1. 基于年度目标了解费用发生的可能性预测； 2. 及时发现问题，调整营销策略和管控方案，确保不出现大的差异和漏洞
销售费用分析报表与方法	1. 年度剩余余额分析方法； 2. 运行效率分析方法； 3. 三个月平均分析方法（当月度金额变动较大时）
销售费用预测的相关数据	可按比较或者分析所用维度分类

基于滚动预测的分析，若第一季度的费用分析情况不理想，可从下一月起多完成销量、少花费费用等将第一季度未完成的指标分解到后三个月或后三个季度来完成。

（4）盈亏平衡点分析。盈亏平衡点分析的关键是变动成本和固定成本的划分，即变动成本中包括销售和管理费用中变动的部分，属于决策考虑的维度，根据过去实际的业务做估算，允许有误差。从保本销售量的维度分析是否值得投资需要考虑：一是预测未来的销售量是否能保本；二是根据实际市场情况，若能保本能获得哪些机会；三是判断达到保本销售量需要的时间，是否是企业能接受的期间；四是否与企业的战略规划相符合等。

根据利润率水平和总的利润贡献额也可衡量投资的必要性。若相关费用政策需要进行调整，则需分析该调整对下个月度利润的影响等。

（5）完整的费用分析报告应该有分析、有预测、有解决方案和建议。销售费用分析报告主要是在全面审视当期（本月）费用支出情况，并将其与去年同期及年初至今的累计费用进行对比，同时参照预算标准进行分析。报告首先呈现所有当月费用的实际发生结果，详细对比与去年同期及预算的完成情况，分析得出的差异性有无和多少。分析的核心在于分析各项费用的超支情况，包括固定费用、变动费用、战略性费用、战术性费用和基本费用，评估这些费用预算的合理性。通过对各类费用的差异进行对比分析，才更容易地找出问题症结和关键所在，为后续提出改善措施和解决方案提供更具针对性和价值的依据。

5. 销售 KPI 指标分析

销售 KPI（关键绩效指标）指标体系的设定是管理思想体现的一部分，所有的销售费用开支取得的效果与销售费用的管控均可以纳入销售 KPI 体系中。对销售费用的使用、节约与超支要有奖有惩，对销售费用的投入产出比也要有奖有惩，确保销售费用管控的思路对销售或营销行为起到引导作用。不同的企业根据自身不同状况、管理要求有不同的指标，找出驱动因素让 KPI 有意义，可以定期评估、追踪指标驱动的方向和效果，具体可以参考如下方法：

（1）根据管理区域的不同，设置各地的标准也不同。

（2）指标体系设计要结合历史数据、企业现状和未来发展趋势。

（3）销售额、销售利润实现的评价用相对的增长比例，一般不要用绝对值。

（4）指标体系还可纳入收款质量、货款回收率、所管辖区域的平均付款条件、应收账款坏账率和对现金流的影响等。

（5）对销售总监或区域销售总监增加两项指标：一是否能以最小的花费带来最大的利润；二是对各种活动质量和成本效益的把控的指标等。

第四节　售后成本管控

售后成本是指在产品销售后，为了维护和提升客户满意度，解决产品问题和满足客户需求而产生的成本。下面主要介绍产品售后服务成本管理、产品售后成本支出控制和产品售后成本支出分析等。

一、产品售后服务成本管理

产品售后服务成本包括了多个方面，如人工、备件、运输、客户支持、场地租赁、设备购置、行政费用和培训费用，以及其他成本支出等。

1. 售后服务人工成本

售后服务的人工成本是为提供售后服务而支付给员工的工资、福利和相关费用，人工成本是售后服务成本的主要组成部分，通常占据较大的比例。为了有效控制人工成本，企业需要合理安排人员数量的和结构，提高员工工作效率，同时注意员工培训的技能提升，以提高服务质量和效率。

2. 售后服务备件成本

售后服务的备件成本是为了提供售后服务而采购的零部件和配件的成本，这些备件是维修和更换产品所需的重要原材料，通常需要储备一定数量的库存以应对客户需求。为了控制备件成本，企业需要精确预测客户需求，合理安排备件库存，同时与供应商建立长期合作关系，以获得价格优惠和稳定的供应。

3. 售后服务运输成本

售后服务的运输成本是为提供售后服务而产生的运输费用，包括货物的运输费、保险费和仓储费用等。为了降低运输成本，企业可以选择物流合作伙伴，协商合理的运输费用和运输时间，同时优化仓储布局，提高仓储效率。

4. 售后服务客户支持成本

售后服务的客户支持成本是为解决客户问题和提供咨询服务而产生的成本，这些成本包括电话支持、在线语音、远程协同、邮件回复等费用。为了控制客户支持成本，企业需要提高客户支持人员的专业技能，优化服务流程，同时采用多渠道的客户支持方式，如自助服务、社区论坛等，以分流客户问题并降低人工支持成本。

5. 售后服务场地租赁成本

售后服务的场地租赁成本是为提供售后服务而租赁办公场所、仓库等场地的费用。为了降低场地租赁成本，企业可以选择合适的租赁场所，优化办公布局和仓储空间，同时与房东建立长期合作关系，以获得价格优惠和稳定的租赁环境。

6. 售后服务设备购置成本

售后服务的设备购置成本是为提供售后服务而采购的设备和工具的成本，这些设备是提供售后服务所必需的，包括维修工具、检测设备、办公设备等。为了控制设备购置成本，企业需要精确预测设备需求，合理安排采购计划，同时与供应商建立长期合作关系，以获得价格优惠和稳定的供应。

7. 售后服务行政费用

售后服务的行政费用是为管理和协调售后服务活动而产生的费用，包括办公用品、差旅费、会议费等。为了降低售后服务的行政费用，企业需要优化售后服务管理流程，提倡勤俭节约，同时合理安排出差和会议计划，降低不必要的支出。

8. 售后服务培训费用

售后服务的培训费用是为售后服务员工提供售后服务技能和知识培训而产生的费用，这些费用包括培训课程、教材和讲师费用等。为了控制培训费用，企业需要合理安排培训计划，选择合适的培训课程和教材，同时鼓励员工自我学习和提升，以减少培训需求和成本。

9. 售后服务其他成本

售后服务的其他成本是指除上述成本之外的售后服务成本，包括市场推广费用、设备折旧费用、税费等。为了控制售后服务的其他成本，企业需要全面了解售后服务成的构成，制定相应的管理制度和控制措施，同时注意节约开支和提高效率。

二、产品售后成本支出控制

在提供高质量产品的同时，出色的售后服务也是提高客户满意度和保持竞争力的关键。下面是培训、运输、物流、零配件、客户服务、维修和更换、退换货处理、质保和保险、客户满意度反馈，以及服务质量提升等方面进行产品售后服务成本控制的措施与方法。

1. 加强对售后服务人员的培训和支持

提供全面又详细的售后服务培训，包括电话咨询、在线咨询和邮件咨询，以满足客户的各种需求。培训内容一定要包括产品特点、使用步骤、常见问题及对应的解决方案，以提高客户自助解决问题的能力。针对不同客户群体，开展定制化的培训课程，确保培训效果与成本控制的平衡。

2. 优化物资运输和物流网络

优化物资运输和物流网络，选择合适的运输方式以降低运输成本。通过合理安排库存、提高库存周转率，减少库存积压，降低仓储成本。同时，确保物流信息准确，及时更新，提高物流时效性，以提升客户满意度。

3. 加强零配件管理

建立零配件管理系统，对易损件和常用配件进行集中管理。通过定期盘点和及时采购，确保配件库存的充足，与供应商建立长期战略合作关系，保证配件供应的稳定性和价格优势。同时，对更换下来的旧配件进行专业处理，以便循环利用或回收。

4. 加强客户服务

提供 7×24 小时的客户服务，确保客户在遇到问题时能够及时得到解决。建立专业的客户服务团队，培训客服人员具备良好的沟通技巧和快速解决问题的能力，通过电话、在线聊天、邮件等多种渠道收集客户反馈，对客户需求进行深入了解，不断提升客户体验。

5. 改善维修和更换

建立完善的维修和更换服务流程，确保客户的售后服务需求得到及时的响应。培训维修人员具备专业技能，提高维修效率和成功率，针对无法维修的情况，为客户提供更换选项，减少客服的时间和精力成本。同时，定期对维修和更换服务进行评估和监督，以确保服务质量的稳定与提升。

6. 规范退换货处理流程

制定规范的退换货流程，确保客户的退换货需求得到合理解决。对于符合退换货政策的产品，为客户提供便捷的退换货渠道。同时，对退换货产生的物流费用和时间成本进行合理控制，以提高客户满意度。在处理退换货过程中，注意保护企业声誉和客户隐私。

7. 完善质保和保险服务

提供质保和保险服务可以增加客户的信任度，提高产品竞争力。针对不同的产品特点和使用场景，提供相应的质保期限和保险种类，通过与保险公司合作，为客户提供价格优惠的保险服务，同时降低企业的售后风险。

8. 建立客户满意度反馈

定期收集客户满意度反馈，了解客户对售后服务的评价和建议，通过问卷调查、电话回访等方式收集客户信息反馈，并对反馈数据进行分析，以发现潜在问题并采取改进措施，将客户满意度作为售后服务质量改进的重要参考依据。

9. 提升服务质量

关注服务质量提升，不断优化服务流程。定期组织内部培训，提高客户服务人员的专业素养和服务意识。同时，通过引入先进的技术手段和管理方法，提高售后服务工作的效率和准确性，针对服务中存在的问题，及时调整策略并采取改正措施，以不断提高客户满意度和忠诚度。

三、产品售后成本支出分析

优质的售后服务能提升企业品牌形象、增强客户忠诚度。然而，优质的售后服务往往伴随着不菲的成本支出。因此，对产品售后服务成本进行全面、细致地分析，并据此制定成本优化策略，对于企业的可持续发展至关重要。产品售后成本分析包括：产品售后成本构成比例分析、产品售后成本趋势分析、产品售后成本与行业平均水平（或竞争对手）比较分析等。

1. 产品售后成本构成比例分析

分析产品售后成本的主要组成部分，对各部分进行了占比分析和对比，对占比大的费用项目进行重点跟踪，进行有效管控，如图6-5所示。

通过每月、全年的产品售后成本构成占比分析，可以直观发现影响产品的售后成本的重要项目，如备件成本、运输成本与支持成本等占比大，应视作重点管理项目。

2. 产品售后成本趋势分析

通过对过去期间的售后成本数据进行分析，快速发展各项成本变化的趋势，包括增长、下降趋势或异常情况，并分析原因，并采取相应措施，如图6-6所示。

20×1年售后服务成本分析

单位：万元

售后成本项目	一月	二月	三月	四月	五月	六月	七月	八月	九月	十月	十一月	十二月	小计
人工成本	60	50	52	51	55	53	58	52	53	52	51	52	639
备件成本	130	100	110	120	125	130	128	132	125	128	132	130	1 490
运输成本	80	60	70	75	80	78	82	85	83	86	83	88	950
支持成本	50	50	55	53	55	68	70	73	55	53	52	55	689
租赁成本	60	50	52	51	55	53	58	52	53	52	51	52	639
设备折旧费	30	32	32	31	35	36	32	35	36	33	35	38	405
行政费	25	22	26	28	30	29	27	30	32	28	29	32	338
培训费	15	10	20	20	18	17	19	20	16	15	17	20	207
其他售后费	12	10	15	13	13	12	12	15	16	12	15	16	161
售后成本合计	462	384	432	442	466	476	486	494	469	459	465	483	5 518

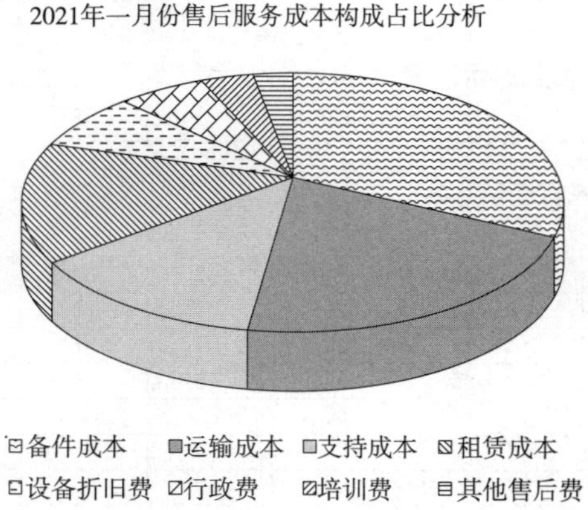

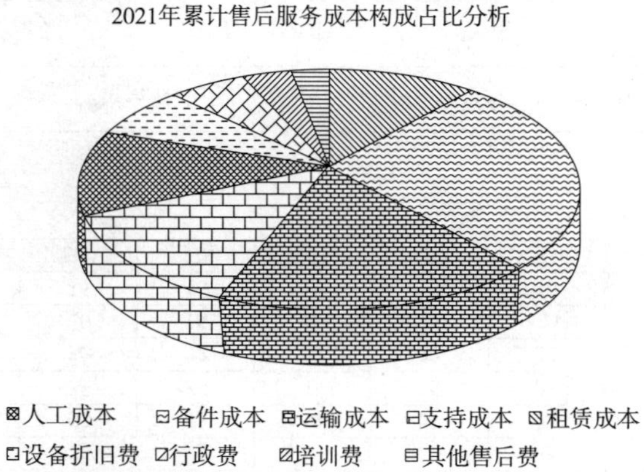

图 6-5　产品售后成本构成占比分析示例图

20×1年售后服务成本分析

单位：万元

售后成本项目	一月	二月	三月	四月	五月	六月	七月	八月	九月	十月	十一月	十二月	小计
人工成本	51	50	52	51	55	53	75	58	62	61	63	68	699
备件成本	95	100	110	120	125	130	128	132	125	128	132	130	1 455
运输成本	80	60	70	75	80	78	82	85	83	86	83	88	950
支持成本	50	50	55	53	55	68	70	73	55	53	52	55	689
租赁成本	60	50	52	51	55	53	58	52	53	52	51	52	639
设备折旧费	30	32	32	31	35	36	32	35	36	33	35	38	405
行政费	25	22	26	28	30	29	27	30	32	28	29	32	338
培训费	15	10	50	50	18	17	19	20	16	15	17	20	267
其他售后费	12	10	15	13	13	12	12	15	16	12	15	16	161
售后成本合计	418	384	462	472	466	476	503	500	478	468	477	499	5 603

20×1年售后服务各项目成本变动趋势分析

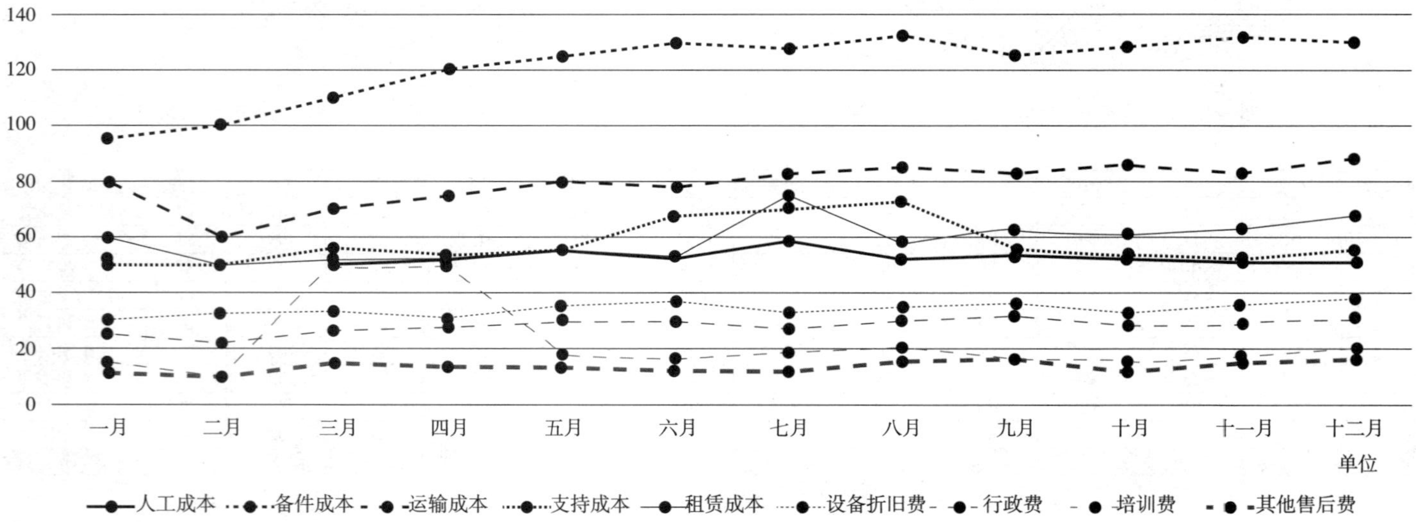

图 6-6　售后成本趋势分析示例图

3. 产品售后成本与行业平均水平（或竞争对手）比较分析

通过与行业平均水平（或竞争对手）比较分析，可以发现降低售后成本与提升满意度的空间，如图6-7所示。

20×1年售后服务单位产品与行业平均水平(竞争对手)成本比较分析　　单位：万元

售后成本项目	一月	二月	三月	四月	五月	六月	七月	八月	九月	十月	十一月	十二月	小计
A公司	520	510	520	530	550	520	560	530	580	550	590	595	6 555
行业水平	550	535	552	555	551	552	556	551	557	553	558	560	6 630
竞争对手	500	490	510	520	525	510	520	515	530	525	550	552	6 247

20×1年售后服务单位产品与行业平均水平(竞争对手)成本比较分析

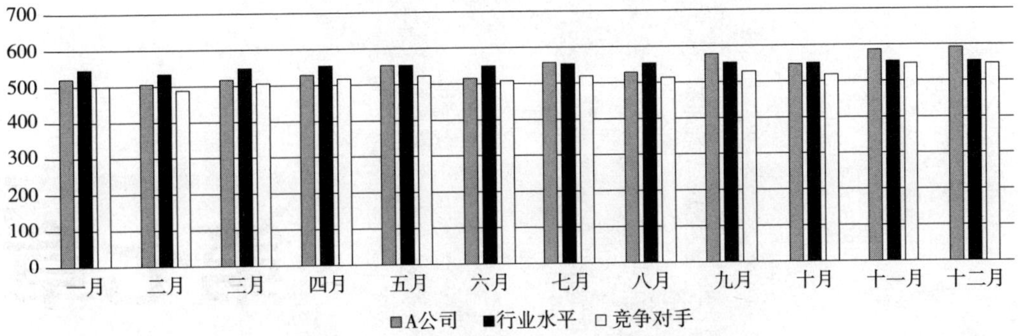

图6-7　企业产品售后成本比较分析示例图

总之，通过不同角度、多种方式对产品售后成本进行有效分析，有利于及时发现售后成本的管理问题、与行业平均水平、竞争对手的差距，探寻原因，及时采取改进措施。

07

第七章

装备制造企业成本管控

装备制造企业所生产的产品生产组织过程都非常复杂，如矿产资源开采设备、石油化工成套设备、电力成套设备、船舶、地铁、航空航天、军事装备等，主要是通过按单制造、非标制造、项目制造等模式进行，而这些生产组织模式与最终消费品制造业的生产组织模式极为不同。比如，最终消费品制造业的大多数产品可以进行批量化、流水线生产，而装备制造业的产品则要按单制造、非标制造，制造模式中存在大量的定制化采购、定制化设计、定制化生产组织、定制化装配工作，以及过程中的技术工艺变更、生产计划调整等，生产经营管理非常复杂。特别是在装备制造向智能化、系统化发展的当代，个性化定制使得高端装备制造业从传统模式走向以客户为中心的定制化时代。如何既满足高端定制化需求，又能有效地管控成本、提高市场竞争力是装备制造企业需要面对的问题。

为避免重复，本章将着重从装备制造行业成本管控体系设计、装备制造企业成本管理逻辑、装备制造企业成本管控实践等方面进行阐述，希望能起到抛砖引玉的作用。

第一节　装备制造企业成本管控体系设计

装备制造企业通常是生产大型设备的企业，如重型设备、飞机、轮船等企业。大型装备制造周期长、产品零部件多，且通常是非标产品、存在边设计、边生产，生产组织非常复杂；非标产品涉及的报价要素多，需要多部门协同完成，是典型的需要进行项目管理型企业。由于装备制造企业的这些特点，成本管理非常复杂，需要从多个维度进行成本核算、管控与分析。比如，大型设备的整机制造按项目来管理，就需要在财务成本管理上建立项目型财务成本管理体系，按项目进行设备采购、生产、销售与售后的全过程管理。然而，大型设备的耗材零部件通常是通过离散制造模式组织生产的，因此，在财务成本管理上又需要按离散制造模式进行管理。

一、装备制造企业特点

装备制造的企业特点主要有：

（1）装备制造企业是资本密集型企业。装备制造业企业发展需要投入很大的资金。其厂房成本、设备成本、材料成本、研发成本和人力成本等支出巨大，投资规模动辄上亿元，甚至上百亿元也是常见的。

（2）装备制造企业也是技术密集企业。装备制造业的生产过程对技术和智力要素的依赖远超于其他企业。产品技术含量高、生产工艺精密、组织过程复杂，对研发水平、技术实力、知识产权投入方面的要求都很高。

（3）装备制造企业又是劳动密集企业。装备制造业需要投入大量人力参与产成品的制造过程。比如，最终消费品制造业的产品多可进行批量化、流水线生产，而装备制造业几乎不存在由少数几个工人看管数条生产线便可以使生产过程运转顺利的情况。

（4）装备制造生产组织过程复杂。装备制造基本上通过按单制造、非标制造、项目制造等模式进行的，这些生产组织模式与最终消费品制造业的生产组织模式极为不同。

（5）定制化是装备制造业一大特征。在按单制造、非标制造或项目制造的模式中存在着大量的定制化采购、定制化设计、定制化生产组织与定制化装配工作，以及过程中的技术工艺变更、生产计划调整等事项。

（6）高端装备制造存在边设计、边生产。我国高端装备制造业受人才、技术、设计、投资开发条件等方面的制约，产品设计和制造分属不同部门，边设计、边生产现象普遍存在，项目变更频繁严重影响项目成本的管控。

（7）装备制造BOM结构复杂。装备制造业的产品是通过大量零部件组装、装配成成品。其特点表现为：离散性、物料种类数量多、人工参与度高等。一个产品（订单）常常分解成很多个加工任务，而每一个加工任务只需要很少的资源就可以完成，但零件从一个工作环节到另一个工作环节需要依照不同环节加工任务要求。这种混合生产会造成标准难制定、生产数据多、数据维护工作量大、经验依赖性强等管理难点。

二、装备制造企业成本管理现状

装备制造企业成本管理存在的问题主要包括：

（1）观念淡薄。管理层更重视销售和产品线扩张，轻视成本管理，未将其纳入战略考量，且错误地认为成本管理仅是财务职责。

（2）全过程管理缺失。只注重生产阶段的成本控制，忽视研发、采购、销售等全过程管理。

（3）管理手段落后。依赖传统财务数据，信息技术应用不足，导致成本管理效率低下。

（4）基础薄弱。管理系统投入少，信息化建设不足，信息传递依赖人工，ERP

系统使用受限。

（5）体系不完善。仅关注生产阶段的成本控制，缺乏全面覆盖的成本管理体系。

（6）方法陈旧。沿用粗放型管理，未适应市场和企业发展变化，缺乏全生命周期的成本管理。

（7）考核制度不健全。成本考核主要依赖利润指标，无法全面反映成本控制情况，影响整体成本管理。

三、装备制造企业成本管理重点

由于装备制造项目的产品生周期长、业务复杂，因此企业的管理难度比较大，提升装备制造业的管理水平需要抓住如下方面：

（1）提高运营效率，健全计划、预算、核算体系。通过集成业务财务信息系统，加强计划预算体系，提高效率，改善财务状况。

（2）加强项目管理，实现产品全生命周期管理。根据装备企业管理和产品特点，借助信息化优化管理，整合资源，发挥整体优势。

（3）加强研发管理，保持技术创新。通过信息化推动研发模式创新，更好地与研发协作、知识共享、专利管理和数据管理。

（4）利用精益管理思想，有步骤地提升内部管理水平。精益管理是一个持续改进的过程，利用精益管理思想不断寻找改进的机会，优化流程，提高管理效率。

（5）加强产品建造和提供完整服务能力。装备企业不仅成为产品、模块的供货商，同时成为专业化的工程服务企业。

（6）实现研发体系、内部流程活动、产品执行过程整合。实现PLM系统、ERP系统和project项目管理工具，以及其他各信息系统的整合，实现企业内部活动的高效运行。

装备企业的业务管理重点，如图7-1所示。

落实好这个六个方面的工作，将有利装备制造业管理水平的大幅提升。同样，财务成本管理工作需要与业务管理进行融合，实现全员、全方位、全价值链的成本管理。

四、装备制造企业成本管理体系

企业成本管理的工作重点通常放在成本核算与成本分析环节，而更优秀的企业则致力于构建全员参与、全面覆盖、全程跟进的成本管理体系。它们不仅进行成本核算与分析，还注重成本规划与预算，以及通过目标成本管理监控成本的异常波动，分析原因并迅速采取改善措施。

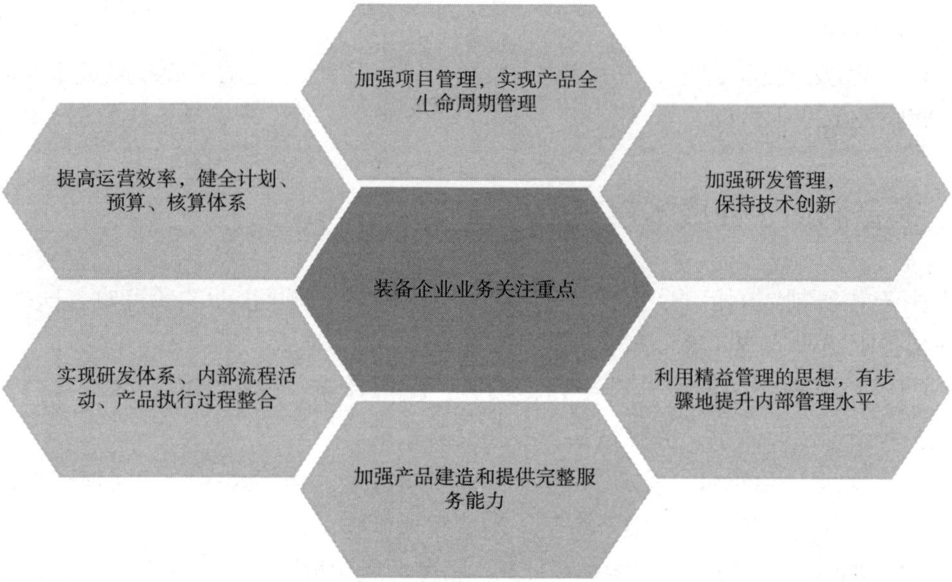

图 7-1 装备企业的业务管理重点

成本管理体系一般包括：全价值链成本管理、事前事中事后闭环成本管理、全过程成本监控等。

1. 全价值链成本管理

装备制造业的全价值链包括纵向产品价值链和横向项目价值链。装备制造业全价值链成本管理也包括两个维度，即纵向实现从产品设计、物料采购、物料仓储、产品生产到售后服务全价值链的成本核算、控制与分析；横向实现从项目报价、项目定义、项目实施、项目安装验收到售后服务的项目价值链的成本核算、控制与分析。

2. 事前事中事后闭环成本管理

要想实行成本管理，需事前计划、事中控制、事后分析与考核。事前，根据经营计划与预算分解，确定目标成本；事中，监控实际成本与目标差距，建立考核机制，促进全员参与控制；事后，分析目标达成情况，对成本异常进行例外管理，找出原因并迅速改善，落实成本管理责任，形成闭环控制系统，动态调节以降低全价值链总成本。

装备制造企业的成本管理体系设计思路，如图 7-2 所示。

（1）产品设计目标成本。由于产品总体成本主要由设计方案所确定，因此实施对设计方案的目标成本管理是成本控制的第一步。

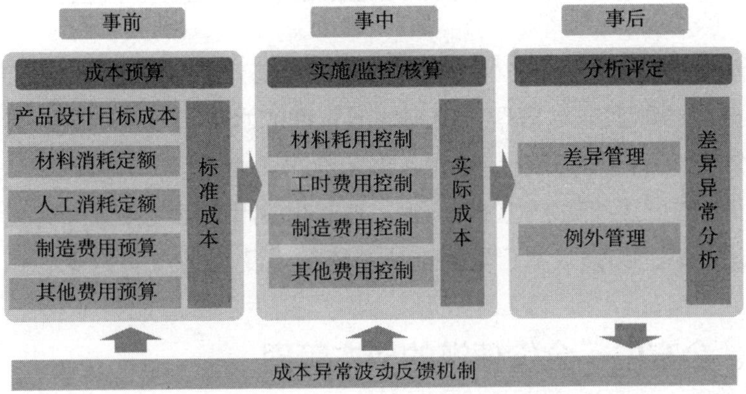

图 7-2　装备制造企业的成本管理体系设计思路

（2）材料耗用定额。在准确完整的产品物料清单条件下，制定完善的工艺设计机制，保证作为标准成本数据材料耗用定额的优化和准确。

（3）材料耗用控制。严格按材料定额和生产计划领料，对因最小包装或下料手段限制不能实现与定额数量一一对应时，须进入借料调拨管理程序对多领料部分进行控制。

（4）人工耗用定额。根据加工工艺条件（设备参数、工装夹具等）确定产品的标准工时，它是特定产品占用特定生产资源的完全时间（周期），作为产能平衡和生产调度的基础数据。该时间数据由劳资部门根据财务核算数据确定与之对应的费用数据后，作为标准成本数据的工时定额费用使用。

（5）工时费用控制。将工时定额的时间概念作为控制的基础，工时费用仅为此单位时间对应的资源耗用费用。

（6）成本分析评定。对过程数据分析、评定，是实施成本管理过程控制的重要内容。需完善组织、方法和要求，以保证整个控制过程的完整和有效。

3. 全过程成本监控

成本管理人员动态地监控企业经营活动的全过程成本，包括项目投标时的成本估算、项目启动时的成本预算、项目执行过程的实际与预算偏差分析、项目执行过程的变更对成本影响分析，以及项目结束的项目成本与项目收益评估。通过项目的全过程的成本监控，保证成本数据及时和真实性，为企业经营决策提供有力的数据支持。

第二节 装备制造企业成本管控逻辑

为降低装备制造产品的成本，提高企业的经济效益，提升企业的市场竞争力，装备制造企业需要加强成本管理，提高成本管理的水平和效果。下面借鉴优秀装备制造企业成本管理的逻辑思维，努力实现：全员、全方位、全价值链的成本管理，以市场开发为导向的目标成本控制机制、零部件采用通用化和标准化设计，建立完善的成本管理体系，加强成本管理数字化系统的建设。

一、全员、全方位、全价值链的成本管理

装备制造项目是按单制造（或按单设计）、非标制造、项目制造，特别是在装备制造向智能化、系统化发展的当代，个性化定制使得高端装备制造企业从传统模式走向以客户为中心的定制化时代。在既要满足高端定制化需求，又要有效管控成本的前提下，装备制造企业要提高成本管理的效果，需要将从生产阶段的成本管理转向全员、全方位、全价值链的成本管理，主要内容如下：

（1）在项目筹划阶段（或销售阶段）。成本管理人员需要协同规划（或销售）人员、技术人员进行项目的可行性研究、建设准备、建设实施、投产运营等全过程的成本估算、成本测算、成本评估等成本管理工作。

（2）产品设计阶段。成本管理人员需要协同产品研发人员进行产品设计、产品开发和产品生产工艺过程的成本优化等成本管理工作。

（3）在材料采购阶段。成本管理人员需要协同采购人员完善原材料及辅助材料的采购流程、方式优化、价格控制、供应商管理、质量保证等成本管理工作。

（4）在产品生产阶段。成本管理人员需要协同生产工艺人员与生产管理人员优化生产准备、制定原材料消耗定额和工时定额、技改降耗、优化生产工艺流程等成本管理工作。

（5）在产品售后阶段。成本管理人员需要协同销售与售后服务人员进行产品销售、售后服务、客户管理等成本管理工作。

（6）在生产经营过程中，成本管理人员需要协同质量、安全管理人员最大程度降低安全和质量事故损失等成本管理工作。

二、目标成本控制机制

实现以销售订单价格为基础，扣除合理利润，倒推产品目标成本的以市场开发为导向的目标成本控制机制，主要内容如下：

（1）以市场价格和同类产品价格作为参考，依次扣除正常合理利润、材料定额、间接成本及期间费用，计算确定目标成本，确定产品目标价格。

（2）召开专题讨论会及技术交底会，要求技术部门在目标成本额度内设计出合格产品。

（3）通过目标成本的确定，技术部门在满足技术要求的前提下，优化设计并尽可能选用配置和价格较低、合适的材料。

（4）生产部门、物资部门等单位按照分解的各自成本目标，对标分析，挖掘潜力，进行低成本投入。

三、通用化和标准化设计

装备制造的产品大多数是按客户需求定制的个性化产品，要求个性化产品快速响应市场需求。企业规范零部件的底层设计，实现零部件的通用化和标准化，减少底层零部件。通过底层零部件的组合实现新的部件或新的产品，再通过搭积木的方式设计各种个性化的产品，可以大幅提高设计效率、减少零件的工艺准备、降低生产组织复杂度、提高制造效率。

通过零部件的通用化和标准化设计，提高产品设计、制造、装配和服务效率等方面，实现降低产品开发成本、缩短产品开发周期，从而降低产品成本，提高产品竞争力。

四、完善的成本管理体系

当前，许多装备制造企业的成本核算工作，是由成本管理人员手工在 Excel 表格中完成的，成本管理对于财务数据及财务操作的依赖性比较强，成本管理体系不健全，难以全面反映各生产环节成本及整体流程，导致管理效率低下。装备制造企业需要强化成本管理，以财务部门为主，将采购部门、设计部门、生产部门等纳入成本管理的体系中来。财务部门要加强与各个部门之间的联系，定期搜集和整理各个部门的信息和数据，提升成本管理的水平。

五、建设数字化成本管理系统

装备制造企业的产品生产环节众多，数据量庞大且处理复杂。因此，必须加强成本管理信息化建设，实现从手工操作到信息化管理的转型。企业应引入先进的成本管理信息系统，覆盖产品设计、采购、生产、供应及销售等全链条，将各环节紧密联结，提升成本管理效率，实现有效管控。

第三节　装备制造企业成本管控实践

大型装备产品制造周期长，零部件众多，多为非标产品，常采用边设计边生产的方式，生产组织极为复杂。这类产品报价涉及多要素，需多部门协作，是典型的项目管理工作。企业需要做好装备制造项目的全价值链管理工作，包括从项目报价、项目定义、项目实施、项目安装验收到售后服务等各个项阶段的工作。同时，大型设备耗材与零部件通过离散制造模式生产，要求企业还须管理从销售、合同、研发设计、工艺、采购、生产、物流到客户服务的全产品价值链。因此，装备制造业的价值链可分为纵向产品价值链和横向项目价值链两个维度。

一、装备制造企业价值链管理

装备制造项目的价值链管理，除了按传统离散制造企业的产品价值链生产管理外，还需要增加按项目价值链进行经营管理。装备制造项目价值链与产品价值链管理，如图7-3所示。

1）装备制造行业价值链管理的内容

图中纵向表示产品价值链，横向表示项目价值链，主要包括：

（1）产品价值链。从销售管理、合同管理、研发设计工艺、计划、采购、物流、生产、质量管理和客户服务到财务成本的产品全生产经营过程价值链管理。

（2）项目价值链。从项目报价、项目定义、项目实施、项目安装验收到售后服务的项目全经营过程价值链管理。

2）装备制造行业价值链一体化管理的注意事项

装备制造项目要做好产品价值链与项目价值链一体化管理，应该注意：

（1）两个价值链的流程拉通。即项目价值链的流程拉通和产品价值链流程拉通，不要留有断点，要做到数据“不落地”。

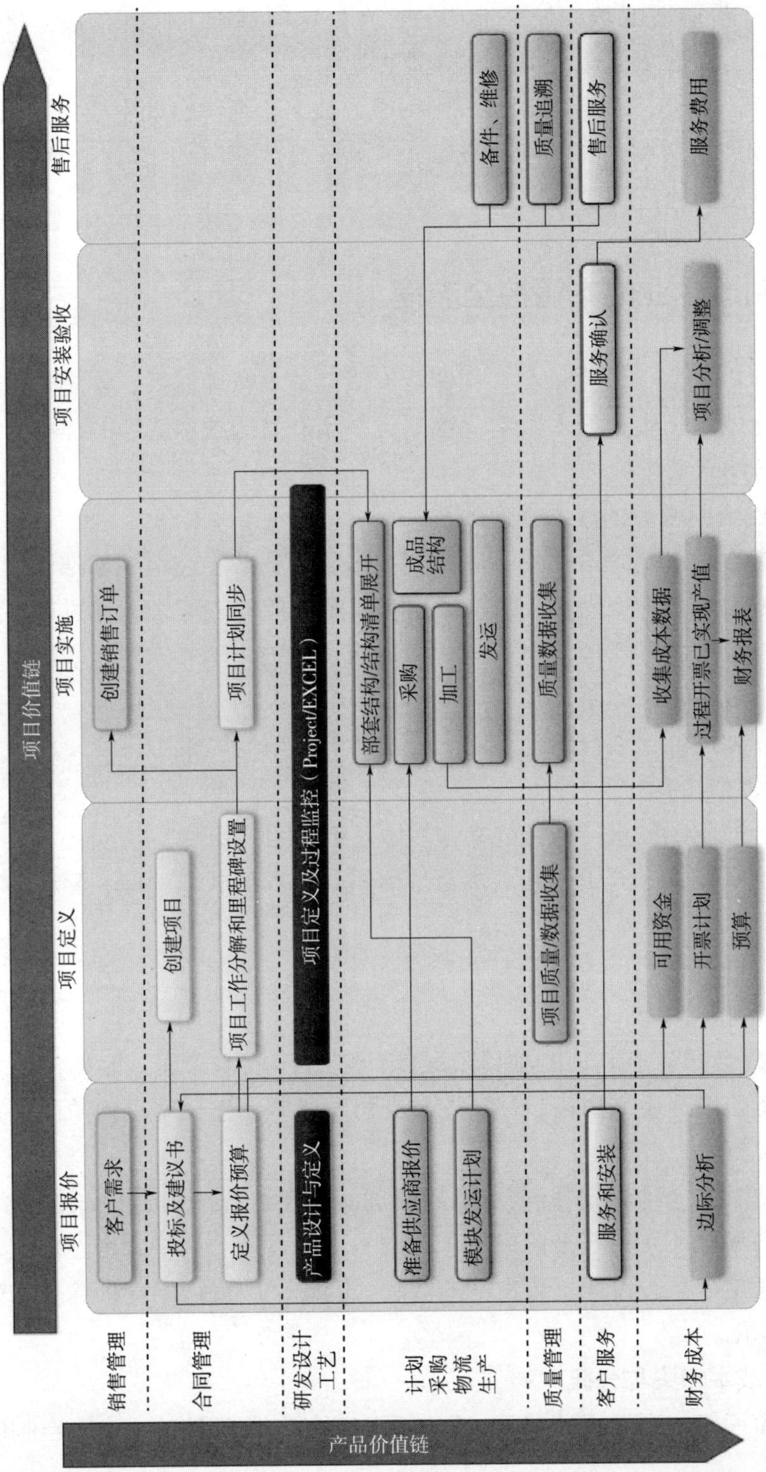

图 7-3　装备制造项目价值链与产品价值链管理

（2）两个价值链的数据统一性和一致性。这项基础工作既是数字化建设的难点，也是重点，在数字化建设中应该特别重视。

（3）业务与财务一体化。通过规则引擎，数字化系统自动生成项目与产品两个维度的财务和成本数据，并与项目概算、产品预算数据自动比对，对异常数据进行原因分析，并及时执行纠正措施。

二、装备制造企业成本管控全流程

企业可以以项目合同为核心，构建全价值链成本管理体系，实施全生命周期动态监控，优化成本归集，推进数字化管理。产品价值链成本管理的详细方案请参阅本书第二章至第六章相关内容。

1. 以项目合同驱动的成本管理体系

装备制造企业的管理与生产，既需要按传统的离散制造组织零部件加工生产的需求，又需要满足客户个性化，以及项目合同跟踪管理的需求，通过项目经理、成本经理和生产经理协同管理。财务管理体系除了传统分工外，还需增加项目合同驱动的全价值链成本管理体系，在产品设计、零部件采购、库存管理、生产加工、费用开支等都需要按项目进行管理。对于公用件与通用件先集中采购，在项目领用时再将成本转入对应的项目中。

以项目合同驱动的全价值链成本管理体系示意图，如图7-4所示。

以项目合同驱动的全价值链成本管理体系包括项目成本管理、原料与零部件采购成本、零部件生产成本等。

1）项目成本管理

主要包括如下内容：

（1）根据合同节点制订的项目阶段性计划进行成本管理。比如，技术准备阶段、生产准备阶段、生产执行阶段、安装交付阶段等，按这些项目阶段进行成本估算、预算、核算与分析等。

（2）分阶段、多版本进行项目预算管理。由于产品生产周期长，一般应根据WBS（工作分解结构）进行分阶段的项目成本预算管理。另外，个性化大型设备的生产复杂，通常存在边设计、边生产的情况。因此，应进行不同预算版本管理项目成本预算的变化。

2）项目成本归集与分摊

按项目阶段归集项目设计费用、直接采购原料与零部件的成本、自制件的生产

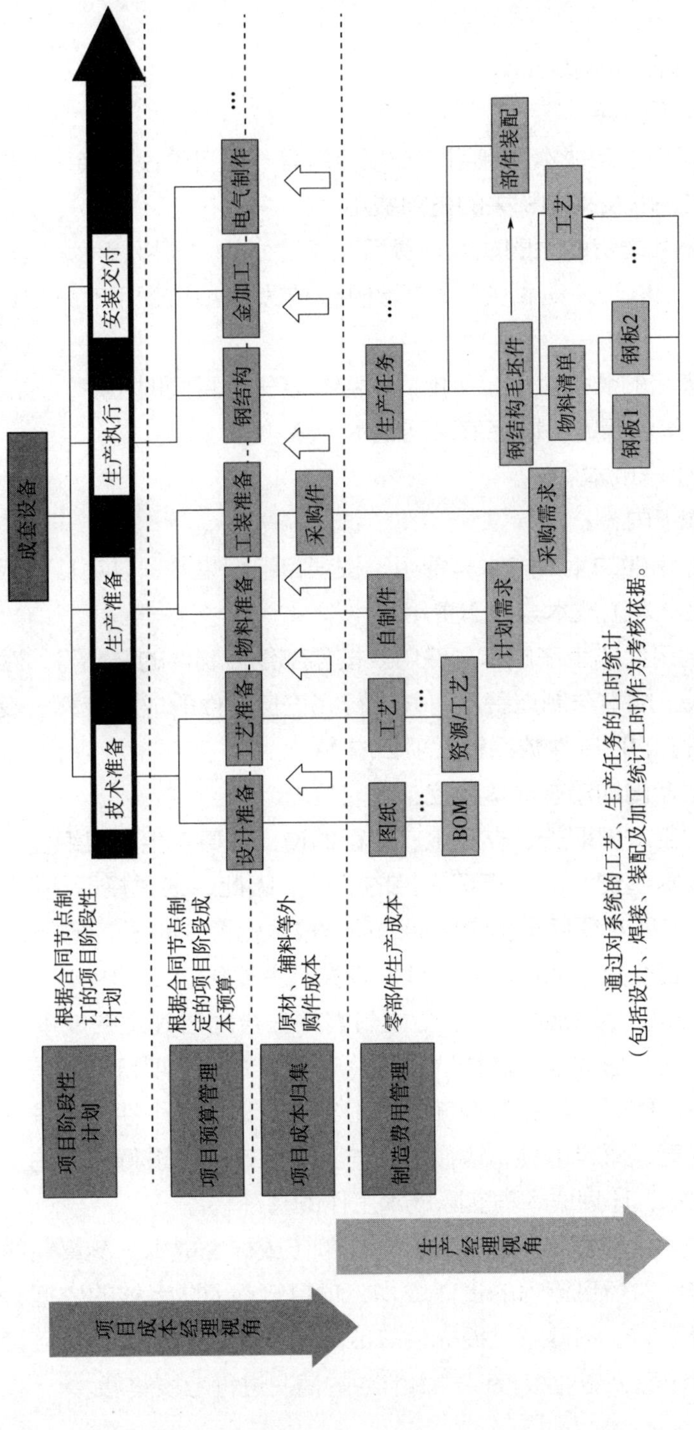

图 7-4 以项目合同驱动的全价值链成本管理体系

成本，以及各种直接计入项目的各项费用。项目公共费用可按各项目阶段成本预算数据进行分摊。

3）原料与零部件采购成本

主要包括如下内容：

（1）项目直接采购成本与费用。按项目编号与项目阶段直接计入相关原料、零部件的采购成本，以及采购相关的各项费用。

（2）项目公共物资的采购成本与费用。通过公共的项目编号归集相关原料、零部件的采购成本，以及采购相关的各项费用。在发生项目领用时分摊计入相应的项目成本。

（3）大型集团的装备生产，可能同时存在若干项目同时生产，这时应考虑相同原料、零部件的集中采购，以降低采购成本。

4）零部件生产成本

主要包括如下内容：

（1）项目专用件的生产成本与费用。按项目组织生产，以项目号跟踪管理生产工单的材料消耗、人工成本与制造费用等。

（2）项目通用件的生产成本与费用。按零部件自制件的产品号，跟踪管理生产的材料消耗、人工成本与制造费用，并进行完工自制件的成本核算、设备装配、安装领用时，按完工的自制件成品转入项目成本。

2. 项目全生命周期动态成本管控

大型装备的生产周期长、存在生产过程的设计变更、生产组织复杂，若管理不善很容易造成成本超支、成本管理失控的情况。因此，通过投标估算、项目概算、预算与决算等，实现对项目全生命周期的动态成本管控，如图7-5所示。

装备制造项目全生命周期的动态成本管控，主要包括如下内容：

（1）合同价格（投标估算）。企业与客户签合同时确定的成本，在此基础上加上企业的合理利润形成报价、合同价格。这个成本是在项目投标前，由销售、设计、采购、生产、售后与财务等多部门根据客户对设备的个性化需求、企业历史生产成本、设计变更、原料市场、协作厂家与企业生产实情进行估算的。此项目成本是后续的责任成本、计划成本与实际成本工作的基础。

（2）责任成本（概算）。企业按企业定额（或标准成本）测算完成该项目的成本，这个成本将作为项目管理的责任成本，项目管理团队考核的依据，也就是项目概算。项目概算原则上不得超过投标估算的成本。责任成本作为项目管理团队对项目实际成本管理标尺，企业根据该成本节约的情况进行考核奖惩。

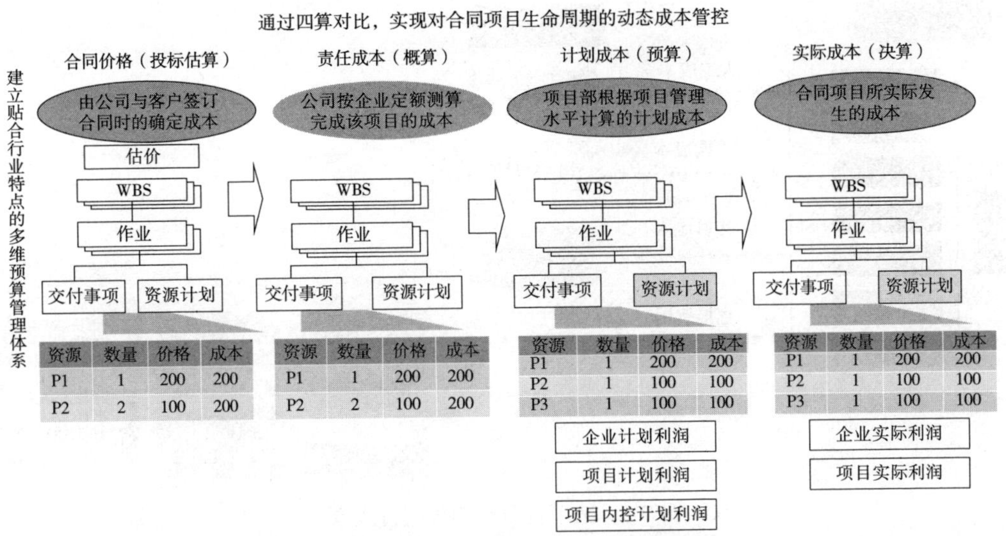

图 7-5　项目全生命周期的动态成本管控

（3）计划成本（预算）。项目部根据项目管理水平计算的计划成本。此成本将作为项目管理团队平时对项目实际监控标准，跟踪各个阶段、各个成本要素的异常差异，并对异常差异进行原因分析，及时采取成本改善措施。

（4）实际成本（决算）。合同项目实际发生的成本，项目各阶段进行实际成本归集，在项目完成时，进行项目成本决算，分析项目的成本与利润。

3. 项目成本归集

项目成本管理主要是项目全过程所发生的成本、费用，根据前端业务进行汇总归集，同时与计划成本（预算）进行比对分析。项目成本管理归集的两个维度是：项目成本结构与项目成本因子，如图 7-6 所示。

装备制造项目成本归集的两个维度具体包含如下内容：

（1）项目成本结构。一般按 WBS 展开项目成本结构，如项目立项、项目计划、产品设计、产品生产、产品调试、设备安装、项目结项等阶段详细划分。

（2）项目成本因子。也被称为成本要素，可分为人工成本、采购成本、领料成本、直接费用与间接费用。人工成本根据有效考勤工时与人工工时费率进行计算；采购成本用来核算项目分包与项目外协等费用；领料成本（或称为材料成本）是指产品生产过程中领用材料的成本；直接费用是直接归集到项目中成本，以及各项项目相关的间接费用，先归集后按成本动因分摊的费用。

4. 项目成本管理数字化

装备制造企业生产制造周期长、产品零部件多，且通常是非标产品、存在边设

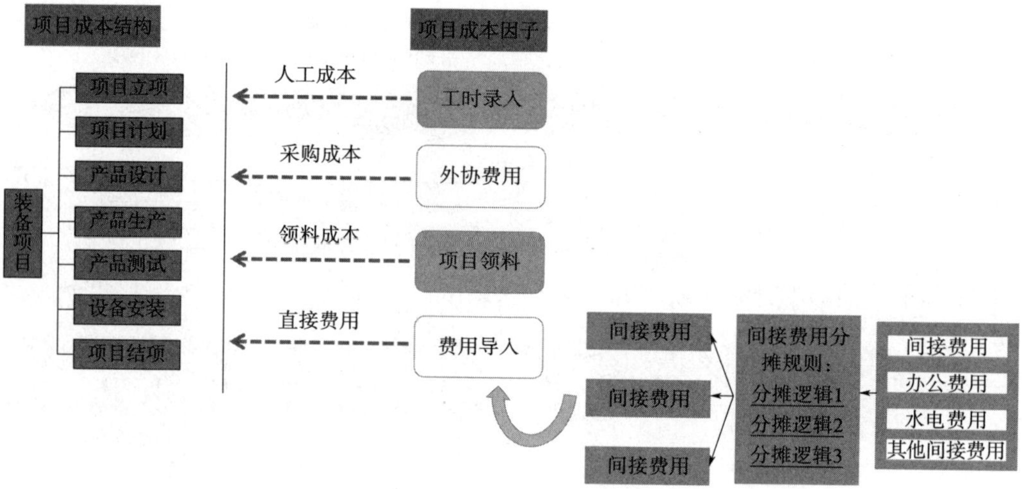

图7-6　按项目节点归集项目成本

计边生产等特点，给企业生产、运营与成本管理带来非常大的难度，手工成本管理非常麻烦。因此，一般大型装备制造企业通过数字化转型采用数字化技术进行管理。

装备制企业的项目成本成数据集成，如图7-7所示。

大型装备制造企业的成本管理包括两个维度：产品维度的零部件生产成本管理和项目维度的项目成本管理。产品维度的零部件生产成本管理，参见本节前述相关内容。

项目成本管理数字化，除了关注项目成本模块本身功能健全外，还要关注项目成本模块与各个系统模块的集成性。其关注要点如下：

（1）项目成本系统模块功能要求。按多阶段、多层次拆分项目；支持多版本的项目预算与预算版本变化分析（大型设备制造普遍存在边设计、边生产的情况）；支持项目成本因子的灵活设计；项目成本费用的明细、快捷归集与分摊；灵活的项目成本会计配置引擎，以及项目成本、收入确认的规则确认等。

（2）项目成本模块与项目管理模块一体化，做到项目数据的一致性。

（3）项目成本模块与采购、库存模块集成，控制与归集项目的采购成本。

（4）项目成本模块与考勤、人力资源模块集成，控制与归集项目的人工成本。

（5）项目成本模块与分包模块、合同模块集成，管理项目的分包成本。

（6）项目成本模块与费用报销管理模块、应付管理模块集成，控制与归集项目费用。

（7）项目成本模块与生产模块集成，控制与归集项目的加工成本与制造费用。

（8）项目成本模块支持Excel数据的导入导出，支持数据的灵活处理等。

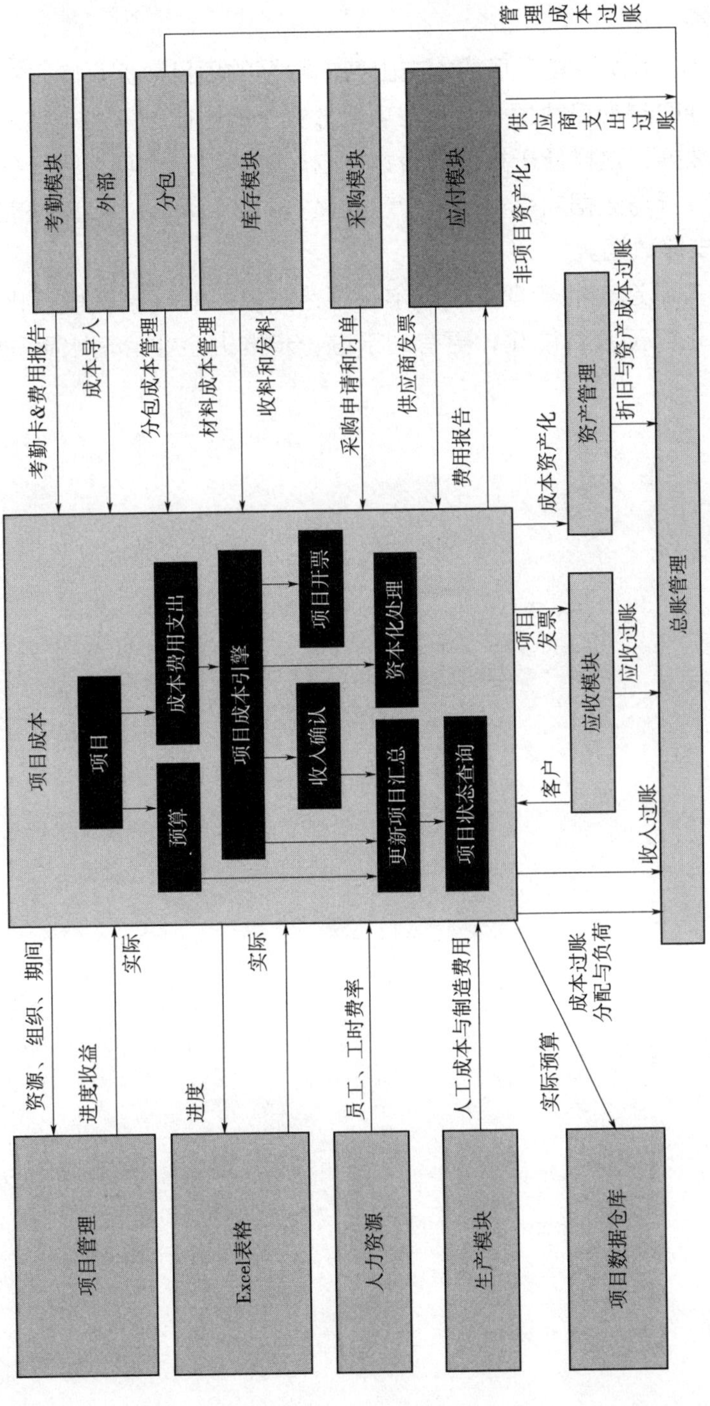

图 7-7 装备制造企业的项目成本数据集成

（9）项目成本模块要支持与应付模块、应收模块、固定资产模块，以及总账管理的无缝集成等。

（10）项目成本模块是项目成本支出各项数据的项目数据仓库，支持将项目成本、支出数据抽取到项目数据仓库，在项目数据仓库中同时从各个系统模块采集相关的全量项目数据，这样便于根据项目数据仓库的数据，对项目进行各种维度、详细程度的追踪分析与数据共享，便于管理人员实时发现问题、及时处理，为企业决策者提供决策支撑数据。

总之，装备制造企业管理基于数字化平台支撑，实现制度模板化、任务结构化、业务紧密化和预警智能化，更有利于进一步推进企业管理水平与管理效率的提升。

08

第八章

工程建筑企业成本管控

过去得益于经济高速发展和基础建设投资拉动，工程建筑企业多依赖粗放管理模式，成本管理规划不到位，成本管理工作投入不足，成本管理专业程度不高，成本管理信息化程度也比较低。

当前经济转型期，工程建筑企业要想在激烈的市场竞争中获得一席之地，需全面审视建筑工程项目管理工作，不断完善和优化经营管理，提升工程建设的质量和效率，特别是加强成本管理，才能在市场的竞争中脱颖而出。

工程建筑企业应充分认识到加强企业全面成本管理、实现降本增效的重要性。成本管理工作应贯穿于整个建筑工程项目，平衡短期效益和长期效益，逐级细化成本管理目标，全面落实降本措施。打造科学、合理和高效的成本管理体系，强化成本管理基础工作，加大管理、技术创新与降低成本工作力度，学习先进经验和做法，探索一套科学合理的成本管理模式。

为避免重复，本章将着重从工程建筑行业成本管控体系设计、成本管控逻辑以及成本管控实践等方面进行阐述，希望能起到抛砖引玉的作用。

第一节　工程建筑企业成本管控体系设计

工程建筑企业常受城市化进程与基础设施饱和程度带来的市场影响，企业更要积极应对，通过提升工程建筑项目管理效能、全面监控项目细节，并追求成本精益化，以强化竞争力，把握市场机遇。

一、工程建筑企业特点

工程建筑的企业特点主要有：

（1）工程建筑项目施工周期较长，受外部环境影响大，如天气、原材料价格、政府法规变化与周边社会关系等因素，容易影响工程建筑的项目进程和项目成本。

（2）工程建筑项目复杂性程度高，参与人数多，项目内外部利益相关者多，如业主、监理、总包商、分包商、供应商、政府监管机构等，工程建筑变数比较大，存在管理风险。

（3）工程建筑项目造价高，资金投入多，属于资金密集型产业。由于建筑工程企业竞争激烈，建筑企业为了获得工程项目，不得不进行垫资等活动，加大了自身资金运转压力，存在较高的资金风险隐患。

总之，工程建筑项目管理是一项复杂、高风险、多阶段、多利益相关者的综合性工作，工程建筑企业应根据企业特点建立、完善内控制度，防范经营中的合同、进度与资金风险，同时积极建立和优化企业管理流程，提高企业的经营管理效率，通过建立先进的成本管理体系，可以降低工程建筑项目的成本，提高企业盈利空间。

下面将从工程建筑业成本管理现状与问题、工程建筑业的成本管理重点与成本管理体系等方面进行阐述。

二、工程建筑企业成本管理现状

工程建筑企业成本管理存在的问题主要包括：

（1）成本管理理念落后。建筑施工企业管理粗放，成本意识薄弱，尤其是管理人员和农民工缺乏成本节约思维。传统成本管理观念主导，过于依赖成本节省，忽视施工组织、施工方案及技术的优化。

（2）成本管理工作缺乏系统性。建筑企业成本管理工作缺乏系统性，缺乏明确的成本组织机构，成本责任不清，尚未建立全面覆盖的造价管理体系。

（3）尚未建立科学合理的成本管理体系。建筑企业缺乏科学、合理的成本管理体系，或与管理体系脱节，导致成本管理碎片化，无法有效发挥作用。

（4）忽视工期成本。建筑企业忽视工期成本，对工期与投资之间的关系认识不足，导致成本上升，影响企业利润。具体体现在：在一个具体的项目中，项目的前、后两个过程都具有很强的逻辑性和关联性，当工期发生变化时，与工期相关的开支也会相应地改变，最终会影响到整个工程的总成本。一些工期较长且包含较多子项目的建设工程，由于各个子项的工期安排不同，导致最终的成本效果也会有所不同。每一项工程都有自己的时间限制，要确保按时完成，否则会增加成本。施工单位是否能够按时完成合同，是保证企业利润的关键。

（5）工程建筑成本管理中信息技术使用深度和广度不够。工程建筑成本管理中信息技术应用不足，信息传递滞后，导致成本管理决策不及时，问题难以及时发现和解决。

三、工程建筑企业成本管理重点

我国工程建筑业经过长期发展，已步入成熟发展阶段。工程建筑项目具有施工周期较长、项目复杂性程度高；参与人数多、项目内外部利益相关者多；工程建筑项目造价高、资金投入多；工程建筑项目的材料成本占比高、涉及范围广等特点。

工程建筑企业要在竞争中获得生存与发展，在同质化、微利时代成本竞争优势必须加强成本管理。借鉴优秀企业的管理经验，企业在强化工程项目质量、项目进度管理的同时，实现工程建筑项目的降本增效，需要抓住工程项目造价管理、工程项目管理和工程物资管理的三个方面，并通过数字化进行一体化运行。

工程建筑企业降本增效的三个关键管理维度，如图8-1所示。

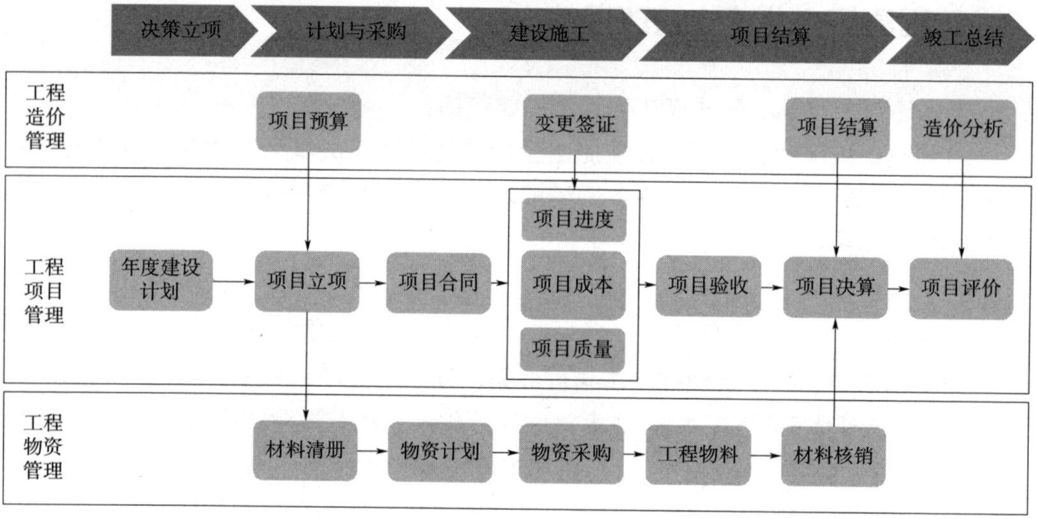

图8-1　工程建筑企业降本增效的三个维度

工程建筑企业降本增效的三个管理维度如下：

（1）工程造价管理。项目开始时要做好工程项目的造价预算，以预算为基准管控工程项目建设过程中的成本与费用，防止成本与费用超支，有效利用投入工程建设的人力、物力和财力，以尽量少的物资与劳动力消耗，取得预定的经济效益。重点管控项目过程中的变更，项目完工后及时进行结算与造价分析。

（2）工程项目管理。以年度建设计划为指引，实现工程建设的项目立项、项目合同、项目施工、项目验收、项目决算与评价的一体化管理，重点监控工程项目进度、成本与质量以及项目合同的执行。

（3）工程物资管理。加强工程用料管理，提升工程用料准确性、降低库存资金占用率。重点从工程材料清册、物资需求计划、物资采购、工程物料库存与材料核销等环节加强工程物资管理。

四、工程建筑企业成本管理体系

工程建筑企业要解决成本管理规划不到位、成本管理投入不足、成本管理专业程度不高、成本管理信息化程度低等粗放式管理的问题，需要构建一个全面的成本管理体系。优秀工程建筑企业的成本管理体系包括：以项目为主线的全价值链成本管理；以合同为依据的项目成本管控与风险防范；以项目成本预算为核心的项目成本管控等内容。

1. 以项目为主线的成本管理体系

以项目为主线的全价值链成本管理包括目标成本形成和目标成本执行两个阶段。

（1）目标成本形成。以市场与订单获取的价值活动的成本估算为起点，在初步设计的价值活动时进行目标成本测算，扩初设计的价值活动时进行目标成本预算，在施工图设计的价值活动完成时确定项目目标成本。

（2）目标成本执行。项目目标成本形成后，进入工程建设施工环节，为防止成本超支可进行动态成本管理，动态成本包括材料成本、人工成本和设备使用与维护成本，以及项目竣工结算进行工程项目成本结算与分析。

2. 以合同为依据的项目成本管控与风险防范

工程建筑项目成本管理与风险防范应以合同管理为基础。在合同签订时，需明确成本控制与风险防范条款，包括详细预算、风险管理条款、合同变更管理流程及额外成本分担机制。在执行过程中，需按合同监控进度、成本、质量和资金，如果出现偏差，及时采取纠正措施。重点对承包合同、分包合同、采购合同、租赁合同等加强全过程的管理与控制，避免不必要的损失和风险。成本管理者要协同合同管理部门要精心研究有关的合同，包括项目承包合同、工程总包合同、分包合同和采购合同等。相关人员需要准确把握合同要点，如工期、质量、付款、结算、索赔、材料计价、特别约定、内部政策、违约处罚等，确保合同履约规范；相关人员要各司其职，各尽其责，按合同要做好各自的工作，达成成本管理与风险管理的目的。

3. 以项目成本预算为核心的项目成本管控

在项目成本管理上，应搭建包括事前预算、事中监控和事后分析在内的闭环管理体系。工程建筑项目造价（成本）预算管理是实现项目成本目标的基础，直接影响企业的综合盈利能力。特别是在大型集团、大型的工程建筑项目，为能实现预期利润，企业管理者需要预先考虑企业的资源合理配置、合理规划，项目成本预算管理人员需与设计规划、物资管理与项目管理等部门，反复进行工程项目成本的估算、测算，直至达成预计的利润目标时才可确定项目成本预算。在项目建设过程中，要注意将项目成本预算转化目标成本，运用目标成本法，防止项目成本、费用的超支，实现项目预期利润。

1）工程建筑项目预算管理工作内容

集团通过项目预算编制标准化、定额化，控制造价水平偏差，达成项目预期利润，可采用如下措施：

（1）集团统一制定的定额和项目主要环节的业务操作流程规范，减少成员企业业务操作差异化，提高项目预算管理水平。

（2）通过项目预算管理制度，贯彻造价预算标准，促进成员企业有效横向比较，帮助管理层找出管理较差的薄弱环节进行重点关注。

工程建筑项目预算管理，如图8-2所示。

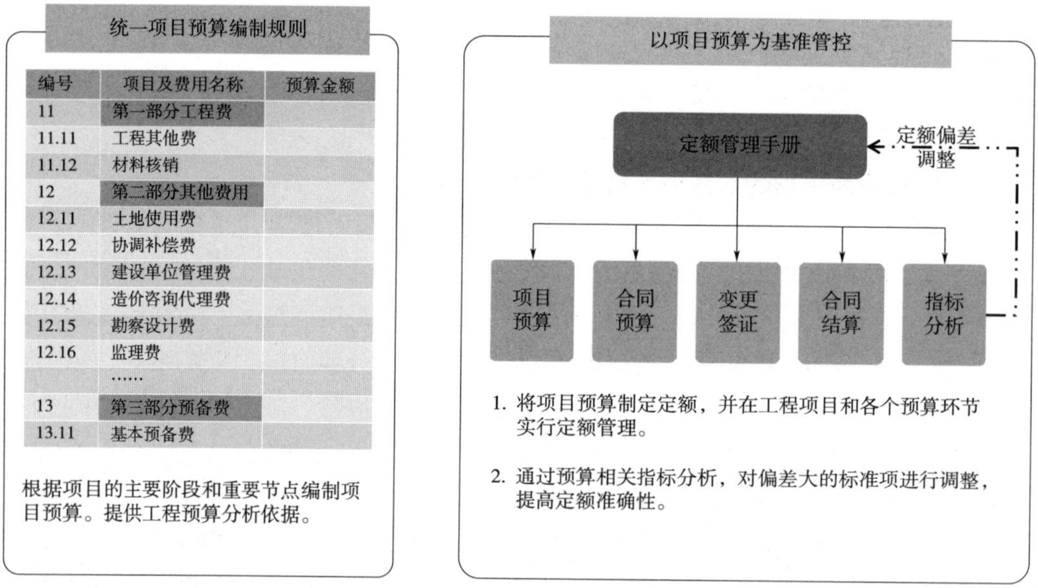

图8-2 工程建筑项目预算管理

2）工程建筑项目预算管理工作重点

（1）统一项目预算编制规则保障预算数据一致性。一些大型集团与工程项目建设中，为了确保预算数据在多部门、多组织及利益相关方间快速、准确交互，需统一预算编制规则，并辅以管理流程与数字化系统的一致性。在统一项目预算编制规则的基础上，再根据项目的主要阶段和重要节点编制项目成本预算，以此作为工程建筑项目预算成本执行控制和分析依据。

（2）以项目成本预算为基准，实施工程建筑项目成本的全过程管理。涉及多部门、单位时，将根据项目预算制定定额，并在工程项目和各个预算环节实行定额管理。借助预算管理系统，对预算相关指标进行实时监控。针对预算与实际数值偏差大的标准项进行原因分析，及时调整，确保预算的有效管理。

3）有效控制工程建筑项目成本的具体措施

（1）集团总部统一梳理项目成本控制的管控环节，形成工程项目成本管理制度，并在项目管理系统中设定相关阈值，实现自动化控制，降低超支风险。

（2）在工程项目建设过程中，对于各业务环节中超标部分，系统自动预警，将超标信息发送邮件或手机消息至相关管理人员，促进管理人员及时发现问题并进行迅速采取行动措施。

工程建筑项目成本管理，如图8-3所示。

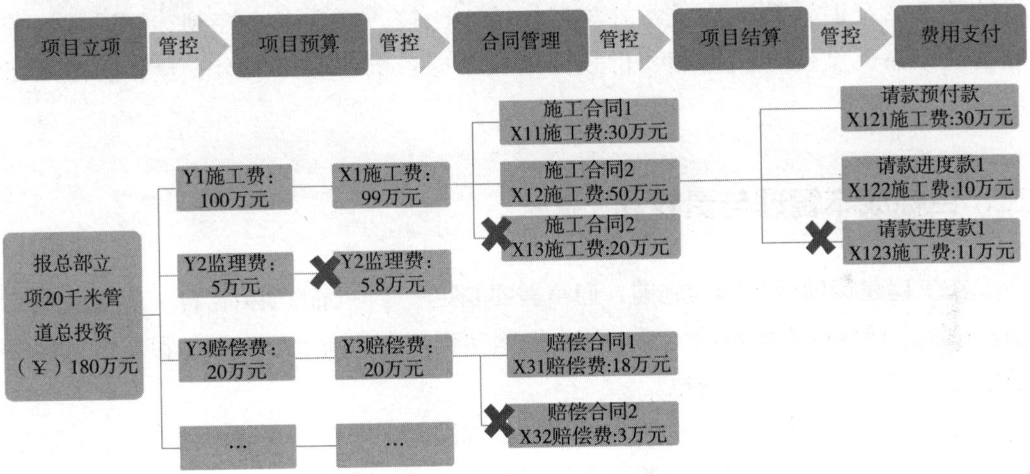

图 8-3　工程项目成本管理

值得注意的是，项目预算向下分解时，分解后的子预算汇总不能超过上级预算；分包项目时，各分包合同的总额不能超过相关的成本费用预算；成本费用支付时，支付款总额不能超过分包合同金额等。

第二节　工程建筑企业成本管控逻辑

根据建筑工程市场发展需要，一些优秀的工程建筑企业正通过实施成本管理与业务一体化协同管理、目标成本管理与责权利相结合、工程建筑项目成本动态管理、强化合同管理与重视资金成本、工程物资集中采购与按需用料，以及基于数字化平台的工程建筑项目精细化管理等措施，并在保证工程质量的同时，实现成本效益最大化。

一、成本管理与业务一体化协同管理

工程建筑项目因工期长、业务复杂、涉及单位多、资金量大，成本管理难度大。如果财务管理与业务管理脱节，成本与资金管理失控，将导致项目和企业管理陷入困境。为此，工程建筑企业需要建立起业务与财务管理一体化的管理体系与机制，将工程建筑项目的每一个环节的成本计划与实际、资金计划与实际都体现出来，便于管理人员及时发现问题并纠正。成本管理与业务一体化协同管理要求企业做到：通过对项目成本估算、项目成本预算、项目合同评审和合同执行的管理，及时计算动态成本并与目标成本比较，实现成本控制；同时实施控制管理体系，实现合同管理、付款计划及动态查询，保障资金安全，防范项目风险。

二、目标成本管理与责权利

在工程建筑项目开始实施前，通常需要制定一个明确的项目目标，避免成本浪费。在制定目标成本管理时，需要将责任落实到每个人身上，作为项目执行过程中及项目竣工时的绩效考评依据。

在项目施工过程中，每个工作人员在成本控制中均有责、权、利。为了实现成本控制，应建立责权利相结合的成本管理奖惩制度，提高工作的人员的积极性。具体做法如下：

（1）首先，明确工程建筑企业项目成本管理人员的职责与责任。

（2）然后，根据各个管理人员的职责范围，确定相应的成本管理工作量化指标，并建立成本管理工作的激励制度与机制。

（3）根据检测及时发现施工项目中存在的问题并纠正，保证将成本控制在合理的范围内。

（4）对于建筑施工管理人员进行合理、有效的工作评价，结合项目最终成本完成情况，进行工程项目的工作有效激励。

三、项目成本动态管理

工程建筑项目因其一次性和个性化的特点，要求成本管理必须贯穿于整个施工过程。在项目施工的准备阶段，首要任务是设定成本管理目标、制定管理方案及计划，打牢基础；在项目建设施工阶段，则需根据工程进展动态地计算成本，确保成本数据的实时性和准确性；在项目竣工阶段，施工项目的成本盈亏已定，重点则转为成本核算、结算与分析。

工程建筑项目的动态成本管理，如图8-4所示。

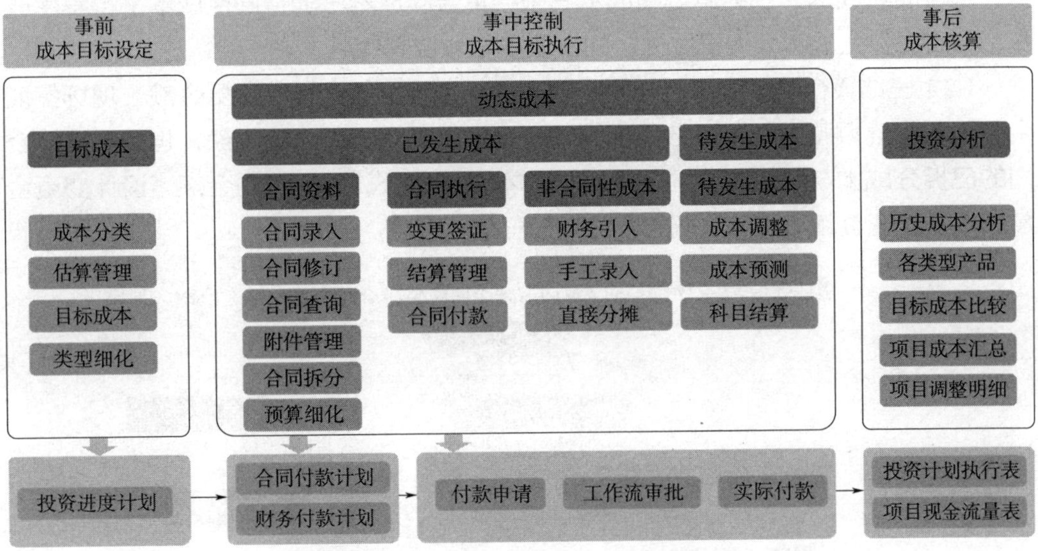

图8-4　工程建筑项目动态成本管理

工程建筑项目动态成本管理的基础是目标成本的制定，再根据项目执行情况实时计算和更新成本，以便管理人员监控。由于项目资金需求大，所以动态成本管理体系应纳入资金计划、成本、风险管理等内容，实现事前、事中、事后的闭环管理。

动态成本计算按照估算、预算、合同、变更、结算的顺序，依次取各费用中最新数据累加到整个项目动态成本。在计算某个项目的动态成本时，当其中的某项费用已具有该顺序中一个或多个数据时，通常以顺序最后的数据计入动态，其他费用也采用此方法进行计算，待工程项目的所有项目费用累加完毕，就构成了整个工程项目的动态成本。当项目动态成本超出目标成本时会报警，并分析原因，采取措施纠正偏差。

动态成本反映了项目各个时期的预期成本，成本会计需随时计算成本，并实时反映最新成本的构成情况，为成本管控提供及时、准确的成本数据。

全项目动态成本表可以全面反映项目实施过程中各个时期的预期成本结果，按照工程建筑项目的各种费用将其未结算成本、已结算成本、非合同性成本、待发生成本、动态成本、目标成本及差异额全部展现出来。全项目动态成本表可以实时反映最新的成本构成情况。项目动态成本计算模型示例，如图8-5所示。

项目动态成本模型各数据项的计算逻辑关系如下：

（1）项目动态成本。项目动态成本＝项目当前已发生成本＋项目当前待发生成本，项目动态成本＝已结算合同成本＋未结算合同成本＋非合同性成本＋待发生成本，项目已发生成本分为已发生合同性成本与非合同性成本。

（2）已结算合同成本。已结算合同成本＝签约金额＋设计变更金额＋现场签证金额＋其结算调整金额，已结算合同成本也就是项目实际结算金额，也是已结算合同的已拆分成本与已结算合同的未拆分成本之和，公式中的签约金额、设计变更金额、现场签证金额与其结算调整金额均为已结算金额。

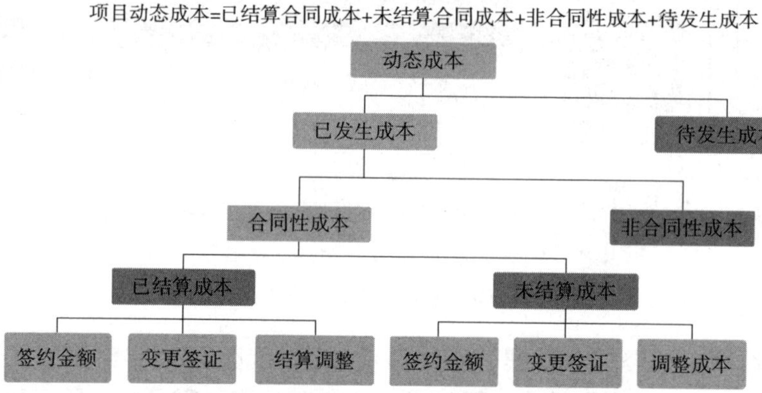

图8-5　项目动态成本计算模型

（3）未结算合同成本。未结算合同成本＝签约金额（已拆分合同金额＋未拆分合同金额）＋设计变更＋现场签证＋成本调整。未结算合同成本也是未结算合同的已拆分成本与未结算合同的未拆分成本之和。公式中的签约金额、设计变更、现场签证与成本调整金额均为未结算金额。

（4）非合同性成本。非合同性成本是指项目执行过程中发生的没有合同约定的成本，如报批费、增容费等。

（5）待发生成本。它是指根据合同付款计划执行情况及其他因素考虑，在工程建筑项目执行过程中预计会发生的成本费用。在工程建筑项目执行过程中，随着合同成本的逐步结算，已发生成本会逐渐增加，待发生成本相应减小。

四、合同管理与资金成本

工程建筑企业要做好成本管理，具体做法如下：

（1）分包招标。基于量入为出原则，以责任成本为标的，通过多家分包项目招标确定最终分包单位。

（2）合同管理。加强对承包合同、分包合同、采购合同及租赁合同的全过程管理，减少损失和风险。

（3）合同研究。成本管理者与合同管理部门需深入研究各类合同，明确工期、质量、付款、结算、索赔、材料计价等要点，确保合同履约，实现成本管理与风险管理目标。

工程建筑项目对资金需求额度相对较大、周期相对较长，非常依赖金融企业。工程项目从最开始获得土地、工程项目设计、工程建设，直至最终交付，往往要经过少则一两年，多则数年，而企业自身拥有的资金有限，很难满足日常项目开支，需要金融机构大额资金的支持。因此，资金管理是工程建筑项目管理非常重要的组成部分。在工程建筑项目建设过程中，应做好项目资金计划管理，防范资金链断裂的风险，同时尽力降低资金成本。

五、工程物资集中采购与按需用料

工程建筑项目的材料成本占整个项目成本 60%～70%，涉及范围广。工程建筑项目的成本管理需要重视工程建筑的材料成本管控。企业可以采用工程物资集中采购与按需用料模式进行工程建筑物资的管理，以降低工程建筑项目的材料成本。具体内容如下：

（1）物资集中采购有利于提高对供应商的议价能力与管控力度。通过对重点物资的集中采购，增强集团公司物资采购的议价能力，获得更好的采购价格与保障物资供应的优势，节约材料购置成本；通过重点物资的集中采购，可以提升集团对物资供应商的约束力，保障供应的工程物资质量。

（2）按需领料有利于降低库存资金成本与物料浪费损失。贯彻工程建筑项目按需领料的管理模式，通过对设计出图、材料清册、采购计划、材料领用等关键节点环环相扣，实现项目物资管理情况的全过程监控，提升工程用料准确性，降低库存资金占用率。

六、基于数字化平台的工程项目精细化管理

传统的工程建筑管理模式比较粗糙，存在很多问题和风险。为了在建筑行业中保持优势，企业就需要采用更加细致的管理方法，利用数字化平台来整合各个方面的管理，包括业务管理、经营管理、财务管理、资金管理等，并实现物流、资金和信息三流融合。平台的设计思路是参考复合型企业的运营管理模式，让业务和财务的管理流程能够顺畅连接，同时把成本控制融入业务操作中。再通过运用互联网、物联网、大数据等先进技术，帮助企业建立起业财协同、流程可控、数据可视、业务可管、管理有效的业务财务一体化的数字化管理平台。

工程建筑企业的数字化平台通常是围绕项目运作的，会考虑资金的流动情况。从项目开始接到任务，到项目的规划、设计、基础管理，再到合同的签订、执行，以及建设过程中的进度、质量、成本控制，直到最后的工程竣工验收，这个平台都会加入财务管理的控制点。

在这些财务环节里，即开发票、确认收入、报销费用、支付外部合作费用，以及内部收入和成本的分配等，数字化平台要提前设置好规则，自动检查。这样一来，业务和财务的流程、数据、管理就能够紧密地连接起来，使项目动态成本数据可以实时被收集并快速展示。

总之，数字化平台能帮助工程建筑企业建立起了一个既高效又统一的管理平台，让业务和财务能够更好地协同工作。

第三节　工程建筑企业成本管控实践

工程建筑企业的主价值链是从市场与订单获取、规划设计（包括初步设计、扩初设计和施工图设计）、材料采购、建设施工（包括材料供应、施工生产和设备保障）到竣工交付及售后服务的整个过程，也就是企业所进行的一系列价值创造活动的总和。这些活动构成了企业的核心竞争力，并对企业的经济效益和社会效益产生深远影响。工程建筑企业的辅助价值活动包括企业管理、财务、人力资源等方面的支持服务，这些活动虽然不是直接创造价值的环节，但对企业整体运营效率和市场竞争力具有实质性影响。

一、工程建筑企业价值链管理

实务中，全价值链成本管理经验涵盖从主价值链的市场与订单获取活动开始到竣工交付及售后服务活动的整个过程，实现精准的成本管控。

工程建筑企业的价值链管理模型，如图 8-6 所示。

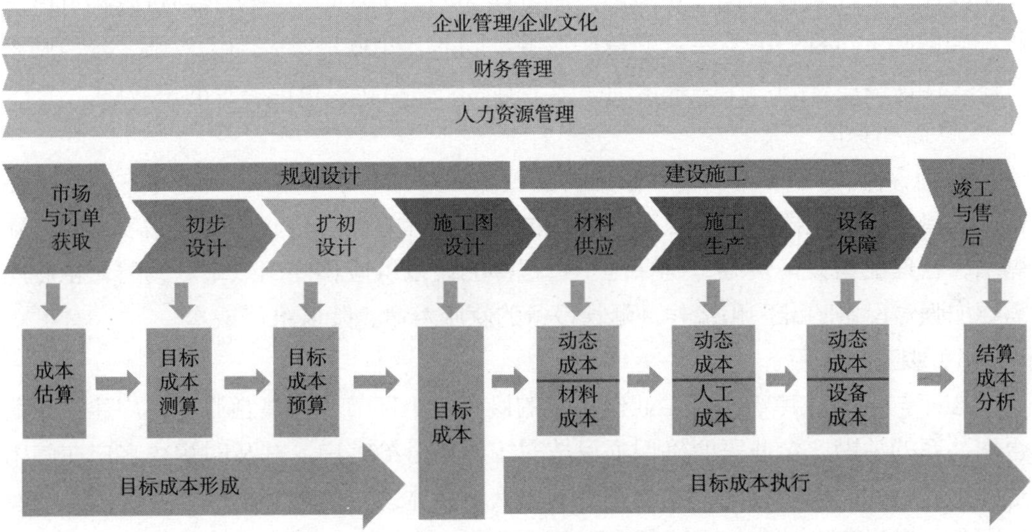

图 8-6　工程建筑企业全价值链管理模型

工程建筑企业的价值链管理包括如下内容：

1）市场与订单获取

对于工程建筑企业来说，找到市场和赢得订单是盈利的开始。企业要关注市场动态和客户需求，制定有效的市场营销策略，提升品牌知名度和市场竞争力。营销人员则应加强与业主、设计师等相关方的沟通和协调，增强客户对企业的信任度和忠诚度，建立稳定的客户关系，确保订单的持续获取。

2）规划设计

对于工程建筑企业来说，规划设计方案包括项目的初步规划、扩初设计和施工图的设计等内容。企业需要与业主紧密沟通，明确项目的功能需求、设计要求及预算限制。设计方案的质量直接影响后续施工的质量、效率与成本，因此企业就需要拥有专业的设计团队和先进的设计软件，确保设计方案的可行性和创新性。

3）材料供应

材料供应是建筑业企业价值链的重要组成部分，直接影响项目的成本和质量。

企业需要建立完善的材料采购、存储和发放制度，确保材料的质量、数量和供应时间符合施工要求。同时，企业还需要关注市场动态，及时调整采购策略，降低采购成本。

4）施工生产

施工生产是建筑业企业价值链的核心环节，涉及项目的现场施工管理、质量控制以及进度控制等方面。企业需要制订详细的施工计划，调配人力资源和机械设备，确保施工过程中的安全、质量和进度。同时，企业还需要与供应商、分包商等合作伙伴保持良好的合作关系，确保施工所需的材料和设备能够及时供应。

5）设备保障

设备保障是建筑业企业价值链的重要支撑环节，涉及施工所需的各种机械设备、工具和检测仪器的采购、租赁、维护、保养等方面。企业需要根据项目的实际需求，合理配置设备资源，确保施工过程中的设备供应和使用效率。同时，企业还需要加强对设备的维护和保养，延长设备的使用寿命，降低维修成本。

6）竣工与售后

竣工与售后是建筑施工企业价值链的最后一个环节，也是企业与客户建立长期合作关系的关键。企业需要确保项目按时按质交付给客户，并及时解决客户在使用过程中遇到的问题。同时，建立完善的售后服务体系，提供及时、专业、优质的售后服务，增强客户对企业的满意度和忠诚度。

7）辅助价值

辅助价值活动包括企业管理、财务管理和人力资源管理等，这些活动的作用为支持服务，虽然不能直接为企业创造价值，但对企业整体运营效率和市场竞争力具有实质性影响。从企业角度看，要建立完善的管理体系，提升管理效率和服务质量，以支持主营业务的发展。

二、工程建筑企业成本管控全流程

成本管理人员对工程建筑项目的成本管理在投标阶段（或规划阶段）就要做好项目成本测算，以支持销售人员投标报价（或项目规划人员的投资预算）。在项目施工前，根据合约制定合同的目标成本，为项目施工阶段提供依据，这也是成本控制的红线。

下面我们来具体看一下工程建筑企业的全价值链成本管理内容，包括体系建设、工程物料采购与用料管理、工程建筑项目成本数据归集、工程建筑企业成本数字化管理方案、工程建筑企业成本数字化管理等。

1. 全价值链成本管理体系的建设

工程建筑企业的成本管理工作不能仅限于项目执行时的成本核算，成本管理需要贯穿工程建筑项目全价值链的各个环节。在项目动工前，要制定工程建筑项目的目标成本。在项目动工后，要严格执行目标成本的管理。

工程建筑企业全价值链成本管理体系，如图8-7所示。

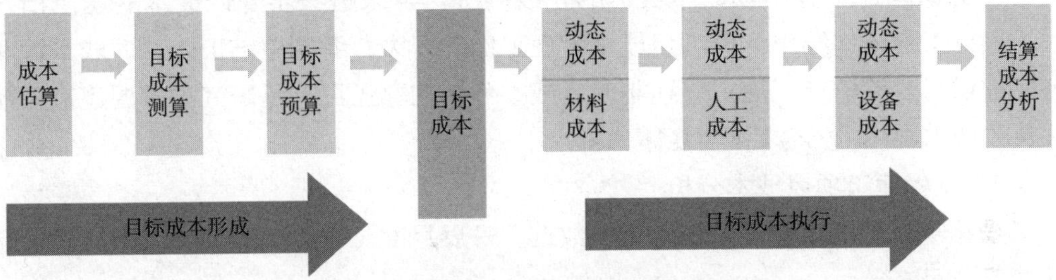

图8-7 工程建筑企业全价值链成本管理体系

工程建筑企业以项目为主线的全价值链成本管理体系，包括如下内容：

1）工程建筑项目成本估算

在新项目开发环节的开始，成本管理人员就应该介入可行性研究或售前环节，进行工程建筑项目成本的初步估算。

2）工程建筑项目目标成本测算

在工程建筑项目规划初步设计环节，成本管理人员应该协同物资管理部门与工程管理部门进行工程建筑项目的目标成本测算。

3）工程建筑项目目标成本预算

工程建筑项目扩初设计环节，成本管理人员应该协同相关人员，根据设计后的内容调整工程建筑的目标成本，形成初步的工程建筑项目成本预算。

4）工程建筑项目目标成本确定

在项目施工图设计完成后，成本管理人员应该协同相关人员，根据设计的施工图纸结合市场行情，重新计算工程建筑的成本，经多方评估后制定的项目目标成本最终版。自此，工程建筑项目的目标成本已经形成，它可作为整个项目执行管控的重要依据。

5）工程建筑项目动态成本管控

在项目采购、施工、分包过程中，成本管理人员及时统计项目的实施成本，进行项目的动态成本管控，及时发现成本执行过程的问题，采取有效措施，纠正偏差。

6）工程建筑项目成本结算

工程项目竣工时，成本管理人员需要协同项目管理等相关人员及时对施工单位进行决算，实行竣工审计，确定各项费用的结算金额，及时核定该工程的总成本，运用科学的方法，对该项目的整个过程及其结果进行全面、系统的分析和评价。通过成本分析，找出哪些成本项目节约，哪些成本项目超支，揭示成本差异并分析差异产生的原因，掌握单项成本目标的完成情况，寻求进一步降低成本的途径和方法。根据工程成本结果评价项目成本管理工作的得失，编制总结报告，为成本管理各环提供必要的资料，落实奖罚制度。成本分析的真正目的是研究和掌握建筑工程项目的成本规律，为今后的项目提供借鉴。

7）工程建筑项目成本分析

根据项目精细化管理系统的相关数据，开展月度（季度）经济活动分析，建议从如下方面进行：

（1）项目基本情况分析，包括工程造价、责任成本、目标利润率、项目资金、工程款支付方式、质保金支付条件等。

（2）施工进度分析，即完成工程量情况。

（3）成本要素管控分析，包括分包结算、材料成本、人工成本和机械费用，以及其他直接费、间接费和对项目经济效益影响的其他分析等。

（4）资金流程与债权债务分析，包括业主资金支付情况、资金支付风险等。

（5）经济效益分析，开展项目月度经济活动分析是一项基础性及长期性的工作，根据经济活动分析相关数据，及时了解项目整个施工情况、成本情况，以达到增加项目施工效益的目的。

总之，工程建筑企业应以项目为主线，以财务收付核算为支撑，贯穿客户、合同、采购、生产与收支的业务全链条，实现业务财务一体化管理。

2. 工程物料采购与用料管理

工程物资占建筑工程项目成本60%~70%，因此，集团非常重视工程物资的管理，对工程物料采用集中采购与按需领料的管理模式。

1）工程物资采购管理模式

工程物资的采购采用集中采购管理模式，充分发挥集中采购模式优势，分类采购需求、统一寻源，提高对供应商的议价能力与管控力度，获得更多的定价权、更优惠的付款条件，达成更好的采购协议条款，节约材料购置成本。同时，通过对重点物资的集中采购，可以提升集团对物资供应商的约束力，保障物资质量和供应的及时性。

2）工程物资用料管理模式

工程用料管理的目的就是确保材料的质量、成本、供应及可持续性，这对项目成本、存货资金控制至关重要。企业应该贯彻项目按需领料的用料管理模式，通过对设计图纸、材料清册、采购计划、工程项目进度等管理并计算用料需求，严格执行按需领料，严禁多领、超领现象发生，余料及时退回，实现项目物资管理情况的全过程监控，提升工程用料准确性、降低库存资金占用率。

工程物资集中采购与项目用料管理模式，如图 8-8 所示。

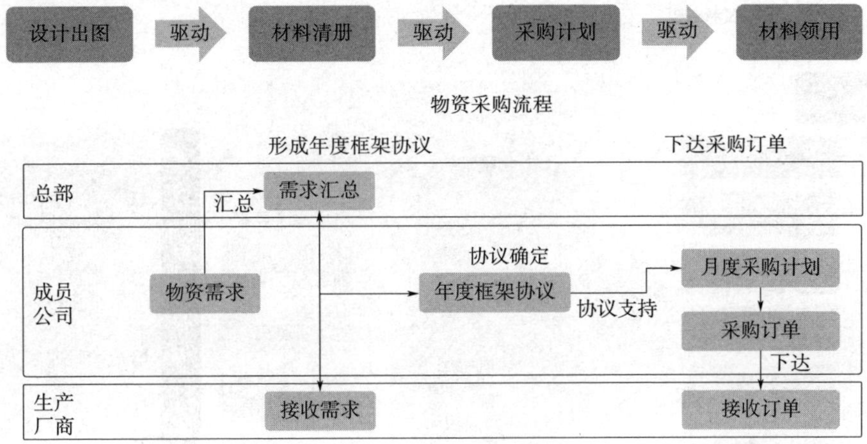

图 8-8　集中采购与项目用料管理

工程物资采购采用集中采购管理模式，集团总部汇总各级成员企业提报的物资需求，集团进行统一采购寻源，凭借采购物资的数量规模，获得与供应商的议价能力，与供应商统一签订物资供应的年度框架协议，各成员企业根据月度采购计划与年度框架协议，下达采购订单。在工程项目领用物料时，通过设计出图、材料清册、确定用料需求，按需求管控工程用料，降低工程建筑项目的材料成本。

3）项目合同与付款集中管理

对于建筑工程的项目合同评审、签订以及项目扣款罚款等业务进行集中管理；同时对合同付款与项目进度对比分析，减少合同执行风险。

3. 工程建筑项目成本数据归集

工程建筑项目成本，按项目价值链活动（阶段）归集、按项目按成本费用类型、按时间或按材料等多维度进行成本的核算、统计与分析。

工程建筑项目成本的构成，首先，按项目价值链活动（阶段）区分，如市场与订单获取、项目规划设计（包括初步设计、扩初设计和施工图设计）、项目工程管理（包括材料供应、施工生产和设备保障）、项目竣工交付和售后服务等，各个项目阶段有分解的成本预算，并分段统计实际发生的成本、费用，并可及时监控成本预算与实际的偏差。

其次，按成本费用的性质设置项目成本要素，如材料成本、人员成本、设备成本、制造费用、分包成本和其他支出等。各成本要素进一步细分，如制造费用下再细分为施工费、监理费、赔偿费等。各项目明细费用对应项目的各个阶段。

工程项目成本构成，如图8-9所示。

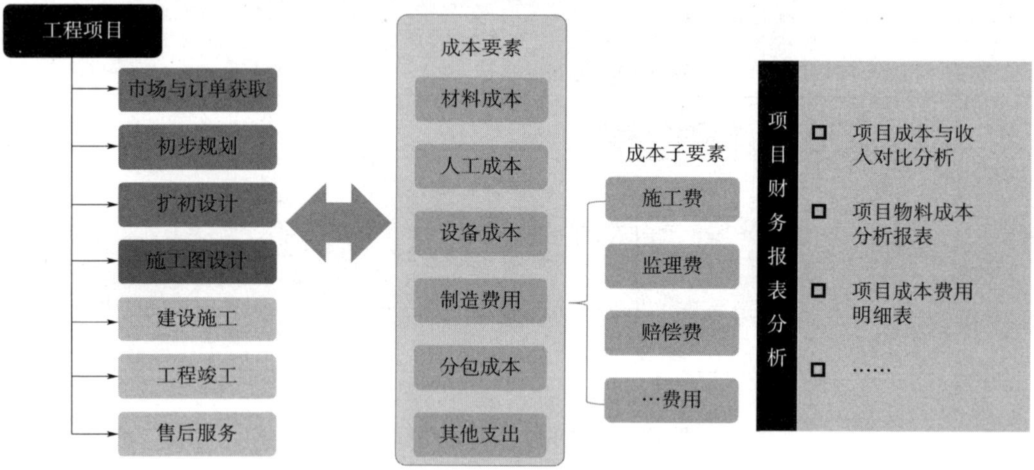

图8-9　工程建筑项目成本构成

工程项目成本按项目阶段、按成本费用类型、按材料、明细费用项目细分，有利于项目成本费用的精细化管控与分析。

4. 工程建筑企业成本数字化管理方案

我国工程建筑企业经过长期发展，工程建筑项目建设具有周期较长、工序繁杂、作业环境复杂、跨越区域广的特点。因此，工程建筑企业想要进行数字化转型，建立数字化的成本管理体系，通过数字化技术实现业务流程和财务成本流程的有机融合，就要通过数字化平台规范工程建筑项目的管理，实现项目成本的精细化、过程化的高效管控，以尽可能少的耗费，实现预定的目标成本，提高企业经济效益。

工程建筑企业成本数字化管理方案，如图8-10所示。

5. 工程建筑企业成本数字化管理体系的建设

工程建筑企业成本数字化管理体系的建设依托工程建筑项目成本管理与业务协同、工程建筑项目一体化运行全成本管理，以及工程建筑项目的风险管控三个方面。

1）工程建筑项目成本管理与业务协同

工程建筑项目成本管理须基于业务管理且与业务协同，才可能达到工程建筑项目成本精细化管理的效果，成本管理与业务协同应重点关注如下内容：

（1）成本管理与销售管理协同。以规划设计部门的规划设计为依据，测算工程建筑项目成本，为销售部门提供定价参考。

（2）成本管理与招采协同。工程物资与服务分包占据工程项目成本较大比例，将成本管理工作前置招采环节，有利于实现工程成本的有效管理。

（3）成本管理与工程建筑项目计划管理协同。工程建筑企业成本管理与施工计划协同有利于防止项目延期，减少项目延期成本。工程建筑企业属于资金密集型企业，制订资金计划并管理资金计划的执行，有利于降低资金成本。

（4）成本管理与经营管理协同。梳理、优化和建立规范的工程建筑项目的管理流程、规范与管理制度，实现效率的提升同时，降低项目管理成本。

（5）成本管理与财务协同。在集团财务管理体系下细化并规范成本的基础数据管理，支持业务财务成本一体化运行，及时呈现与业务相关联的成本，有利于成本的管控。

2）工程建筑项目一体化运行全成本管理

工程建筑项目一体化运行全成本管理体系将成本管理工作从工程建设环节，进行向前、向后的延伸。一体化运行全成本管理包括如下内容：

（1）成本基础数据管理。成本基础数据管理是进行工程建筑项目成本管理的根基，基础数据质量的好坏直接影响后续成本预估算、核算、管控与分析，是企业需下功夫的首要问题。工程建筑项目的成本基础数据管理，包括成本科目、测算明细、合约模板、招标模板、工程量清单、合同模板和变更因素等。

（2）项目目标成本管理。企业推行目标成本管理，可以把传统的事后核算的经营管理模式，转变为事前预算、事中控制、事后分析与考核相结合的现代化管理体系。工程建筑项目的目标成本管理，包括项目全成本预算、清单结构、分级管控、成本对标和目标成本跨期分摊等。

（3）项目合约规划。合约规划是在项目目标成本确定后，对目标成本按照自上而下、逐级分解的方式，以合同为口径进行分解编制的成本体系，对项目全生命周

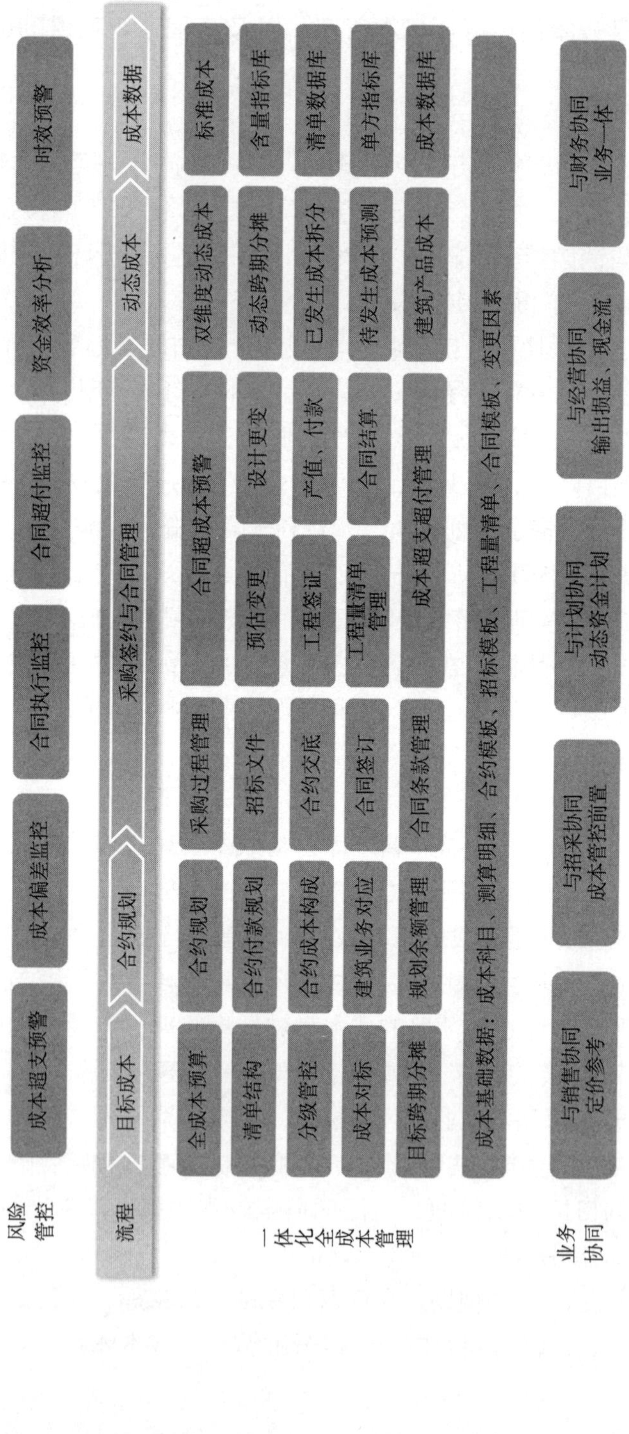

图 8-10　工程建筑企业成本数字化管理方案

期内发生的所有合同进行分层划分并对所对应的金额进行预估。在进行合约规划应遵循量入为出的原则，并适当留有余额，以应对突发风险。合约规划内容包括合规付款计划规划、合约成本构成规划、合约项目任务业务对应与合约余额管理等。

（4）采购签约与合同管理。工程项目的采购包括两类业务：一类为工程物资采购；一类为服务采购，即工程分包。工程采购占项目成本 60%~70% 应作为成本管理重点，包括采购招标管理、合约交底、合同条款管理、合同执行管理、合同成本和支付超支预警等相关内容。

（5）项目动态成本管理。工程建筑项目的动态成本管理便于各级项目管理人员实时了解项目执行过程中的成本情况，防范成本超支，保障项目利润。项目动态成本在数字化平台支撑下，可通过项目动态成本模型快速、准确获取项目的实时成本，有利于成本管理从手工或孤立系统下的粗放化管理走向项目成本的精细化管理。

（6）成本数据收集与沉淀。成本数据的收集与沉淀是成本核算与分析的基础，项目管理各级人员可以及时了解项目成本以及项目成本的执行情况分析，同时，通过数据分析为未来项目成本测算与评估提供支撑。

3）工程建筑项目的风险管控

重点从如下方面着手监控：

（1）合同。合同监控包括合同执行监控、合同超支监控等。

（2）成本。成本监控包括成本偏差监控、成本超支监控等。

（3）资金。资金监控包括资金效率分析和时效预警等。

总之，工程建筑项目通过项目全员控制、成本动态控制的管理方式，让每一位工作人员都参与到控制成本、关心成本工作中，将工程建设过程中的人工、材料和机械等投入的成本的实际值与目标值进行比较、动态地监控。如果发生异常的情况，相关管理人员可以及时发现，并采取纠正措施，最大限度地控制工程建设项目的成本。

09 第九章 软件开发企业成本管控

软件开发是新一代信息技术的灵魂。一方面，随着数字化浪潮的持续推进，各行各业对软件应用的需求大增，带动软件开发市场扩张及人才需求的增长。另一方面，互联网技术的变化发展日新月异，为软件开发提供了充足的动力，尤其在人工智能、大数据和云计算领域，催生出一大批技术领先的企业和创新型团队。

然而软件开发企业的发展也存在诸多难点，比如：

（1）团队管理难。由于现在的开发依然还是依赖人，项目越大、越多，人力要求也就增多、加强，每个人水平背景各不同，在流程、技术、安全规范过程中极易出现各种各样的问题，管理起来令人头疼。

（2）开发周期过长。开发测试环节多、测试耗时长，过程中可能出现一系列的问题，各项成本需要持续投入，交付进度与回款密切相关。

（3）代码质量不高。技术选型依赖开发人员，每个人写代码的水平参差不齐，极易导致开发和检查效率低下，经常一个环节慢，就会导致各个环节跟着慢，通常出现熬夜加班。

（4）项目成本高。有经验的工程师成本高，长周期的项目存在许多不确定性因素，造成项目延期、成本增加，人力成本、沟通成本、运维成本、硬件成本都是扣在项目经理等项目管理团队的紧箍咒。

上述种种难点终将反映在项目成本上。为避免重复，本章将着重从软件开发企业成本管控体系设计、软件开发项目成本管理逻辑、软件开发项目成本管控实践等方面进行阐述，希望能起到抛砖引玉的作用。

第一节　软件开发企业成本管控体系设计

软件开发企业属于典型的人力资源密集型领域，其业务流程涵盖可行性研究、需求调研、招投标、合同签订、启动实施、交付验收等环节，其中交付阶段涵盖需求分析、方案设计、系统开发、功能测试、部署上线及运行支持等细分环节。该领域具有周期长、多方协同要求高等特征，实施过程中需协调内外部资源，可能涉及软硬件采购代理及部分外包服务，项目管理复杂度较高。从成本构成看，主要包括人力资源投入、差旅支出、采购代理费用及外包成本等要素。由于周期跨度大、协同方众多、需求边界动态变化等不确定因素，管理过程中的任何疏漏都可能影响项目进度与成本控制目标达成。

一、软件开发企业特点

软件开发企业不同于其他行业，它具有开发技术更新快、客户定制化需求高、团队协作要求紧密、应用场景多样、客户需求多变、迭代更新成常态、成本与效益难平衡等特点，这些特点使得软件开发项目管理复杂、管理难度高。在软件开发过程中，项目管理者扮演着至关重要的角色。软件开发项目要确保按时、按质、按预算完成一系列活动。软件开发项目的企业特点主要体现在以下几个方面：

（1）技术更新快。软件企业技术更新快，要求员工不断学习新技术。企业需提供培训支持，帮助员工跟上市场和技术变化。

（2）客户定制化需求高。软件企业常面临客户定制化需求，开发人员需具备丰富经验和深厚技术，准确理解客户需求，提供定制化解决方案。

（3）团队协作紧密。软件开发依赖团队协作，需建立高效沟通机制，确保团队成员顺畅协作，按时完成高质量项目。

（4）应用场景多样。软件开发应用场景多样，开发者需根据场景特点进行针对性开发，项目管理者需跨部门沟通，关注行业趋势，调整项目策略。

（5）客户需求多变与成本效益平衡。软件开发中客户需求多变，项目经理需灵活调整计划，控制成本，确保项目按时交付，同时实现经济效益。

（6）质量控制严格。软件开发质量要求高，需采取严格的质量控制措施，确保软件无缺陷、无漏洞。

（7）安全性要求高。软件开发安全性要求高，需采取多种安全措施，确保软件安全，并建立应急预案应对安全风险。

（8）迭代更新常态。软件开发需不断迭代更新，开发者需快速响应客户需求变化，持续改进和优化软件。

二、软件开发企业成本管理现状

软件开发企业项目成本管理存在的问题主要包括：

1）项目成员与企业内部控制

项目成员普遍具备专业技术但成本意识薄弱，项目经理技术导向明显，忽视成本管理，常将责任归咎于财务部门。企业层面缺乏有效的成本控制机制，规章制度内容空洞，激励绩效制度不明确，导致成本控制难度大。

（1）软件技术人员缺乏成本控制意识。更关注技术提升，对成本管理关心不足，不愿控制开发成本。

（2）项目成本管理手段落后。依赖手工操作和 Excel 表格，缺乏现代化工具，导致成本估算和预算不准确，项目成本失控。

（3）项目成本管理范围不全面。仅关注开发阶段，忽视售前、维护等阶段的成本，导致项目整体成本超支。

（4）成本核算简单粗糙。数据滞后，无法有效支撑成本管控。企业应建立完善的成本控制体系，包括监控、优化和削减成本，并尝试敏捷开发的成本控制策略。

（5）过度依赖特定人员经验。增加项目管理的不稳定性，一旦人员变动，可能对项目进度、质量和成本造成负面影响。

（6）成本管理执行力不强。技术骨干兼任项目经理时，在大型项目中因缺乏专业管理技能，导致项目计划管理不到位，成本管控执行力差。优秀的项目经理能节省成本，提高效率，避免超预算或延期交付风险。

2）项目内部管理与客户需求

项目内部在需求分析和沟通上存在不足，未深入了解客户真正需求，口头承诺未在合同中细化量化，增加了成本风险。客户需求不明确，系统投入应用时难以满足，导致频繁变更要求，进一步推高了项目成本。

（1）项目需求不明确导致进度和成本失控。在需求分析阶段，若仅满足于基本轮廓的一致，忽视细节深入探讨，会极大增加项目失败风险，常因后续需求细化导致成本超支或进度延误。因此，需求分析时双方应详尽讨论项目背景、功能、性能、界面及接口要求，并设定评估标准。

（2）项目变更管理不善增加成本。软件开发中，客户需求变化和技术难题常引发项目变更，带来额外成本。为控制成本，需与客户约定变更管理流程、审批及成本分摊机制，严格评估控制变更请求。初期充分沟通明确需求，加强执行中客户协作，及时发现解决问题。建立变更管理制度，确保项目运行可控。

（3）项目风险管理缺失影响成本管控。项目初期应全面评估潜在风险，建立预防与应对机制，避免后期成本大幅增加。

总之，软件开发企业需要不断完善成本管理体系，提高成本管理的科学化与精细化管理水平，加强与客户和合作伙伴的沟通和协作，共同推动项目的成功实施和成本控制目标的实现。

三、软件开发企业成本管理重点

以下是软件开发企业项目管理中容易出现的问题，主要表现在：

（1）对软件开发项目管理的认识和重视不够。项目经理或管理人员不十分了解项目管理的知识体系，在实际工作中缺乏项目管理知识的指导，通常依靠个人现有的知识技能，项目管理工作的随意性、盲目性比较大。在一些软件企业中，项目经理在技术上能够独当一面，而在管理方面的知识比较缺乏，特别是项目管理方面更是如此，对项目管理的重要性认识和重视不足，存在项目风险的隐患。

（2）对项目管理的系统性把握不够。一些项目管理人员对项目总体计划、阶段计划的作用认识不足，认为项目中也有很多不确定的因素，做计划是走过场。因此，制订总体计划时比较随意，造成项目计划与管理控制脱节，无法进行有效的项目进度控制管理，经常造成项目工期延后完成与项目成本失控。

（3）管理思想贯彻不到位。在软件开发企业中，项目经理大多是技术骨干，技术方面的知识比较深厚，然而项目管理知识、项目经理应有的技能和素质都有待补充和提高，可能造成项目结构分解不合理，项目任务无法有效、合理地配置项目资源，造成项目管理失衡、资源浪费与成本增加。

（4）沟通的效率不高。在软件开发项目中，存在重要信息没有及时进行充分和有效的沟通。在制订计划、意见反馈、情况通报、技术问题或成果等方面与相关人员的沟通不足，造成项目成员各行其是、重复劳动或任务缺项等不必要的损失。项目经理等管理人员要把工作重点放在沟通上，而且要善于沟通，以提高沟通意识和沟通的效率。

（5）应对风险的策略不成熟。在软件开发项目中存在各种潜在风险，如技术风险、市场风险与人员风险等。如何及时识别、评估并应对这些风险，是项目管理中的重点，也是一大难点。许多项目经理没有充分分析可能存在的风险，应对风险的策略考虑比较简单。由于没有充分意识到风险管理的重要性，对计划书中风险管理的章节简单应付了事，通常是随便列出几个风险和一些简单的对策，对于后面的风险防范起不到指导作用。

结合软件开发项目管理中容易出现的这些问题，软件开发企业应该抓住软件开发项目的工作重点，不断优化完善项目管理体系，提升项目管理水平。

1. 软件开发项目管理重点

软件开发项目中存在各种各样的问题和困难，这些难点会对软件开发项目的进展和成功产生重大影响。因此，在软件开发项目管理工作中要着重抓好如下五个方面的工作，以便于更好地应对这些问题，确保项目的顺利进行。

（1）需求变更与管理。软件开发项目中，需求变更通常是一项重要而又困难的工作。在项目的不同阶段，项目经理、客户与开发人员等可能提出不同的需求变更请求。这可能导致项目的范围变化、进度受挤压、质量下降和成本超支等问题。因此，需求变更的管理成为软件开发项目管理的重点之一，建立包括需求评估、变更评审、优先级划分、变更对进度与成本影响评估和因变更造成成本增加的分摊规则等应对变更有效管理机制，这样有利于降低项目成本超支的风险。

（2）技术选择与架构设计。在软件开发项目中，选择合适的技术和架构对项目的成功至关重要。技术选择涉及评估不同技术的优势与劣势，以及技术与业务需求的匹配程度。架构设计则需要考虑项目规模、可维护性和可扩展性等因素，技术选择与架构设计也需要与项目的业务目标和需求保持一致，避免过度设计或者选择不适当的技术，造成项目成本超支与浪费。

（3）项目进度与资源管理。软件开发项目的进度与资源管理是项目管理工作的另一个重点。在项目执行过程中，可能会出现进度滞后与资源不足等问题，造成项目交付延迟、成本增加，以及客户不满意等负面影响。为了解决这些问题，项目团队需要建立合理的进度计划，包括明确的里程碑和阶段性目标，并进行有效的资源管理，合理分配和利用项目资源。同时，对项目的进度实时跟踪、及时发现问题和解决问题是确保项目顺利执行和项目成本有效控制的关键。

（4）团队协作与沟通。软件开发项目通常需要多个团队成员协同合作，团队协作和沟通是项目管理工作中一个不可忽视的重点。不同团队成员的角色、工作方式和沟通之间的差异可能导致信息传递不畅或协作不顺利的情况。为了解决这些问题，项目团队需要建立良好的沟通渠道和沟通方式，明确任务分工和责任，提供有效的反馈机制，以促进团队成员之间的合作和协调，确保项目按时、按质完成，防范项目成本超支。

（5）质量管理与测试。软件开发项目中存在的各种缺陷和错误可能导致软件功能不完整或性能不稳定等问题，影响客户体验和项目进展。因此，项目团队需要建立有效的质量保证和测试策略，包括单元测试、集成测试和系统测试等不同层次与不同类型的测试。测试时要充分考虑各种场景和边界条件，以及后续的维护和变更所带来的影响，降低项目后期的运维成本。

总之，软件开发项目中的难点问题是多方面的，但通过项目管理和团队合作的努力，这些问题是可以解决的。

2. 软件开发企业管理水平提升要求

为了克服上述管理难点，提高软件开发企业项目管理水平，需要采取如下措施：

（1）加强需求管理。建立完善的需求管理制度，明确需求变更的流程和责任。加强与客户的沟通，及时收集、整理和分析客户需求，确保项目需求与客户需求保持一致。

（2）提高技术能力。加强项目团队的技术培训和能力提升，确保项目团队具备足够的技术能力以应对技术难题。同时，积极引入新技术与新工具，提高项目的开发效率和质量。

（3）优化团队协作。建立良好的团队协作机制，明确团队成员的职责和角色。加强团队成员之间的沟通与交流，提高团队协作效率。采用敏捷开发等先进的项目管理方法，推动项目管理的持续改进和优化。

（4）加强风险管理。建立完善的风险管理制度，明确风险识别、评估、应对和监控的流程。加强风险意识的培养，提高风险识别和应对能力。定期进行风险评估和监控，及时发现并应对潜在风险。

（5）制订合理的项目计划。根据项目需求和资源情况，制订合理的项目计划。确保项目计划具有可行性和可操作性，同时具有一定的灵活性以应对可能的变故。

（6）引入项目管理工具。采用先进的项目管理工具和方法，如项目管理软件、敏捷开发工具等，提高项目管理的效率和准确性。通过工具的支持，实现项目进度、成本与质量等方面的实时监控和管理。

（7）建立明确的项目目标和指标体系。在软件开发项目开始之前，明确项目目标和关键评估指标。在整个项目周期中设立里程碑，并进行实时监控和评估，及时调整策略以保证进度和质量。通过有效沟通、合理任务分配和激励机制等方法来加强团队凝聚力和归属感，从而实现优质成果的产出。

通过以上措施的实施，可以有效提高软件开发项目的管理水平，克服项目管理中的难点，确保项目的顺利完成和高质量交付，提高软件开发项目的成功率。

四、软件开发企业成本管理体系

许多软件企业因项目成本管控不到位，造成企业经营困难、出现严重亏损，从而导致出卖股份、融资来补血，丢失企业控制权，甚至解体。

软件开发企业应该如何管控项目成本呢？因为软件开发项目周期长，所以应该按项目阶段、环节进行项目全过程的成本管控；又因软件开发与多方协同才能有效完成的项目，所以要按项目全方位进行成本管控；又因实现项目成本的有效控制，所以又要从项目前端，即项目售前阶段的成本估算开始。前一环节的成本控制后一环节的成本，成本控制环环相扣。

下面是我们总结并经过的成功验证的软件企业成本控最佳实践，如图9-1所示。

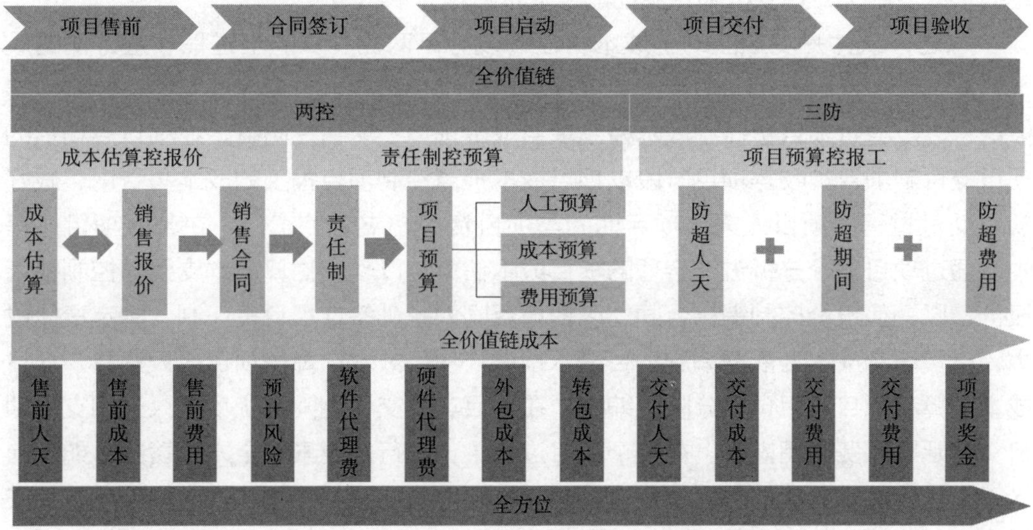

图9-1　软件开发与实施项目的全成本管控

我们把这套成本管控方法论，称为两控三防全过程全方位的软件开发实施项目成管控，其内容如下：

（1）成本管控工作不只是限于成本核算，还包括成本估算、成本预算和考核决算。

（2）成本管控工作不能局于项目开发实施交付阶段，还需要向前延伸，从项目售前进行成本估算、毛利测算、成单率预估，到合同签订的后项目成本预算，以此作为项目经理签订责任状的依据，还有后续的项目决算考核，以项目责任制为基准，实现项目全过程的成本管控。

（3）项目责任制的签订、执行与严格兑现，是整个项目成本有效管控的核心所在，项目责任制约定的项目绩效要能起到充分调动项目团队积极性作用，在保障企业的利润要求与项目质量的前提下，尽力增大绩效力度。

（4）成本管控工作与项目管理一体化运作。通过成本估算控制销售报价、责任制控制项目预算执行。

（5）项目交付阶段重点管控人天，资源人天的增加将会导致人天成本与项目相关的一系列费用的不可控，通过项目预算管控人天，防止项目交付超人天、超期间、超费用的现象发生。

（6）成本管控范围不再局限于项目交付时的人工成本、费用，还需包括售前的成本、费用、代理费、外包成本等，同时预留风险金（周期长，很可能出现不可预见因素的发生），建立以项目驱动的全成本管理体系。

总之，软件开发企业的全成本管控的核心是两控、三防全过程、全方位的成本管控。所谓两控就是从项目售前到项目启动项目阶段通过项目成本估算控制销售报价，以及通过项目责任制成本控制项目成本预算；所谓三防就是在项目启动后的项目交付到项目验收等项目阶段以项目成本预算控制项目报工的成本与费用，做好项目交付过程的项目人天、项目期间与项目费用超支防护工作。在整合项目过程中，通过项目需求分析进行合理的项目成本估算，以项目估算成本支撑与控制销售报价，以销售报价控制销售合同，以销售合同为基础签订项目责任制、制定责任成本，以责任制成本为依据编制项目成本预算，项目成本预算按项目人天预算、项目成本预算和项目费用预算分阶段编制，在项目实施交付期间防止项目人天超支、项目交付延期和费用超支等。在整个项目过程中，进行多要素、全方位管控，如售前人天、售前成本、售前费用、预计风险、软硬件代理费、外包成本、转包成本、交付人天、交付成本、交付差旅费、交付费用，以及项目结算与奖励等全方位、全要素的管理，以期达到项目全成本的有效管控。

第二节　软件开发企业成本管控逻辑

软件开发企业成本管理是一个复杂而又关键的过程，通过企业项目团队多方面的付出努力，才能实现有效的管理；通过加强成本估算、预算、控制、资源规划、风险管理、持续改进等方面的工作，才能确保企业项目成本的有效控制和管理，提高企业的整体经济效益。

下面从多方面阐述企业项目成本管理的逻辑思维，以期对软件开发企业的成本管理工作提供参考。

一、构建责权利相结合的成本控制机制

在构建企业项目成本控制机制中，要对各部门、项目及项目成员的工作范围、

工作职责、权利与利益进行明确界定。

1）企业与部门负责人的年度责任制内容

（1）工作范围与职责。明确部门负责人的年度工作目标，包括成本控制、项目进度、质量保障等方面的总体要求。

（2）权利。赋予部门负责人在资源调配、团队组建、决策制定等方面的权利，确保部门能够高效运作。

（3）利益。根据部门年度绩效，设定相应的奖励机制，如年终奖金、晋升机会等，激励部门负责人积极履行职责。

2）项目经理的项目责任制内容

（1）工作范围与职责。详细规定项目经理在项目中的具体职责，包括成本控制、进度管理、质量保证、沟通协调等。

（2）权利。赋予项目经理在项目执行过程中的决策权、资源调配权、团队管理权等，确保项目能够按计划推进。

（3）利益。根据项目绩效，设定项目经理的奖励机制，如项目奖金、荣誉表彰等，激励项目经理全力投入项目工作。

3）项目成员的责任制内容

（1）工作范围与职责。明确每个项目成员在项目中的具体任务、职责和工作时间表，确保任务分配合理、责任到人。

（2）权利。根据项目成员的能力和需求，赋予相应的决策参与权、资源使用权、建议权等，提高团队成员的积极性和参与度。

（3）利益。根据项目成员的绩效表现，设定相应的奖励机制，如绩效奖金、职业发展机会等，激发团队成员的创造力和工作热情。

4）落实与监控的内容

（1）层层落实。通过签订责任制，将成本控制责任从企业高层逐步落实到部门、项目经理和项目成员，确保责任无空白、无重叠。

（2）逐级负责。建立逐级汇报和审批机制，确保各级责任人能够及时了解项目进展和成本控制情况，及时采取措施解决问题。

（3）赏罚并行。根据责任制执行情况，对表现优秀的团队和个人给予奖励，对未能履行职责的给予处罚，形成有效的激励和约束机制。

通过上述措施，可以有效调动团队的积极性和主动性，构建有效的项目成本控制机制，提高项目的经济效益和社会效益。

二、规范项目成本估算体系

在软件开发项目的成本估算过程中，往往容易忽略软件项目的复杂性和不确定性，直接采取统一的标准对项目进行无差别的管理，这种项目管理方式容易埋下隐患，造成项目管控失效，进而导致成本失控。

企业应从软件开发项目的实际情况出发，对历史数据进行规范和分析，制订合理的计划标准。再根据每个项目自身的实际情况和业务计划，确定每个项目的预算计划。需求变化造成的预期成本变更问题也应纳入项目预算中，要保证预算计划与实际成本的可比性。

在项目启动前，应做好如下工作：

（1）在项目初期，对项目需求进行详细分析，明确项目范围和目标。

（2）根据项目需求，制订详细的项目计划和成本预算，合理配置人员、设备和资金等资源。项目成本估算包括人员、时间、资金等方面的估算。

（3）项目成本预算应具体到每个任务、每个阶段，以便于后续的项目成本控制和监控。

（4）建立项目成本估算的反馈机制，根据自下而上的估算反馈和实际情况对成本估算进行调整，使用项目成本估算数据更合理有效。

三、项目资源规划与成本预算

项目资源规划涉及项目所需人力、物力、财力等资源的合理配置。在项目资源规划过程中，应根据项目的实际情况和预算要求，明确各项资源的数量、质量和时间要求。注重资源的优化利用，避免项目资源浪费和闲置现象的发生。

成本预算是在成本估算的基础上，对项目所需资源进行详细规划和分配的过程。项目成本预算应明确各项费用的具体金额、时间节点以及责任人，确保项目资源的合理配置。在编制项目成本预算时，应充分考虑项目的风险因素，合理设置预算冗余度，确保项目的顺利进行。

四、强化项目成本预算过程管控

软件开发项目成本控制重点是强化项目成本预算过程管控。在项目执行过程中，重点管理资源计划、项目进度和项目成本的执行情况，定期进行资源使用情况的检查和评估，确保资源的充分利用。对于资源不足或过剩的情况，及时调整和优化资源配置。预测项目可能发生的工期滞后量和费用超支量，从而判断项目进度和成本是否与计划保持一致，进而及时采取纠正措施。同时，规范软件开发过程管理，实现软件开发过程的标准化管理，应做好如下工作：

（1）制定软件开发的流程和规范，确保项目过程的一致性和可复制性。

（2）采用敏捷开发和高效的开发方法，减少浪费和返工。

（3）对开发过程进行持续改进和优化，提高开发效率和质量。

五、建立有效的绩效管理制度

软件开发项目成本中最主要的部分是人力成本，因此完善薪酬考核制度对项目成本控制非常重要。在绩效考核体系中，重点关注成本管控指标，让整个组织成员意识到项目成本的重要性，考核制度要透明与公正，鼓励项目成员追求卓越的业绩和卓越的工作绩效。项目经理在项目启动阶段要制定明确的绩效指标和评估方法，项目绩效管理重点关注如下工作：

（1）明确项目团队成员的职责和权利，确保每个人对自己的工作负责。

（2）建立成本管控的奖励和惩罚机制，激励团队成员积极参与成本管控。

（3）将成本管控纳入项目管理绩效评价体系，作为项目成功的重要指标之一。

六、项目风险管理

在项目启动阶段，我们需要进行全面的风险评估，确定软件开发项目的风险，并制定相应的风险应对措施，以确保项目在面对风险时能够及时应对。定期监测项目进展情况，及时发现问题并采取措施，避免问题扩大化，项目风险管理重点关注如下工作：

（1）识别项目中的潜在风险，包括技术风险、人员风险、市场风险等。

（2）对风险进行定性和定量分析，评估其对成本的影响程度。

（3）制定风险应对措施和预案，确保在风险发生时能够迅速有效地应对，降低项目风险对项目成本的影响。

七、项目外包管理

在项目执行过程中，对于一些非核心或专业性较强的任务，可以考虑采用劳务外包的方式来优化成本结构。项目外包业务管理中重点做好如下工作：

（1）建立规范的采购流程，降低采购成本，提高采购效率。

（2）严格筛选外包供应商，充分考虑其技术实力、服务质量和成本因素，确保外包项目顺利完成。

（3）对外包项目进行严格管理，确保项目进度、质量和成本符合预期要求。

总之，在软件开发项目管理中，合理的成本管控不仅能够确保项目的顺利进行，也能有效地提高项目的经济效益。

第三节　软件开发企业成本管控实践

软件开发企业的全价值链是从项目售前、项目启动、项目需求分析与方案设计、系统构建与开发测试、系统上线与项目验收的整个过程，是一系列价值创造活动的总和。

软件开发企业的成本管理，内容主要包括在项目售前的投标（或规划）阶段要做好项目成本估算，支持销售人员的项目投标报价（或项目规划人员的投资预算）；在合同签字前，根据商务谈判结果重新进行项目成本估算作为合同评审的重要依据；在项目启动前，编制项目成本预算作为项目责任制签订的依据；在项目交付过程中，进行项目成本核算与控制；在项目竣工验收时，进行项目成本竣工结算、成本分析和项目绩效评估等。

一、五五项目管理模式

有一大批软件开发企业通过多年的项目管理摸索与实践，已总结出一整套以项目价值链为主线的软件开发项目管理的经验，称之为五五项目管理模式，如图9-2所示。

以价值链为主线软件开发项目管理最佳实践，内容包括五个项目阶段、五个项目管理重点、五个要求、五个会议和五个签字。

1. 五个项目阶段

1）项目售前

项目售前关系到企业的市场占有率和盈利能力。在这个环节中，企业需要制定有效的市场策略和销售计划，建立客户关系、获取需求信息、参与招投标，赢得销售订单。在编制投标方案时，需要与客户明确项目目标、项目需求、项目范围与项目成本评估。

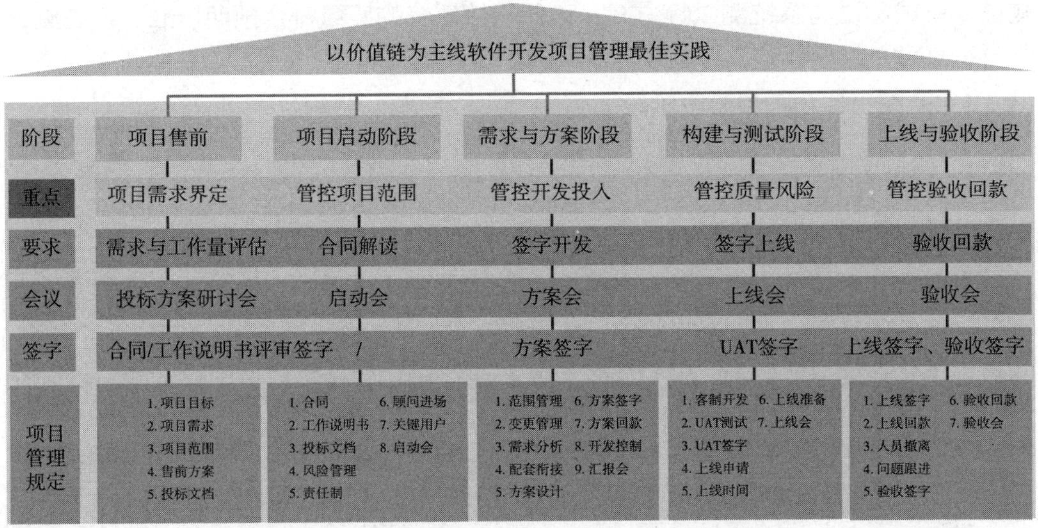

图 9-2　以价值链为主线软件开发项目管理最佳实践

2）项目启动

项目启动是新项目开发启动的第一步。在项目启动阶段，需要确定项目交付负责人，并与售前负责人进行项目的目标、项目范围、成本估算、可能存在风险等项目详细情况的对接，带项目组共同解读投标方案、工作说明书（SOW）与合同。在此基础上制订项目总体计划、项目成本预算以及签订项目责任制等。

3）项目需求分析与方案设计

项目需求分析是软件开发的关键步骤，它涉及对客户需求的深入理解、收集、分析和确认。在这个阶段，项目团队需要与客户进行充分的沟通，确保对项目的目标、功能、性能与安全等方面有清晰认识。需求分析报告必须由双方签字确定，需求分析的质量将直接影响到后续阶段的工作开展和项目成果的质量。

项目团队根据需求分析报告，制定详细的设计方案。方案设计内容包括系统架构设计、数据库设计、界面设计与算法设计等。方案设计的目标是确保软件系统的结构清晰、功能完善与性能稳定，并满足客户的需求。软件系统设计方案必须由双方签字确定。

4）系统构建与开发测试

系统构建与开发是将设计方案转化为实际代码的过程。在这个阶段，开发人员需要遵循编码规范，使用合适的开发工具和技术，完成对软件系统的开发工作。编码实现的质量将直接影响到软件系统的功能、性能和安全等方面。

系统测试是涉及对代码的质量检查、测试与修复等工作。通过代码审查、单元测试、集成测试与系统测试等方式，确保软件系统的质量符合预期标准。系统测试的目标是减少软件缺陷，提高软件系统的稳定性和可靠性。

5）系统上线与项目验收阶段

系统上线是将软件系统部署到实际环境中，供客户使用的过程。在这个阶段，项目团队需要制定详细的部署方案，包括环境准备、数据迁移与系统配置等工作。同时，还需要对客户进行培训和指导，确保客户能够顺利使用软件系统。

项目竣工验收作为项目完成的最后阶段。在验收过程中，应形成完整的文档记录，包括验收计划、测试报告与整改记录等。这些文档记录将为后续的项目维护、升级等工作提供重要参考。通过竣工验收，可以确保软件项目按照预定的目标、标准和质量要求完成，从而保障客户的利益，提升项目团队的信誉。

软件项目运维是软件企业价值链中不可或缺的一环，它涉及对软件系统的日常维护、性能监控、故障处理等工作。软件项目运维通常会作为独立项目签订。项目团队需要建立有效的运维体系，确保软件系统的稳定运行，并及时响应客户的需求和问题。运维支持的目标是提高客户满意度，保证软件系统的可用性和稳定性。

2. 五个项目管理重点

1）项目需求界定

在项目报价、合同签订前，需要清晰界定项目的边界，明确需求定义和工作内容等项目的范围，确保双方理解一致，准确合理评估工作量和资源投入，避免产生亏损。项目范围包括组织范围、业务范围、功能范围、开发范围、集成范围、数据范围、硬件配套、需求难度、客户投入和过程管控要求等。

2）管控项目范围

在项目启动阶段，要解读项目范围，并制定管控策略。由于项目售前团队与项目交付团队通常分属两个团队，项目售前团队有责任让团队交付团队清晰理解项目范围，并与客户达成共识，避免出现理解偏差。

3）管控开发投入

在项目需求与方案设计阶段，根据实际情况进行工作量和开发资源配置的微调（若存在较大变化，须启动项目变更流程），同时，管控好开发资源投入时间与数量，在方案未签字确认前，不得投入开发资源，避免造成资源浪费。

4）管控质量风险

软件开发质量管理是为了实现软件产品的质量特性满足客户和最终用户的需求和期望，保障所开发的软件系统的可靠、可用、安全，避免质量风险。软件开发质量管理是软件开发和维护过程中不可或缺的一环，通过有效的质量管理，可以减少软件产品在开发、测试、部署、运行等过程中的缺陷和错误，提高软件系统的稳定性和可靠性，防范质量风险。

5）管控验收回款

在项目上线与验收阶段，项目经理负责组织客户召开项目验收汇报会和“项目验收报告”签字，并及时办理项目验收回款。

3. 五个要求

1）需求分析与工作量评估的要求

在项目售前阶段，要求项目售前团队充分理解项目目标、项目需求与项目范围，并据此进行工作量的仔细评估。

2）合同解读的要求

在项目启动阶段，要求项目经理及项目核心成员在项目售前团队支持对合同、SOW 内容、投标方案等进行充分解读，重点解读 SOW，清晰界定项目边界，明确需求定义和工作内容，确保资源投入和高层参与。项目经理必须深度掌握和管控交付内容，包括实施范围、实施计划、交付成果、验收标准与文档签字，并与客户和项目团队达成共识，避免出现理解偏差。清晰理解合同付款阶段、付款比例及付款约束条件。

3）签字开发的要求

在软件系统开发投入前，要求项目成员在取得客户对需求分析报告与系统方案设计报告的确认，并通过书面签字确认后，方可进行软件开发工作。

4）签字上线的要求

在软件系统投入上线应用前，要求项目成员在取得各上线工作准备完善的签字确认，方可安排系统上线应用工作。

5）验收回款的要求

在项目具备验收条件后，要求项目经理负责组织客户召开验收汇报会和“项目验收报告”签字，并办理验收回款。

4. 五个会议

1）投标方案研讨会

时间在需求理解后，投标方案定稿之前。项目售前团队应与客户建立密切关系，获得相对准确的项目目标、需求与范围，结合企业的软件开发能力和项目交付能力，形成贴合客户的投标方案，充分评估工作量，制定销售报价策略。

2）启动会

时间在外部启动会召开之前。严格执行“未签合同提前入场规范”相关项目管理制度，合同签订前或预合同审批前，严禁安排顾问入场。

3）方案会

时间在方案完成后，客户评审阶段与软件开发前。方案确定前要严控开发资源投入，开发投入比（实际开发投入人天/总开发投入人天）达到预警线时触发预警、达到管控线时触发管控，达到暂停线时触发暂停，特殊情况由项目经理在PMS（项目管理系统）提交“方案未签字持续开发申请”，经项目经理、项目总监与项目管理部、运营中心和交付主导部门领导审批，由交付主导领导承担责任。

4）上线会

时间在上线两周前。为保障项目现金流，在回款不顺利时，项目经理可利用此时间节点回款，将收回方案款及用户验收测试（UAT）签字是上线切换的必要条件和底线，否则不允许上线切换，特殊情况由项目经理、项目总监与项目管理部、运营中心和交付主导部门领导审批，由交付主管领导承担责任。

5）验收会

时间在上线一个月，月结后第一周内。项目经理应严格管控SOW所规定的上线时间，特殊情况需推迟上线，则由项目经理在PMS提交“推迟上线切换申请”，经项目经理、项目总监与项目管理部、运营中心和交付主导部门领导审批，由此连带产生的成本增加、项目风险、延迟回款等由交付主导领导承担责任。

项目经理是项目验收的第一责任人，在验收前确保问题及时解决，负责组织客户召开验收汇报会和“项目验收报告”签字，并办理验收回款。如项目延期验收，将根据《项目激励管理办法》和《项目回款管理办法》进行负激励，同时由项目经理、由交付主导领导承担责任。

5. 五个签字

1）合同与SOW评审签字

项目售前团队、交付团队与企业律师共同评审合同条款和SOW内容，包括项目工作内容、实施范围、实施计划、交付成果和验收标准及文档签字等内容，评审后签字确认。

2）方案签字

方案签字是客户对项目交付的首次确认，这既是重要节点，也是回款依据，项目经理须安排客户签字“方案设计报告”。

3）UAT签字

UAT测试通过后，项目经理需安排客户签字“UAT测试报告”。UAT签字是上线切换的必要条件和底线，否则不允许上线切换，这样有利于防范项目风险，特殊情况由相关各级领导审批确定，交付主导领导承担责任。

4）上线签字

系统上线运行一个月内，项目经理需安排客户签字“上线确认报告”。

5）验收签字

“项目验收报告”是软件开发项目的最重要的项目文件，甲乙双方项目负责人的签字，代表项目的成功交付。“项目验收报告”还通常是项目回款的重要依据之一，作为乙方项目负责人在项目具备验收条件时，应及时推动项目验收和“项目验收报告”签字，并办理验收回款。

二、软件开发项目成本管控全流程

下面分享优秀软件开发项目全价值成本管理经验，内容包括建立以项目为主线的全价值链成本管理体系、项目成本构成、项目标准成本制定、项目成本核算、项目成本控制与分析、规范变更管理与防范项目风险等。

1. 成本管理体系

软件开发项目的成本管理工作不能仅限项目交付时的成本核算，成本管理应以项目为主线，贯穿软件开发项目全价值链的各个环节，即从项目的可行性研究、需求调研、招投标、合同签订、启动、交付（项目交付阶段又细分需求分析、方案设计、系统开发、功能测试、系统部署上线与运行支持）到验收等软件开发全价值链活动。

要实现软件开发与实施项目的成本有效管控，需要拉通从项目报价、合同、责任制到交付全过程成本管控，确保软件开发项目全价值链的各环节成本一脉相承、有据可依，提高项目成本管控透明度。

软件开发企业以项目为主线的全价值链成本管理，如图9-3所示。

软件开发项目全价值链成本管理体系，包括售前报价环节成本管控、销售合同环节成本管控、责任制环节成本管控、项目成本预算编制与审批、交付环节成本管控、对外采购管理成本管控和严格项目责任制兑现等内容。

1）售前报价环节成本管控

强制要求编制成本估算表，通过销售报价与成本估算的联动，保障销售报价及价格调整有据可依，保障项目能在合理成本范围内顺利交付。

（1）成本估算要点：

①售前负责人在BPM编制成本估算，包括软硬件、多产品线人天/成本/费用、外包/转包、预留成本、质保等。

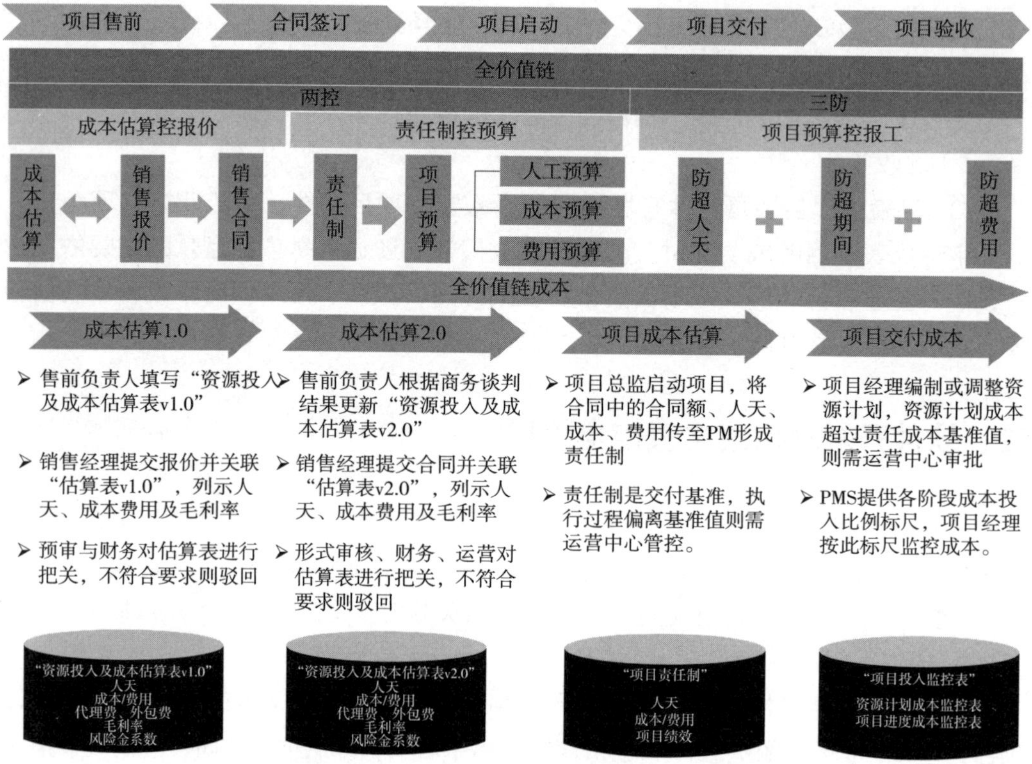

图 9-3 软件开发企业以项目为主线的全价值链成本管理

②预留成本用于项目奖金储备、交付风险储备、毛利率调节，预留系数根据企业实际情况设定。

③成本估算用于指导和控制报价，要求产品线报价 / 合同毛利率不能低于产品线成本估算毛利率。

④项目毛利率是项目管控的重要依据。

（2）销售报价要点：

①给客户报价的所有售前项目，需提前与行业线与产品线沟通形成共识、审批，否则报价视为无效。

②所有实施项目的报价，强制关联成本估算，以成本估算为依据，否则报价视为无效。

③软 / 硬件报价可以从成本估算引用到报价，数据来源于合作厂商，加上合理利润率。

④当销售报价的产品线报价毛利率小于成本估算的产品线估算毛利率则不会被批准，这时需要产品线、交付部门探讨：通过交付方案调整，改善毛利率的

可行性。

2）销售合同环节成本管控

通过成本估算联动，将进一步明确合同金额、合同人天、成本费用、毛利率等商务谈判结果，并作为客户、企业与项目组三方交付契约。

（1）销售合同管理要点（前三点与销售报价流程相同）：

①所有实施项目的合同，强制关联成本估算，以成本估算为依据，否则报价视为无效。

②软/硬件报价可以从成本估算引用到报价，数据来源于合作厂商，加上合理利润率。

③当销售合同的产品线合同毛利率小于成本估算的产品线估算毛利率时不予提交审批，则与产品线、交付部门探讨：通过交付方案调整，改善毛利率的可行性。

④合同审批后的项目金额、人天、成本、费用、毛利率、预留系数、预留成本、质保等数据，项目启动时形成责任制。

⑤如果合同金额在项目启动后发生变化，销售经理执行合同变更流程；变更合同审批完成后，调整责任制对应的责任制金额、成本、费用等。

3）责任制环节成本管控

项目启动时列示销售合同中的合同金额、人天、成本与费用，形成责任制考核的关键数据，项目管理部将加强责任制基准偏离管控。具体内容如下：

（1）项目启动时从合同引入项目金额、人天、成本、费用、毛利率、预留成本、质保期、质保比例等数据制定责任制考核数据。

（2）项目经理根据 SOW 调整收入标尺用于成本会计确认收入，根据项目实际情况调整责任制标尺用于监控项目预算执行情况。

（3）如因项目交付出现较大偏差需使用预留成本，则可以执行责任制变更成本。估算时预留的交付风险成本转化成责任制项目成本，视情况调整责任制。

4）项目成本预算编制与审批

项目成本预算编制与审批规则如下：

（1）项目预算由人天预算、成本预算、费用预算组成，成本、费用将受责任制控制。

（2）项目预算按成本＋费用总预算打包考核，总预算超过责任制需企业、产品线与项目管理部审批。

（3）人天、成本与费用预算变更，将联动审批，如果没有超出责任制，则由项目总监与项目管理部审批。

5）交付环节成本管控

项目经理编制或调整“资源计划及成本投入”，以责任制成本为基准值有效管控项目资源投入；超出责任制成本基准的资源计划，需由项目管理部审批。交付环节的成本管控重点包括人天监控、成本监控与费用监控，由人天的变化将直接影响项目人工成本与费用。因此，投入资源的人天监控也是项目交付成本管理的重点内容。具体内容如下：

（1）人天监控。项目经理编制详细资源计划，通过对责任制人天，滚动人天、实际人天投入数据的监控，监控人天投入的偏差情况，通过系统的对项目防超期间、防超人天和防超费用功能，解决对项目资源计划失控与项目成本费用预算弱控等问题。其中要点：

①项目资源全面管理，包括已定内部人员、待定内部人员、已定外包资源、待定外包资源、转包资源等。

②精细化项目人天管理，包括初始人天、滚动人天、月度预测、月度实际、阶段预测、阶段实际。

③项目预算设三条防线，包括防超人天、防超期间、防超费用，超出预算需报工则提交行业、产品线、运营中心审批。

④加强外包资源、转包在线管理，包括外包转包纳入预算、申请、采购、考勤、付款等，拉通预算与采购集成，规避管理漏洞与风险。

⑤关联考勤数据，实时监控实际人天投入。

（2）成本监控。通过滚动人天和标准成本计算出滚动成本，实时管控项目预算成本和实际成本投入，强化事前和事中成本管控，解决项目成本超支、事后核算、无法管控的问题。其中要点：

①已定与待定内部人员根据成本部门和职级对应的标准成本计算项目成本预算。

②已定与待定外包资源需手工输入初始成本，采购订单审批后需执行“新外包标准成本”购单价替换初始成本，在付款申请节点校验一致性。

③项目转包需手工输入转包金额，采购订单审批后需执行“新外包标准成本”购单价替换初始成本，在付款申请节点校验一致性，付款申请审批后按实际付款比例写回月度人天（实际）。

④项目成本费用预警，滚动成本预算超出责任制成本时，发出成本费用超支预警。

（3）费用监控。严格控制费用预算和项目补助的报销，实时管控项目费用预算和实际费用，实现费用事前、事中费用管控和事后分析。其中要点：

①编制住宿、差旅、补助、团建等费用预算，按人编制详细费用，全部汇总计入项目成本。

②按人按月实际报销数据，实时监控费用发生情况。

③超过费用预算不允许报销，需要项目经理提前变更费用预算审批并通过方可报销。

6）对外采购管理成本管控

主要包括代理软件采购、硬件采购与外包资源采购等内容。

（1）对外代理软件的成本管理：由企业统一建立软件供应商资源池，制定协议价格，加合理利润对外报价，支付方式背靠背。

（2）对外代理硬件的成本管理：由企业统一建立硬件供应商资源池，制定协议价格，加合理利润对外报价，支付方式背靠背。

（3）外包资源管理的成本管理：由公司统一资源池，项目经理提交资源采购申请，批准后方可采购，采购来源为供应商资源；外包资源区分职级管理、并匹配资源池的协议价格，编入项目预算，对项目人天、成本与考勤监控；支付方式背靠背。

7）严格项目责任制兑现

项目管理人员可直观实时监控责任制成本和实际投入偏差，做到透明考核，及时激励。一般以正向激励为主，为项目经理与团队成员实现的超额利润大幅度分成，有利于调动项目团队的积极性。

2. 项目成本构成

软件开发与实施项目的成本预算、控制、核算与分析应该满足从项目全过程、项目全方位的管控要求，因而在项目成本构成设计时，都是从项目成本结构和成本因子两个维度设计。

项目全过程可以划分为项目立项、需求调研、方案设计、系统配置、系统开发与测试、上线与支持和项目结项阶段。将这些个阶段将作为项目管理一个维度，按项目阶段维度，分别归集、核算、管控与分析项目的阶段成本，这样有利于项目成本管控的时效性要求，便于项目管理人员及时管理、分析项目成本的执行情况，防范成本超支风险。按阶段项目进行项目人工成本与项目费用的归集，这样在相关项目管理政策中就要按项目阶段报工、按项目阶段填报费用报销单、采购单，并与相关的项目阶段预算关联，这是项目全过程（各阶段）成本控制管理的前提条件。

按成本费用的性质特点，将项目成本费用分为项目人工成本、项目费用、采购外包费用与项目间接费用等。这些项目成本要素的划分，将有利于实现项目全方位的成本预算、控制、核算与分析，项目成本要素构成了项目成本管理的第二个维度，通常被称为项目成本因子。

软件开发与实施项目的成本构成，如图9-4所示。

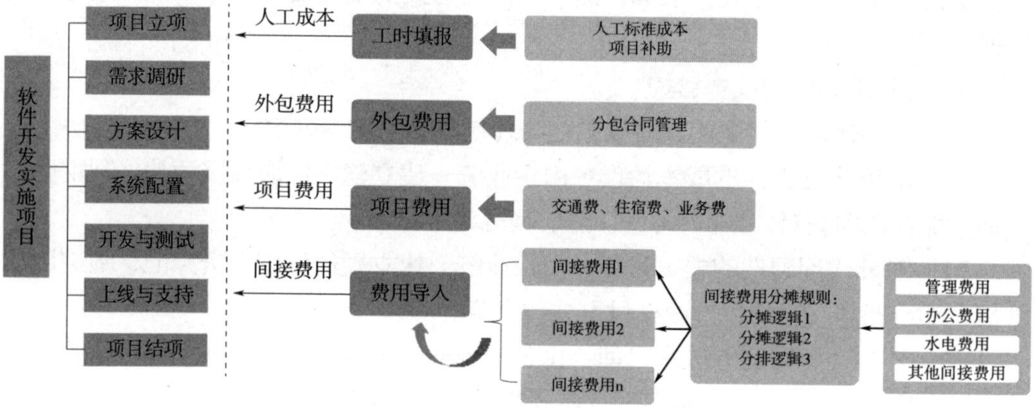

图9-4　软件开发实施项目的成本构成

软件开发与实施项目的成本构成分项目成本结构和项目成本因子两个维度。

1）项目成本结构维度

软件开发实施项目的项目结构通常按项目立项、需求调研、方案设计、系统配置、开发与测试、上线与支持和项目结项等项目阶段来区分，在每个阶段还可以进一步进行细分，以利于项目成本费用更加精细化地管理。项目阶段、子阶段的划分需要根据企业管理的需求与细分项目的特点进行相应的调整。

在项目成本管理时，项目阶段与子阶段的设置一般与项目业务管理保持一致，在相关的项目管理政策中就要求按项目阶段报工、按项目阶段填报费用报销单、采购单，并与相关的项目阶段预算关联。这样有利于进行项目成本费用数据的采集，反过来也有利于通过项目阶段成本预算对项目业务管理的控制和项目实际成本执行数据的分析。

2）项目成本因子维度

软件开发实施项目的项目成本因子通常按项目人工成本、采购外包费用、项目费用和项目间接费用等。

（1）项目人工成本。按项目中人力资源进行明细管理，通过各类各级人力资源的情况制定人工标准成本以根据项目管理制度确定项目用工补贴；通过项目考勤计算项目工时，从而获得项目的人工标准成本，月末可将实际薪酬差异数据按比例分摊计算项目的人工实际成本。

（2）采购外包费用。按供应商、采购合同，并关联到项目和项目阶段上，进行相成本费用明细管理。

（3）项目费用和项目间接费用。项目费用是项目开发实施过程中发现的直接费用，项目费用可根据需要进一步细分为交通费、住宿费与业务费等。项目间接费是企业为项目开发实施而发生，但不能直接对应各个项目上的各种费用，如管理费、办公费与水电费等，各类间接费用按照预先设定的规则分摊到相关的项目和项目阶段上。

3. 项目标准成本制定

软件开发人天成本费用是项目的主要成本，对项目成本的管理也将主要围绕着项目人天与项目人工成本。下面主要介绍人天单位标准成本的制定方法。

软件开发的人天标准成本通常与开发人员的薪酬福利、平均工作时间（天数）两个因素相关。人天标准成本的计算逻辑是：计算软件开发人员的每月薪酬福利总额、测算软件开发人员每月用于收费工时与有效工时利用率和测算人天单位标准成本与单价等。

1）计算软件开发人员的每月薪酬福利总额

软件开发人员的薪酬福利包括工资、社保、公积金与奖金等，通常软件开发项目都需要进驻甲方的项目现场，需要支出较大金额差旅费，如交通费、住宿费与出差补贴等，这三项差旅费通常与直接在项目现场工作人天相关。因此，一般将其纳入项目的直接人天费用中管理。另外，比较好的软件企业一般会有比较丰厚的奖金包，包括项目奖金、年终奖金，有的企业还会有季度奖金等，这些奖金不是按月支付，因此需要按奖金发放政策分摊计入。

软件开发人员的薪酬福利构成，如图9-5所示。

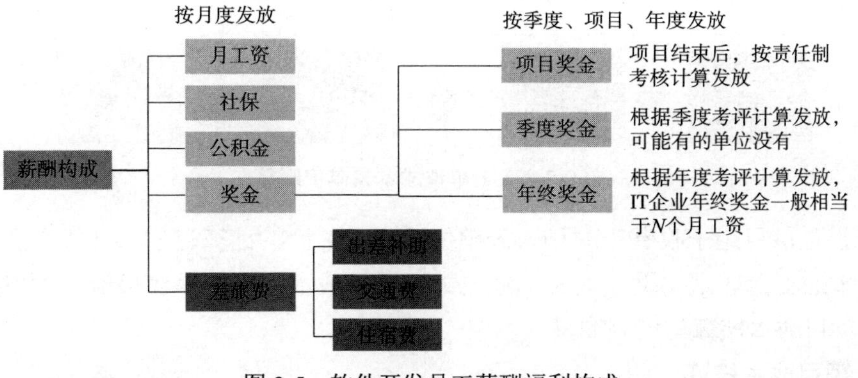

图9-5　软件开发员工薪酬福利构成

结合工资薪酬福利政策、出差规定与奖励考核制度等测算员工薪酬总额，一般情况按员工类别、职级进行分类统计、平均计算。

2）测算软件开发人员每月用于收费工时与有效工时利用率

软件开发人员的收费工时需要对每可用于工作的天数，扣除对员工培训的时间、婚假、产假，以及不能收费用的项目人天、人员闲置时间等，这样得出每月平均可用于收费用的人天数后，再计算有效工时利率。

每月用于收费工时测算，如图9-6所示。

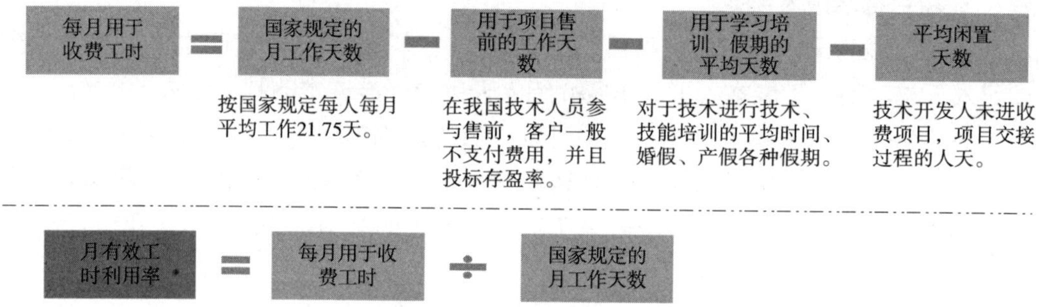

图9-6 每月用于收费工时测算

3）测算人天单位标准成本与单价

在软件开发人员的月平均薪酬总额与月收费用的人天、有效工时利用率计算后，再计算人天单位成本与人天单价。

人天单位成本与单价测算，如图9-7所示。

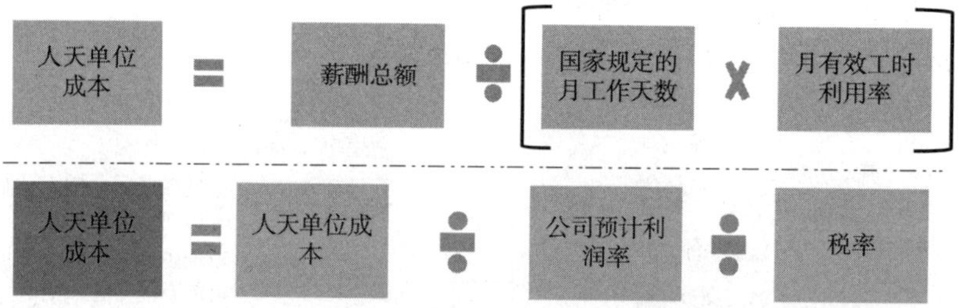

图9-7 人天单位成本与单价测算

以上是每月用于收费工时和人天单位成本与单价的计算过程和计算方法，人天单位成本的测算非常关键。人天单位成本是项目成本估算、销售报价、项目成本预算以及项目成本核算与控制的基础。

4. 项目成本核算

软件企业的成本核算与制造企业的成本核算相比要简单一些。软件开发一般按项目进行成本核算，软件项目成本构成主要包括项目直接成本与项目制造费用等两大主要内容。

1）项目直接成本核算

项目直接成本可以以项目维度进行直接归集的成本与费用，包括项目直接人工成本、项目直接费用与项目外购费用等。在会计科目设置时，软件企业可以根据企业实际情况进行明细设置，如投入项目的人员发生的人工成本（工资、福利费、社保、公积金与奖金等）、差旅费（交通费、餐费与住宿费等）、办公费（电话费、计算机折旧与办公用品等），以及为项目发生的外包外购费用（项目外包成本、软件代理成本与硬件代理成本等）。

软件开发与实施项目直接成本明细设置，如图9-8所示。

科目代码	科目名称	科目层级
4101	直接成本	一级科目
410101	直接成本——工资	
410102	直接成本——职工福利费	
410103	直接成本——社会保险费	
410104	直接成本——住房公积金	
410105	直接成本——补充保险	
410106	直接成本——工会经费	
410107	直接成本——职工教育经费	
410108	直接成本——伙食补贴	
410109	直接成本——住房补贴	
410110	直接成本——奖金	
410111	研发成本——非货币福利	
410112	直接成本——其他为职工支付的支出	
410113	直接成本——差旅费	二级科目
41011301	直接成本——差旅费——交通	
41011302	直接成本——差旅费——伙食	
41011303	直接成本——差旅费——住宿	
410114	直接成本——项目业务费	
410115	直接成本——电话费	
410116	直接成本——折旧	
410117	直接成本——办公费	
410118	直接成本——电子设备	
410119	直接成本——办公家具	二级科目
410120	直接成本——电脑返租	
410121	直接成本——外包成本	
410122	直接成本——软件代理成本	
410123	直接成本——硬件代理成本	
410124	直接成本——汽车成本	
410125	直接成本——其他	

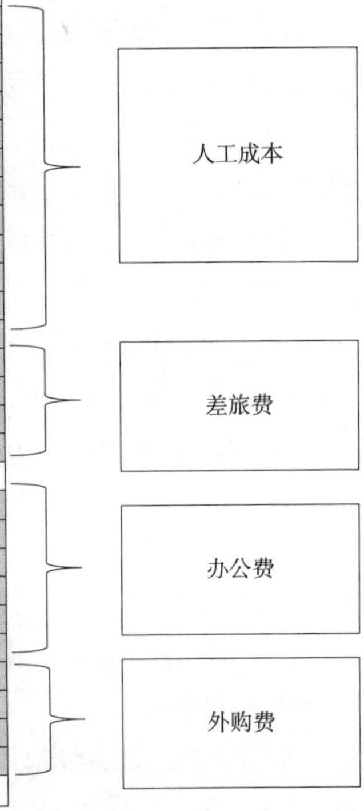

图9-8　软件开发与实施项目直接成本科目

软件开发消耗的资源主要为人力资源，人力成本在项目中占比很大，核算的重点放在直接人工成本上，如果企业规模不大，项目不多，很少发生多项目的人力资源交叉使用（或称人力资源共享），则直接按项目归集成本、项目就可以了。

但如果企业规模大、项目多（如同时在开展几十个、上百个项目），为发挥资源的最大效用，通常出现一个人会面对多个项目，这时就需要考虑成本分摊的问题。使用人天单位标准成本进行核算，实际发生的人工成本与标准成本的差异，按直接成本额分摊计入各个项目。

项目直接人工成本的计算通过项目人力资源的单位人天标准成本与项目中的耗用工时的乘积进行计算，单位人天标准成本的制定在上面已经描述了；项目工时则通过项目考勤系统（或考勤卡）获取。

项目直接费用的核算，按项目、项目阶段与明细的项目费用科目核算。现在企业一般都使用了费用报销系统，在预算报销单据填列时须选择费用对应的项目与项目阶段，通过系统间集成，将项目费用数据导出项目核算系统内，用于控制实际费用的发生。

2）项目制造费用核算

项目制造费用又称为项目间接费用。项目制造费用是项目管理部门管理人员（通常是指事业部、产品线等）的发生费用，不能直接计入项目，需要先通过成本费用中心归集，然后按一定的规则（如直接人工的占比）分摊计入项目成本，在详细科目设置上与项目直接成本类似。

软件开发与实施项目制造费用科目，如图9-9所示。

项目制造费用也按人工成本、差旅费用与办公费用管理，根据企业精细化管理的要求，可以进一步细化科目。在管理与核算时，先按费用责任部门、中心核算，再按项目受益原则的按比例分摊到项目。

5. 项目成本控制与分析

项目的成本控制是在整个实施过程中，定期收集实际成本数据，与预算进行对比分析，预测成本趋势，发现偏差并及时纠正，确保项目成本目标得以实现。项目成本控制的主要内容及分析如下：

（1）对造成成本基准计划发生改变的因素施加影响，以保证这种变化朝着有利项目的方向发展。

（2）确定项目基准计划是否已经发生变化。

（3）在实际成本基准计划发生变化和正在发生变化时，对这种变化实施有效的管理。

（4）监视项目成本执行情况，及时发现与成本计划的偏差。

（5）确保所有有关成本的变更都准确记录在项目成本基准计划防止不正确、不适宜或者未核准的变更纳入成本基准计划中。

科目代码	科目名称	科目层级	
4103	制造费用	一级科目	
410301	制造费用——工资		人工成本
410302	制造费用——职工福利费		
410303	制造费用——社会保险费		
410304	制造费用——住房公积金		
410305	制造费用——补充保险		
410306	制造费用——工会经费		
410307	制造费用——职工教育经费		
410308	制造费用——伙食补贴		
410309	制造费用——住房补贴		
410310	制造费用——奖金		
410311	制造费用——非货币福利		
410312	制造费用——其他为职工支付的支出		
410313	制造费用——差旅费	二级科目	差旅费
41031301	制造费用——差旅费——交通		
41031302	制造费用——差旅费——伙食		
41031303	制造费用——差旅费——住宿		
410314	制造费用——电话费		
410315	制造费用——折旧		办公费
410316	制造费用——业务费		
410317	制造费用——IT建设费		
410318	制造费用——办公费		
410319	制造费用——房租	二级科目	
41031901	制造费用——办公室——租金及管理费		
41031902	制造费用——办公室——水电		
410320	制造费用——电脑返租		
410321	制造费用——无形资产摊销		
410322	制造费用——汽车费		
410323	制造费用——其他		

图 9-9　软件开发与实施项目制造费用科目

6. 规范变更管理与防范项目风险

在软件开发项目执行过程中，变更是很难避免的。项目变更会涉及范围、时间与资源等方面的调整，其影响与后果可以对项目进展和最终成果产生深远的影响，如项目进展受阻、项目成本增加、项目质量下降或团队士气和客户关系受损等。

下面重点介绍规范变更管理，以及应对变更可采用的策略：建立项目变更管理流程，规范并严格执行项目变更管理制度，可有效防范变更带来的项目风险，如图9-10所示。

1）项目变更流程

主要包括变更申请、变更评估、变更审批和变更执行等活动。

2）项目变更管理规范

（1）提出变更申请。任何变更，无论是否会被接受，都需书面记录，方可受理。变更记录可供以后参考采用；明确需求变更的来源、目的、范围，以及预期实现的成效。

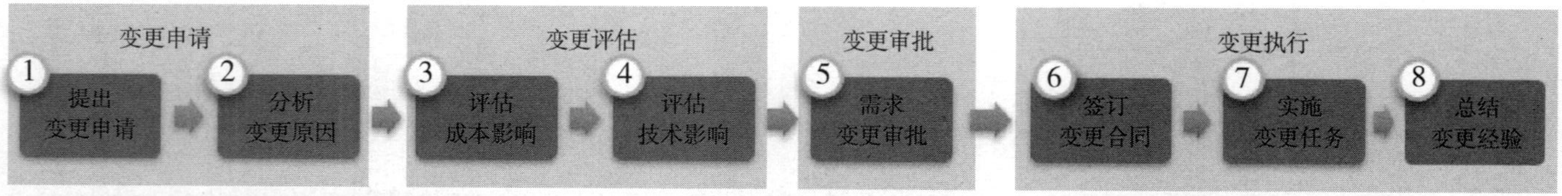

项目变更管理		说明
1	提出变更申请	变更是积少成多过程，任何变更都需书面记录方可受理，无论是否会被接受，也可供以后参考采用；明确需求变更的来源、目的、范围，以及预期实现的成效
2	分析变更原因	要界定属于项目初期对需求没有明确引发的变更？还是产品范围不清所产生的变更？或是在需求实现的基础上衍生出的新变更？或者因外部事件因素产生的变更？以及需求变更的要求、受限因素、条件和边界，并充分验证变更的必要性
3	评估成本影响	要深入评估分析变更对项目进度、成本、质量的影响，详细确定相关变更之间的影响关系
4	评估技术影响	要深入评估变更实现的技术、方案，确定变更执行的实施难度、优先级与风险
5	需求变更审批	由变更委员会审批，至少应由甲方业务部门领导和IT部门领导签字确认，此变更方可有效
6	签订变更合同	销售与PM拟定变更合同及变更SOW，提交双方审批
7	实施变更任务	制订详细实施计划、资源投入，确保项目按期切换上线
8	总结变更经验	要记录项目变更所产生和造成的影响，对变更所汲取的教训进行总结分析

图 9-10　规范变更管理防范项目风险

（2）分析变更原因。要界定属于项目初期对需求没有明确引发的变更，还是产品范围不清所产生的变更，或是在需求实现的基础上衍生出的新变更，或者因外部事件因素产生的变更，以及需求变更的要求、受限因素、条件和边界，并充分验证变更的必要性。

（3）评估成本影响。要深入评估分析变更对项目进度、成本与质量的影响，详细确定相关变更之间的影响关系，以及因变更增加的成本分摊与责任归属。

（4）评估技术影响。要深入评估变更实现的技术、方案，确定变更执行的实施难度、优先级与风险。

（5）需求变更审批。由变更委员会审批，至少应由甲方业务部门领导和信息技术部门领导签字确认，此变更方可有效。

（6）签订变更合同。销售与项目经理拟定变更合同及变更 SOW，提交双方审批。

（7）实施变更任务。制订详细实施计划、资源投入，确保项目按期切换上线。

（8）总结变更经验。要记录项目变更所造成的影响，对变更所吸取的教训进行总结分析。

10 第十章 科创企业成本管控

科创企业作为高新技术的代表领域，主要通过技术研发和创新应用来推动发展，核心在于专业人才的聚集与持续的技术突破。这类企业的特点包括：研发投入大、技术门槛高、产品价值附加值高、技术更新节奏快，同时由于创新过程具有不确定性、技术成果容易过时，企业需要应对更多不确定性风险。

科创企业应结合自身特点，建立规范科学的研发项目管理体系，促使有限的科研经费发挥最大的效益，为社会、为企业创造更多更新的技术和产品，是科研单位的重点研究课题。

为避免重复，本章将着重从科创企业成本管控体系设计、科创企业成本管理逻辑、科创企业成本管控实践等方面进行阐述，希望能起到抛砖引玉的作用。

第一节　科创企业成本管控体系设计

科创企业是推动社会进步的重要力量，具有知识密度高、创新浓度高、竞争烈度强、迭代周期短等特点，具备高价值的同时也面临着高度不确定性和高风险。随着科创企业一步步增加科技资源的投入，科研经费会逐年增加，免不了滋生出执行力度不够、项目经费管理不完善的问题，为了在有限科研经费下创造更多成果和效益，就要分析科创企业特点和成本管理现状，优化项目管理流程，建立科学、规范、高效的成本管理体系，有效管控科研经费。

一、科创企业特点

科创企业是一种以高新技术为主要投入，以技术生产、创造和利用为主要形式，强调高端人力资源的积累和运用，并追求持续创新的新型智力密集型行业。科创企业主要特点如下：

（1）多元化。科研领域扩展到多个学科，方法多样，满足更广泛的社会需求。

（2）开放性。科研资源共享，国际合作受限但国内合作加强，促进创新和包容性。

（3）团队协作。跨学科合作成为常态，集体智慧解决复杂问题。

（4）探索与创新。科研核心在于探索未知，创造新知识，过程充满不确定性。

（5）严谨规范。科研需遵循科学方法，确保研究结果的可靠性。

（6）长期投入。科研是长期过程，需要持续投入时间和精力。

（7）复杂多变。项目管理复杂，成果不确定，需灵活应变。

（8）高风险竞争。面临技术淘汰和市场竞争，需抗压和创新。

（9）应用与社会价值。科研成果需解决实际问题，推动社会进步。

（10）人才培养。科研项目培养高水平人才，需改善环境，做好管理。

（11）知识产权保护。重视科研成果，确保数据安全，保护知识产权。

二、科创企业成本管理现状

关于科创企业中科研项目的成本管理问题，普遍围绕经费预算、会计核算、成本控制与分析几方面开展，侧重探讨成本核算方式的选择及间接费用分摊标准。实务中，科研项目成本管理仍面临着许多问题，主要如下：

（1）成本管理意识淡。科研目标至上，忽视成本控制，导致资源浪费。

（2）激励机制缺成本。考核重成果轻管理，成本管理指标未被纳入，激励不足。

（3）成本核算不精准。未实行全成本核算，成本信息失真。

（4）管理制度不完善。成本管理规范缺失，传统条例不适用，执行不力。

（5）预算指导力弱。研发项目不确定性高，预算粗糙，缺乏科学指导。

（6）预算执行分析少。成本预算执行情况被忽视，超支后易追加，缺乏有效分析和考核。

三、科创企业成本管理重点

我国科研的势头日益强劲，科研项目无论是经费还是数量都呈现快速增长趋势，研究领域在不断扩大，合作的渠道和方式正由单一、分散、自由向团队化、联合攻关转变。科研项目管理是对科研活动全过程、全要素的管理，其目的是通过对科研人员和科研项目的管理，优化科研环境、配置科研资源、提高科研实力，更好地服务社会经济发展。科研管理水平的高低，直接影响到科研人员从事科学研究的积极性，从而决定科研工作效率和发展前景。在知识生产模式发生转变的背景下，科研管理者不能再用基于传统知识的生产模式去管理科研项目，而应转变思维方式和管理理念，建立一套适合新的知识生产方式的科研管理模式，不断加大对科研项目精细管理、经费合规管控、人才体系建立、科技资源协同管理、科技成果转化和知识沉淀，要向管理要效率，更要向科研经费的投入要成果、要效益。

科研项目管理模式，如图10-1所示。

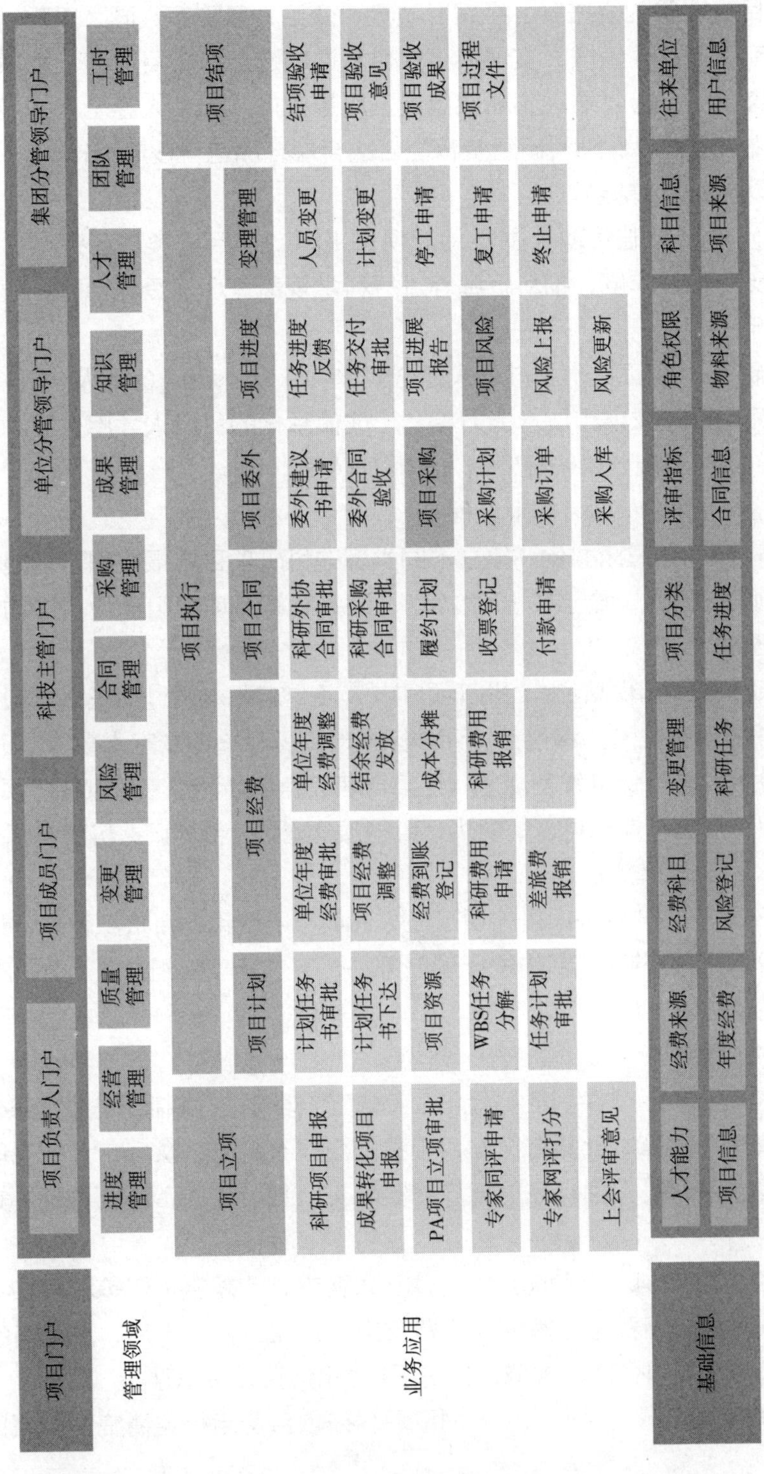

图 10-1 科研项目管理模式

科研项目管理要围绕进度、经费、质量、变更、风险、合同、采购、成果、知识、人才和工时等管理领域，实现科研项目从课题选择、项目申请、立项论证、组织实施、检查评估、验收结题到成果申报、科技推广、档案入卷全程的规范化、科学化与精细化管理，以保障科研经费管控合法合规，加速科技成果转化。

1）规范科研项目基础管理

（1）科研项目基础管理。主要是对项目来源、项目分类、经费科目、评审指标，以及涉及的往来单位、物料资源等进行科学规范管理，登记台账，便于随时调阅、统计分析。

（2）科研人才管理。建立科研人才全景卡片，动态记录各类人才的资质证书、项目参与情况、科研成果和技术能力等，形成体系化的科研人才库，组织人才结构和科研实力。有利于避免科研经费流入非科研人员。

2）优化并完善科研项目申报流程

（1）科研项目申报标准化。建立不同类型的科研项目申报流程，规范不同类型科研项目的预期成果、创新点、阶段计划、经费概算、项目组成员、参与单位等信息的填报标准等。

（2）科研立项评审规范化。科研项目申请经专家评审通过后正式立项，根据科研工作实际需要设置技术评审科目、评分标准、权重、参评专家人数等，进行科学、规范、系统性地评分，保障过程规范，结果合理准确。参评专家可对科研项目预算金额、预算项目等提出专业意见，辅助决策科研预算配置，合理调拨科研资源。

3）科研项目计划管理

（1）统一规范编制科研项目的项目任务、项目经费和项目资源管理计划。

（2）计划审批通过后，制作成计划任务书，下达给项目组执行，作为科研项目计划跟踪管的依据。

4）科研经费管理

（1）对科研经费从来源、到账登记、概算预算到收支控制、经费调整到决算汇总进行规范管理，预算审批要有标准，经费支出要有控制，决算审计要有明细，解决传统科研经费管理过程中存在的预算与实际支出脱节、经费明细含糊、缺乏统一管理的缺陷。

（2）经费支出控制。当发起合同付款、采购申请、差旅报销等科研相关费用支出时，要用预算校验，根据预算控制经费支出，并在经费支出后，进行科研经费归集，确保科研经费使用合理、规范，科研项目费用明细、清晰与可查。

（3）科研项目经费实时汇总。实时汇总科研项目费用相关情况，按项目清晰展现科研经费相关的明细数据，如科研经费的预算执行状态，用了多少、结余多少、经费构成、经费分布和投入等详细情况一目了然。

（4）决算数据透明合规。按照研发管理相关要求，统计各年度各类研发开销明细，按照财务加计扣除要求，管理科研经费来源、用途等相关证明材料，汇总数据，方便进行科研项目总结及审计。

5）规范项目委外业务管理

（1）立项过程中，如果有委外业务需求，可及时提报委外建议书。建议书中要明确业务委外原因、主要内容、拟询价单位依据、预计委外经费金额及经费测算依据，作为领导审批决策的重要参考。

（2）委外管理事前申请、事后验收，委外审批通过后，按规定进入采购流程。

6）规范项目合同

（1）规范项目采购、服务与外协合同管理，包括从合同起草、审批、签章到履约、变更、归档全流程管控。

（2）清楚掌握每份合同涉及的收款或付款金额和履行状态，整体把控降低合同执行风险。

7）规范采购管理

（1）规范科研项目的采购计划、订单与入库等环节管理，对采购过程统一监管、准确记录。

（2）通过系统规范采购过程、掌握采购进展、提升采购效率，确保所有采购业务均围绕科研项目运转所需的物资、物料展开，满足科研活动要求。

8）项目进度实时掌握与有序推进

在科研项目执行过程中，根据项目里程碑节点，跟进记录项目进度，并按季度、年中与年底对该项目的执行情况进行总结，明确项目进度、经费及科研资源投入、计划完成情况、各单位工作贡献度与取得的成果等，阶段性把握科研方向和进度。

9）结项验收

（1）项目完成后，由项目发起方对项目实施成果进行验收，并出具验收意见。对于委外内容，应由委托方对委外项目成果进行验收，确认是否达成合同约定内容，形成管理闭环。

（2）项目结题验收时，对项目产生的立项文档、计划任务书、研究成果报告、执行情况报告、校审记录卡与论文专利情况等进行妥善归集，形成标准完整的项目知识库，方便查看及调用。

10）项目成果管理

（1）项目成果统一管理。建立知识产权库，对论文、商标、软件著作权、专利与专有技术等科研成果进行集中管理，同时与知识产权申报审批形成信息联动，各类型知识产权一经获得，录入科技成果库，提升科技报奖参选项目数量。促进科研成果复用、孵化与转化。

（2）知识文件有序归集。建立标准、完整的科研项目知识库，将科研项目产生的立项文档、计划任务书、研究成果报告、执行情况报告、校审记录卡与论文专利情况等进行妥善记录和编目，方便根据使用习惯和权责要求进行查询、调用等。项目资料与项目流程联动，实时更新，有效避免因人员调动造成项目知识资产遗漏或丢失。

四、科创企业的成本管理体系

建立健全科研成本管理体系，合理分配科研经费和配置科研资源，建立科研经费投入产出激励机制，才能真正释放科研创新潜能。科创企业的成本管理体系，主要包括科研专项资金项目预算、科研项目预算编制与审批、科研项目经费开范围、科研项目预算执行与调剂、科研项目验收与绩效管理、监督检查与信息公开等，如图10-2所示。

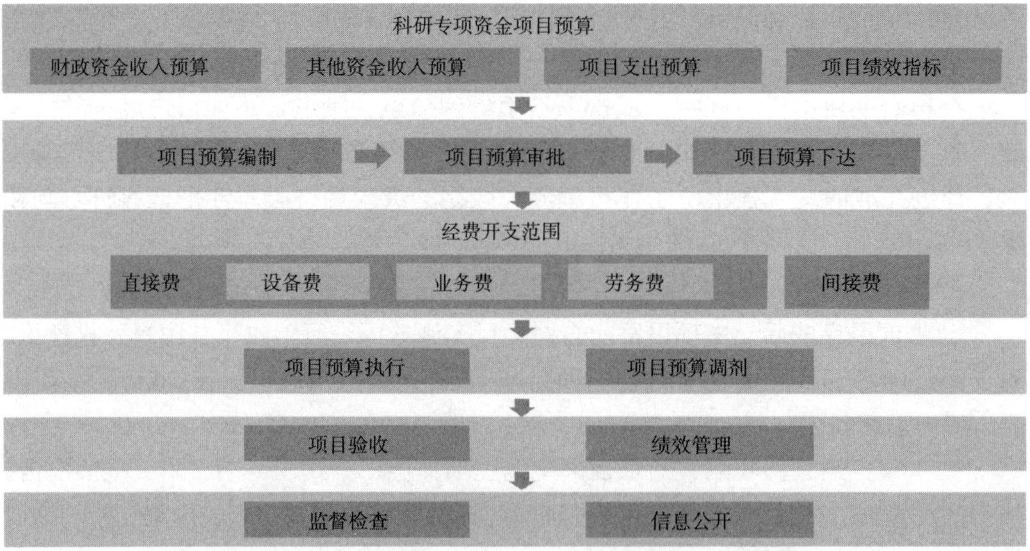

图10-2　科研项目成本管理体系

1. 科研专项资金项目预算

1）项目资金预算

项目资金预算包括收入预算和支出预算，收入预算包括财政资金来源预算、企业自筹和其他资金来源预算，支出预算包括项目直接费预算和间接费预算等。

2）项目绩效目标

在编制科研项目预算时，要有绩效指标，对科研项目的绩效目标的管理是非常严格的，不仅要制定项目在科研期间整体的项目绩效目标，还有具体的指标。具体指标和指标设置应尽量细化、量化并可衡量，便于评价考核。

2. 科研项目预算编制与审批

制定和发布下年度科研专项预算申报程序，开展科研项目评审、评估与论证等工作，确定年度科研专项计划资金安排和分配方案，并经过主管部门审核、查重等，提出预算安排，公开信息，接受社会监督。科研项目专项预算编制后，由主管部门审批，如果方案出现调整，需要进行重新审批，并按多版本管理。预算编制时，需要注意资金来源比例的限制。对于跨年项目，需要编制分年度的总体用款计划，减少年末科研经费结转的麻烦。

预算评审与项目评审同步开展，预算资金评审应该按评审规范进行独立、客观、公正与科学的评审，使用科研项目的预算与政策相符，并目标相关和经济合理。预算绩效目标的设定要科学、清晰、不能过于简单，这样有利于预算绩效目标的评审。预算审批后，科研项目主管部门下达立项计划、签订任务书，下达专项资金预算，并拨付资金。

3. 科研项目经费开支范围

科研项目经费开支范围分为直接费用和间接费用两大类。直接费用分为设备费、业务费和劳务费等；间接费用主要包括承担单位为项目研究提供的房屋占用，日常水、电、气、暖等费用，有关管理费用的补助支出，以及激励科研人员的绩效支出等。

1）设备费

设备费是指在项目实施过程中购置或试制专用仪器设备，对现有仪器设备进行升级改造，以及租赁外单位仪器设备而发生的费用。计算类仪器设备和软件工具可在设备费科目列支，严格控制设备购置，鼓励开放共享、自主研制、租赁专用仪器设备以及对现有仪器设备进行升级改造，避免设备的重复购置。

2）业务费

业务费是指在项目实施过程中消耗的各种材料等低值易耗品的采购、运输、装卸、整理等费用，发生的测试化验加工、燃料动力，以及出版、文献、信息传播、知识产权事务、会议、差旅、国际合作交流等费用，以及其他相关支出。

3）劳务费

劳务费是指在项目实施过程中支付给参与项目的研究人员、科研辅助人员等的劳务性费用，以及支付给临时聘请的咨询专家的费用等。

4. 科研项目预算执行与调剂

科研管理部门按预算支付制度规定，根据不同类型科研项目的特点、研究进度与资金需求等，合理制订经费拨付计划，并拨付科研项目资金。项目承担单位应当严格执行国家有关财经法规和财务制度，切实履行科研项目资金管理法人主体责任。

1）项目预算执行内容

（1）正确行使项目资金管理使用权。建立健全项目资金内部管理制度和报销规定，明确内部管理权限和审批程序，完善内控机制建设，强化资金使用绩效评价，确保科研项目资金使用安全规范有效。

（2）承担单位应当全面落实科研财务助理制度。每个项目应当配有相对固定的科研财务助理，科研财务助理所需的人力成本费用（含社会保险补助、住房公积金），可由科研项目经费等渠道统筹解决。

（3）承担单位应当将资金纳入单位财务统一管理。对财政资金和其他来源资金分别单独核算，确保专款专用。

（4）承担单位应当建立信息公开制度，在单位内部公开项目立项、主要研究人员、资金使用（如间接费用、外拨资金、结余资金使用等）、大型仪器设备购置以及项目研究成果等情况。对于设备、大宗材料、测试化验加工、劳务、专家咨询等费用以银行转账方式结算。对差旅费或难以取得发票的住宿费可实行包干制等。

（5）使用财政资金形成的固定资产、无形资产的管理，依照国家、企业有关规定编制财务报告及资产清单，报送资产管理部门。

（6）对于实行包干制的项目，承担单位应当制定内部管理规定，加强对资金使用的管理、指导和监督，确保资金安全和规范有效使用。项目负责人在承诺遵守科研伦理道德和作风学风诚信要求、资金全部用于与本项目研究工作相关支出的基础上，自主决定经费使用。

2）项目预算调剂内容

（1）项目预算总额调剂或项目预算总额不变。参加单位之间预算调剂、变更项目承担单位、项目参与单位等情况，由项目承担单位向专项预算管理部门提出申请，经审核评估后，按有关规定批准。

（2）项目预算总额不变。设备费预算调剂情况，由项目负责人或参与单位的研究任务负责人提出申请，所在单位统筹考虑现有设备配置情况和科研项目实际需求，及时办理审批手续。

（3）除设备费外的其他直接费用调剂情况，由项目负责人或参与单位的研究任务负责人根据科研活动实际需要自主安排。项目承担单位应当按照国家有关规定完善内部管理制度。

（4）项目间接费用预算的调剂。项目间接费用预算总额不得调增，经承担单位与负责人协商一致后，可调减用于直接费用；项目间接费用总额不变，参与单位之间调剂由科研项目承担单位与参与单位协商确定。

（5）项目其他来源资金总额不变。不同单位之间调剂由课题承担单位与参与单位协商确定并备案。

5. 科研项目验收与绩效管理

科研项目结束时，项目参加单位应当及时编制项目资金决算表。项目承担单位汇总资金决算表，开展科研项目结项的财务审计，组织完成项目验收材料的准备工作后，向主管部门提出项目验收申请。主管部门组织开展项目验收、财务验收和技术验收，形成项目验收结论，并及时办理财务结项手续。完成任务目标并通过项目验收，项目结余资金留归承担单位使用，优先考虑原项目团队的科技需求，统筹用于科研活动直接支出。如果项目终止、验收不合格，则结余资金按原渠道收回。其他项目沉淀资金，按照财政存量资金管理有关规定办理。

6. 监督检查与信息公开

根据职责和分工，建立覆盖资金管理使用全过程的资金监督机制。加强审计监督、财务监督与日常监督的贯通协调，增强监督合力。对监督中发现问题较多的承担单位，采取警示、指导和培训等方式，加强对承担单位的事前风险预警和防控。

科研项目主管部门督促所属承担单位加强内控制度和监督制约机制建设、落实项目资金管理责任，科研项目团队依照国家相关财经法规及财务管理规定，完善监督制约机制，动态监管资金使用并实时预警提醒，加强支撑服务条件建设，提高对科研人员的服务水平，建立常态化的自查自纠机制，确保科研项目资金安全。

科研机构的财务部门要定期编制通行的财务报表、披露相关会计信息，以便于接受社会各界的监督与评价。

第二节 科创企业成本管控逻辑

在科研资源投入量和投资力度都在大幅度增加的情况下，科研项目的管理方式与快速增长的科研资源投入之间会出现明显的不匹配。科研资源怎么分配、科研投入能带来多少回报，还有科研项目的管理本身，都需要改进。为此，企业应强化科研项目成本管理，将成本管理意识贯穿于整个项目管理流程之中，统筹优化科研资源配置，并建立科研成本管理的激励机制。同时，还需建立科研投入产出效益的管理机制，加强对科技资源投入的监管，扩大科研项目成本管理的应用范围。

下面将从建立完善的财务管控制度和全过程成本管理机制两个方面，为科技企业成本管理提供参考。

一、建立完善的财务管控制度

科研人员是企业的关键资源，特别是高级研发人才，更是企业的宝贝，企业各级管理人员对此类人才都有更多的包容。高级研发人员一般不喜欢受到约束，这在一定程度上会造成科研项目延期与科研经费的超支。为加速科研项目工作进展、提高科研经费的利用效率，科技企业需要建立完善的财务管理制度，规范化的工作流程。具体内容如下：

（1）完善财务管理制度。规范企业员工的工作行为，保证科研经费专款专用，针对重大项目还要设立专门的账户，不仅要将财政资金纳入其中，还应当编制完善的财务报表，明确成本的核算内容与方式。

（2）规范间接成本的分配流程及方式。建立相应的责任中心，采用合理的内部结算价格与分摊标准，将实际的成本反映出来，为科研院所的经济效益提供保障，将内部的资源使用效益发挥到最大化。

（3）规范科研项目管理流程。对于超出经费的不合理支出及时制止，保证设备采购能够遵循采购制度，满足动态化管理的需求。

（4）建立完善的科研项目成本管理体系。在项目申报和立项阶段进行项目成本估算，制定项目目标成本为科研经费和成本预算编制提供支撑；在项目执行过程中，通过信息系统从源头控制项目成本预算；对预算执行情况动态监控和分析，运用标准成本法明确成本预算差异责任，及时对项目预算偏差进行预警、分析原因并立即采取纠正措施；项目结束后，开展项目决算分析和考核运用，确保项目成本的有效控制。

二、建立科研项目全过程的成本管理机制

科创企业应建立并完善科研项目全价值链的成本管理机制。其内容如下：

（1）科研项目的成本规划与预算。科研项目成本管理的起点是制定成本规划与预算，根据企业战略和市场环境，预测未来的研发需求，并据此制订成本计划和预算。成本计划与预算以项目为基本单位进行编制，项目经理为科研经费管理的负责人。通过合理的成本规划与预算，确保研发活动的资金充足，并避免资金浪费。

（2）科研项目立项可行性分析与成本估算。在项目申报和立项阶段，需要进行充分调研和项目可行性分析。同时，评估科研项目投资收益，包括科研项目的成本、收入与利润估算及项目投资的资金流量预测，为项目投资作好准备和筹集资金，规避项目投资风险。

（3）确定目标成本与编制项目成本预算。在项目启动阶段编制成本预算，在目标成本内开展方案设计和编制成本预算。制定详细的成本预算是科研项目成本管理的首要任务。根据企业战略目标、市场需求与研发周期等因素，预测并规划未来的研发成本。科研项目成本预算包括人力成本、材料成本、设备折旧与间接费用等各项支出，并设定合理的预算控制线。

（4）科研项目成本控制与监督。在科研项目执行过程中，科研项目成本控制是成本管理的核心环节，科技企业通过建立有效的成本控制机制，对研发活动中的各项成本进行实时监控和控制。通过定期的成本审查、成本审计及定期的预算执行情况分析，确保对超出预算的成本进行及时调整和优化。

（5）科研项目风险管理与应对。科研项目研发活动往往伴随着技术风险和市场风险。因此，在科研项目成本管理中，企业需要建立风险管理机制，对可能出现的风险进行预测、评估和控制。通过制定风险应对策略、建立风险预警系统、定期进行风险评估等措施，降低研发过程中的风险成本。

（6）科研项目的绩效评价与激励机制设计。合理的绩效评价和激励机制是激发科研人员积极性和创造力的关键。科技企业应建立基于科研项目价值链的绩效评价体系，将科研人员的绩效与科研项目成果、科研项目经费管控直接挂钩，将科研人员的个人目标与企业的整体目标相结合。同时，设计具有吸引力的激励机制，如奖金、晋升机会等，以激发科研人员的积极性和创造力，将有利于科研人员在有限的科研经费内创造更多的科研成果。

总之，科创企业一般都有一套科研项目管理与经费管理规章制度，但在有些单位流于形式没有充分发挥作用，造成科研项目成本职能缺失或管控不到位，如在研发过程中，科研经费不断追加，导致预算超支，影响项目进展。

第三节　科创企业成本管控实践

在科创企业内，科研项目价值链贯穿科研创新从起步到成果应用的每一步，包含项目申请、立项论证、组织实施、检查评估、验收鉴定、成果申报、科技推广、档案入卷等多个环节。科创企业通过有效管理价值链上的各个环节，能够降低成本、提高效率，并在市场中获得更强的竞争力。

一、科创企业价值链管理

科研项目价值链的每个环节都是不可或缺的，缺少一环都将影响最终的创新成果和经济效益，各个环节之间相互依赖、相互作用，形成一个有机的整体。

科创企业全价值链管理主要内容如下：

（1）科研项目申请。根据本单位生产和发展规划，了解、确认对科研业务的需求，对需求信息确认、分析，制定初步技术方案，重点对技术可行性和经济可行性进行评估。申报单位项目负责人填写申请书并经所在单位审核同意，上报公司主管部门初审。

（2）立项论证。由主管部门牵头协同相关部门对科研项目进行审查，主要对项目立项意义、社会推广的预期效果、技术路线的可行性、科研组成员及经费预算等进行论证，提出审查意见。科研项目审查后，公司主管部门报领导审批，下达科研项目计划。

（3）组织实施。科研项目的研究内容、研究组成员、进度计划及经费预算一经确定，研究组未经批准不得擅自变更或修改。科研项目负责人对科研项目全面负责，具有管理权。全面负责科研项目的进度、经费、人员调配、物资领取、科研项目奖金分配等工作，按科研项目进度完成各项任务，应及时记录准确、真实、完整的实验资料。科研记录内容主要包括实验名称、方案、人员、时间、材料、环境、方法，以及具体的实验步骤、过程与结果等，并应准确记录观察指标的数据变化。每项实验结束后，应进行数据处理和分析，并有文字小结。

（4）检查评估。研究组应按时将阶段性小结和评价及工作进程等情况按要求上报，主管部门对科研项目的执行情况进行检查和考核。

（5）科研项目验收。科研项目计划任务完成，并达到预期效果后，由责任单位组织预验收，根据项目下达部门要求，提交项目验收材料，并书面报告主管部门及相关专业部门，以便组织鉴定验收。主管部门按有关验收要求，组织相关专业人员进行鉴定与验收，并办理该项目结算。

（6）科技成果申报鉴定。科研项目完成后要聘请专家鉴定、验收，形成科技项目评审意见书，验收评议并符合本规定评奖条件的项目，由所在单位将项目初步验收评议结果和申报书面报送公司主管部门审核。参加鉴定的科研项目，由科研项目负责人向鉴定委员会做成果报告，备齐申报材料。提供评审（或鉴定）的主要技术资料包括：项目评审大纲、工作总结、技术报告、效果分析、科学技术查新报告和客户意见，以及项目相关原始资料等。

（7）科技档案归档与科技推广。科技档案由科研项目负责人按时立卷归档，科技档案归档的文件资料，包括审批文件、任务书、委托书、设计方案、协议书和合同书以及实验研究调查、分析、试制、测试、观测和各种载体的重要原始记录和数据，还包括：论文清单、成果申报材料、审批材料、成果奖励文件、成果推广使用证明材料、发明证书、奖励和经费收支结算等。科研成果推广是将新的产品和服务推向市场，让更多的人接受这种新技术和新产品的过程，促进科研成果转化。

二、科创企业成本管控全流程

为了释放科研活力和创新动力，向科研人员放权赋能，国家出台了一系列科研经费管理政策。本着让经费为人的创造性活动服务，而不能让人的创造性活动为经费服务的原则，经费检查重点抓两头、放中间，为科研项目配备相对固定的财务助理，通过信息化手段提高科研管理效率和便利化程度，不再让科研人员在预算编制、经费报销工作上花费过多的精力。但这不是说要放松科研经费的管理，为盘活科研资金、提高科研资金的使用效率，实现科研成本支出的有效管理，科创企业可以采取建立以科研项目为主线的全价值链成本管理体系、科研经费项目预算科目设置与管控、加强科研经费预算与报销的数字化系统建设等措施强化科研成本支出的管理。

1. 建立以科研项目为主线的全价值链成本管理体系

科研成本支出的管控范围从项目预算与检查等环节的管理扩展到科研项目全价值链的各个环节，有利于科研经费用的有效管理，提高资金利用效率，以有限的科研经费，创造更多的科研成果。

价值链各环节成本管控主要内容如下：

（1）科研项目申请阶段的成本管控。在科研项目申报前，不仅要做技术可行性分析，更要进行经济可行性评估，初步测算科研项目所需要的资金支持的额度，以及未来可能产生的效益。

（2）立项论证阶段的成本管控。主管部门在进行科研项目评估、审查时，需要对科研项目所需资源和经费预算，以及预期效果进行充分论证后，方可立项。主管部门客观、公正、独立和科学评审项目预算资金与预算绩效目标，评审后与项目负责人签订包含项目预算的项目任务书，它将是项目预算执行、项目验收、绩效评价和监督检查的依据。

（3）组织实施阶段的成本管控。项目启动后，科研组成员、进度计划及经费预算一经确定，科研组未经批准不得擅自变更或修改。科研项目研发过程中，重点监控项目计划进度、资源使用情况，以及项目经费的使用情况，规范财务支出行为，以科研项目预算控制项目经费报销。

（4）科研项目验收的成本管控。科研项目计划任务完成，并达到预期效果后，由责任单位组织预验收，并办理项目结算，盘点科研资金的盈余，根据规定妥善处理。

（5）科研成果申报与绩效评价。科研项目完成后，聘请专家验收、成果鉴定及评奖，并根据科研项目取得的成果进行绩效评价。

（6）科研成果转化收益分析。通过科研成果推广活动是将新的科研成果推向市场，让更多的企业有机会接触到新的科研成果，有利于实现科研成果的转化。因此，促进科研成果转化是科研工作最重要的一环，企业应该对市场进行充分调研、评估，尽快投向市场，获得科技带来的超额收益。

2. 科研经费项目预算科目设置与管控

科研经费的专项资金采取统筹使用、聚焦重点、政府引导、分类支持、依法依规、公开公正、科学合理、注重绩效的原则进行管理与使用，2021年颁发的《国务院办公厅关于改革完善中央财政科研经费管理的若干意见》（国办发〔2021〕32号）文件针对项目经费管理刚性偏大、经费拨付不完善、间接费用比例偏低和经费报销难等问题，从扩大科研经费管理自主权、完善科研项目经费拨付机制、加大科研人员激励力度、减轻科研人员事务性负担、创新财政科研经费投入与支持方式、改进监督检查和绩效管理与组织实施等方面的完善意见，进一步精减合并预算编制科目，简化预算编制。

科研项目预算科目，如图10-3所示。

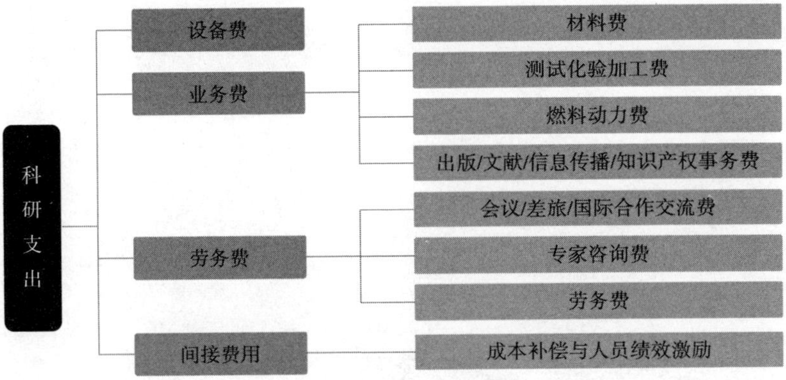

图 10-3　科研项目预算科目

科研项目预算科目现在只需设置设备费、业务费和劳务费三个直接费用和一个间接费用科目，简化了科研项目预算编制，以及项目预算执行中的调剂工作。为了科研经费规范管理，在科研经费报销核算时可将业务费细分为材料费、测试化验加工费、燃料动力费，以及出版、文献、信息传播、知识产权事务费等明细科目，这些明细核算科目与业务费预算科目建立关联，从而实现项目预算对项目核算的有效控制。同样，可将劳务费细分为劳务费、专家咨询费，以及会议、差旅、国际合作交流费等明细科目，这些明细核算科目与劳务费预算科目建立关联，从而实现项目预算对项目核算的有效控制。

3. 加强科研经费预算与报销的数字化系统建设

科创企业应针对科研经费预算、报销中的难点、堵点问题对症下药、精准发力推动无纸化科研经费的数字化管理，减轻科研人员事务性负担。科研项目管理数字化建设蓝图，可参见本章第一节中图 10-1 科研项目管理模式。

11

第十一章

数字化技术发展对企业成本管理的影响

在数字化时代，传统管理理念受到了一定冲击。传统的管理理念强调层级体制、集中式决策和标准化流程，而数字化催生了一系列新的管理理念和模式，如平台化组织、数据驱动、灵活性等。

本章将从数字化技术如何推动管理理念与模式的革新，以及对企业财务管理和成本管理带来的挑战与机遇等方面进行阐述，希望能起到抛砖引玉的作用。

第一节　数字化技术催生新的管理理念和模式

大数据、云计算、云共享、区块链、人工智能等以不可逆转的势头推动整个社会经历着数字化变革。国家高度重视数字化发展，明确提出数字中国战略。2020 年 8 月，国务院国有资产监督管理委员会办公厅发布《关于加快推进国有企业数字化转型工作的通知》中提到，数字化转型不仅是企业间竞争的关键领域，也将成为我国构建竞争优势、夺取企业发展主导权的重要领域，并成为企业高质量发展的关键引擎。

一、数字化技术对企业管理理念的冲击

在国家政策引领下，我国企业正在加速数字化转型，由于传统管理理论对数字经济的适用性存在一定限制，从而影响企业管理效率与管理水平的提升。我们能够感受到平台化组织对科层制的冲击、数据驱动对直观管理的冲击、标准化对灵活性的冲击、创新文化对保守传统的冲击等现象。

1. 平台化组织对科层制的冲击

科层制理论是德国社会学家马克斯·韦伯提出的有关组织结构的经典理论。长期以来，人们运用这一理论，可以使无序、无效率的组织变为有序、高效运转的组织。然而科层制缺乏灵活性显得僵硬和不适应，这与数字化时代企业逐渐向平台化组织转变，而平台化组织强调灵活性、协同性和创新性的理念相悖。通过数字平台连接各方，实现资源的共享和整合，为企业提供了更广阔的发展空间。

2. 数据驱动对直观管理的冲击

传统的管理理念在决策过程中往往依赖经验和直觉，而数字化时代则注重数据的驱动和分析。大数据技术的出现使得企业能够从海量的数据中提取有价值的信息，从而更加科学地制定决策。在数字化时代，企业需要培养数据意识，将数据分析融入决策过程中。传统的直观管理亦可同数据驱动相结合，通过科学的数据支持来增强管理的准确性和时效性。数据的使用不仅能够帮助企业更好地了解市场和客

户需求，还能够提高运营效率，优化资源配置，使企业更具竞争力。

3. 灵活性对标准化的冲击

传统的管理理念通常倾向于标准化和规模化，企业一直致力于通过管理标准化、业务规模化等方式提高企业生产效率。然而，在数字化时代，市场变化迅猛，客户需求多样化，企业需要更强的灵活性来适应这种多样化、个性化的变化。企业在保持必要标准的基础上，需灵活调整战略，紧跟市场需求变化。数字化工具和技术的引入，能帮助企业更便捷地调整业务模式、产品及服务，更精准地满足客户的个性化需求。

4. 创新文化对保守传统的冲击

传统企业文化可能抑制员工尝试新方法，阻碍创新。在数字化时代，企业应拥抱变革，培育创新文化，激励员工提出新观念，推动持续进步。这要求打破常规，鼓励员工学习新知，勇于尝试。创新文化应贯穿于产品技术、管理方式、组织结构和企业文化中，鼓励员工建言献策、参与决策，以创新方式解决问题。

上述各种现象表明，数字化技术必将对组织结构、竞争战略、商业决策、生产管理、市场营销、财务管理等传统管理理念产生深远的影响。

二、数字化技术推动企业重塑组织形态

企业常采用马克斯·韦伯提出的科层制结构，即按职能和职位分工分层的管理体系，包括直线型、事业部制、矩阵式、集团控股式等多种形式。这种传统组织形式虽能提高内部效率，但减缓了信息流动，难以迅速适应市场变化，增加了协调成本。而大数据、云计算、互联网等数字化技术，通过实现组织内外的万物互联和信息穿透，有效降低了内部协调和信息传递的成本。

1. 组织结构转变

从层级管理组织结构向扁平化、平台化与资源共享转变。数字技术促使企业从层级管理向扁平化、平台化转变，减少管理层级，增强信息流通与共享。网络会议、远程办公和云端管理成为新趋势，平台化组织模式成为企业数字化转型的必然选择。

2. 竞争形态转变

从线性价值链的竞争向繁荣共生的数字生态共同体转变。数字化技术打破专注边界，跨界竞争成为常态，基于数字化平台的生态竞争成为企业竞争与合作的新形态。

3. 决策模式转变

从基于主观经验离散决策向数据智能实时在线决策转变。诺贝尔经济学奖

得主赫伯特·西蒙说："管理的核心是决策，管理过程就是决策的制订和贯彻过程。"或许可以说，人类自有组织以来的决策模式，一直都是高度依赖于管理者的直觉和滞后的主观经验，决策节奏也只能是一次次的离散行为。随着数据算法和人工智能的应用，商业决策更加依赖客观数据和算法，实现连续、不间断的决策输出。

三、数字化技术使企业管理智能和便捷

传统的经营管理一般以实物、实地、实体为主，各种内外部要素的流动都不同程度受到时间、空间等的限制，极大地制约了经济活动的效率。企业经营管理通过大数据、云计算和互联网等数字化技术，打破了传统的时间和空间限制，使得信息更加透明，经济活动更加高效，互联互通更加随时随地。企业的生产、管理大部分脱离了实物、实地的束缚，变得智能和便捷。

1. 数字化技术升级生产管理模式

生产管理将从基于工厂制造的生产经济向基于平台引领的服务经济转变。在传统经营管理框架中，虽然需求侧和供给侧、供应链和价值链之间存在关联和互动，但彼此间的影响是静态和粗糙的。然而大数据、云计算、互联网、超算中心等数字化技术有助于将数据从需求侧到供给侧和政府侧，以及从供应链到价值链的贯通，打破人、机、物和服务的边界，从而实现生产管理模式从基于工厂制造的生产经济升级到基于平台引领的服务经济。

在生产管理方面，人工智能可以通过智能化的机器人和自动化生产线，实现自动化生产和质量控制。人工智能还可以通过实时监测和分析，提高生产效率和降低成本。同时，基于人工智能的预测模型可以预测生产需求，并帮助企业合理安排生产计划，避免库存过剩或不足的问题发生。

在数字化平台支撑下，企业可以实时动态地了解消费者行为和市场需求，甚至鼓励消费者直接参与设计，将其与柔性生产环节联动去精准满足消费者的个性化需求；也可以基于数字基础设施去搭建一套全生命周期的服务体系，并通过数据反馈不断改进产品设计和生产流程。在数字化平台上，企业通过数据和算法引领供需两端，实现制造业价值链和服务业价值链的双链融合。让数据在企业生产全过程、业务全环节实现融通；让算法决策内嵌在管理流程之中，助力企业实现智慧化和精细化的生产管理。通过资金流、信息流和物流三流合一，实现基于数据智能作为核心驱动力的云端实时连续决策，提升资源配置能力和全要素生产率。

2. 数字化技术重塑营销管理模式

数字化技术在如下方面影响市场营销管理模式：

（1）从需求到供给、从生产到销售、从线下到线上，整个外部商业环境由于数字经济的发展浪潮而发生根本性重构。

（2）消费者需求、消费心理和消费者行为发生了改变，线上消费、社群消费已成常态。线上多家比价、零成本转换将使得品牌忠诚度下降；需求个性化、社交化和多元化的趋势得到进一步加强。

（3）数字化技术使效果广告、私域流量运营、直播带货、云会展等市场营销新工具、新方式、新能力层出不穷。

在这样的背景下，数字化技术带来了新工具、新方式，使营销模式从4P范式向全价值链、全生命周期的数字化范式转变。企业能精准定位目标客户，通过社交媒体等渠道快速互动沟通。

在营销管理方面，数据分析和机器学习能帮助企业精准市场定位和客户分析；通过语音识别和图像识别技术，实现自动化的广告投放和客户推荐。此外，利用情感分析技术，可以实现自动化问题解答和投诉处理，企业可以更准确地了解客户需求和反馈，提高产品和服务的质量，提升客户满意度。

3. 数字化技术提升财务管理效率

数字化技术改变了企业财务管理模式，表现在如下几个方面：

（1）传统的财务管理流程主要依赖于手工记账，手工报销，以及简单的软件计算。数字化技术促进业财一体化运行，财务核算、数据统计与分析系统自动完成。

（2）依托数字化技术建立统一的财务共享平台，实现数据实时共享和业财融合。

（3）大数据和人工智能提升决策高效性，基于数据分析和模拟推理提供全面客观决策支持。

总之，在财务与风险管理方面，可以通过数据分析和模式识别，帮助企业识别和预测潜在的风险，还可以自动监测市场，及时了解竞争对手的动态，提供预警机制，帮助企业及时做出应对措施。

4. 数字化技术转变人力资源管理模式

数字化技术改变了传统人力资源管理模式，实现招聘智能化、培训个性化和绩效管理数据化。它能够有效地帮助企业发现并吸引优秀人才，同时提升员工的工作满意度和忠诚度，使他们更愿意留在企业。

在人力资源管理方面，企业在数字化技术支持下可建设人力资源共享服务中心，通过人工智能实现自动化筛选与招聘，提高招聘效率和准确性。人工智能还可以通过数据分析和人才管理系统，帮助企业对员工进行绩效评估和培训需求分析，提供科学的人力资源决策支持。

总之，数字化技术正在深刻改变企业的管理理念，企业需要适应这一变化，将传统管理理念与数字化技术结合，创新管理方式、组织结构和文化，以应对市场变化和客户需求，在竞争中持续发展。

第二节　数字化技术与企业财务管理

数字化技术对企业传统管理带来巨大冲击。随着数字化技术的不断发展和企业数字化转型，企业财务管理面临着前所未有的挑战和机遇。

一、数字化技术给财务管理带来的风险

数字化技术的应用使企业面临着海量数据处理和分析，但如何选择和筛选有价值的数据成了一道难题，要求企业具备数据分析和处理的能力。同时，数字化技术还会带来其他相关方面的挑战，如网络安全问题、数据隐私问题等。

（1）财务数据安全风险提升，需加强保护以防泄露、攻击和篡改。

（2）财务管理信息化需确保系统准确性和可靠性，避免错误和损失。

（3）遵守财务、税务、审计等法规，确保全球合规运营。

（4）高效准确处理海量数据成为财务管理首要工作，需先进工具和技术支持。

（5）数字化转型要求准确核算成本，确保投入收益平衡，管理新成本类型。

（6）确保财务信息准确一致，加强跨部门协作，财务BP参与业务活动。

（7）财务人员需掌握数据分析、信息安全等技能，企业应加强培训。

二、数字化技术给财务管理带来的便利

数字化技术改变了财务数据的收集、处理和分析方式，提升了数据处理效率，增强了预测分析能力，为财务决策提供了更多的依据和方向，同时推动风险管理方式的变革。

1. 数字化技术提升财务工作效率

数字化技术使得数据处理速度大幅提升，财务数据可以实时更新和分析，为财

务决策提供更为准确及时的数据支持。具体应用如下：

（1）减少了手工录入凭证。基于业务财务一体化的ERP系统，通过先定义的会计引擎，自动化生成会计分录信息，减少会计人员手工录入会计凭证的工作量。

（2）提高了财务工作效率。通过财务共享模式，提升财务工作效率。通过OCR（光学字符识别）技术识别发票、电子发票、无纸化办公、自动化付款与对账等功能，减少了人为错误和烦琐的手工操作，提高了财务工作效率。

（3）优化了企业财务流程，通过电子发票、无纸化办公、自动化付款与对账等功能，减少了人为错误和烦琐的手工操作，优化了企业财务流程。

（4）通过大数据、数据分析、建模技术，可快速生成各种财务报表，以及财务数据分析图表等。

2. 数字化技术增强财务预测分析能力

通过运用大数据分析和人工智能技术，财务管理可以更加精准地预测市场走势和企业发展趋势，为企业战略制定提供有力依据。具体应用如下：

（1）在海量数据基础上的财务预测更精准。通过内部信息系统与互联网技术，获得预测基础数据不再局限于财务数据本身、还包括业务数据，以及外部电商、税、财、政平台等广泛数据。

（2）增强财务预测分析能力。通过数据治理平台治理后的数据更加准确、精准；大数据的数据模型、智能算法将增强财务预测分析能力。

3. 数字化技术改变风险管理方式

数字化技术为企业财务管理带来了更先进的风险控制手段。通过建立风险预测模型、实时监控财务状况和进行合规性检查等，企业可以及时发现潜在风险并采取相应的应对措施。这有助于降低企业的风险敞口，保护企业的财产安全。具体应用如下：

（1）建立风险预测模型，通过数据分析提前预警，降低风险损失。

（2）将合规性规则内置业务、财务流程，当超出规则范围或违背规则时，自动触发预警。

（3）通过风险管理驾驶舱实时监控财务异常、例外状况，及时发现风险并采取措施。

4. 数字化技术优化财务决策

随着大数据技术的飞速发展，其在财务管理和决策中的应用越来越广泛。大数据技术通过对海量数据的收集、整合、分析，能够为企业提供前所未有的洞察和预测，进而帮助企业优化决策、提高效率、降低风险。具体应用如下：

（1）大数据技术实现对结构化与非结构化数据的全面收集与整合。通过集成各个业务系统的数据，建立统一的数据仓库，为后续的决策分析提供全面、准确的数据基础。数据收集与整合的过程，能够消除信息孤岛，确保数据的完整性和一致性。

（2）大数据技术结合机器学习、人工智能等先进技术实现对未来趋势的预测。通过对历史数据的分析，结合当前的市场环境、政策变化等因素，预测未来的财务状况和经营趋势，从而提前发现潜在风险，制订应对措施。

（3）大数据技术实现资源的优化配置。通过对企业历史数据和实时数据的分析，可以了解各部门的资源消耗情况和利用效率，从而制订合理的资源分配计划。通过对市场趋势的分析预测，帮助企业调整资源配置策略，实现资源的最大化利用。

（4）大数据技术可提供实时的决策支持信息，帮助决策者快速做出明智的决策。通过数据分析结果的可视化展示，决策者能够直观地了解企业的经营状况和市场趋势，从而做出更加准确、科学的决策。同时，大数据技术还可以对决策方案进行优化，通过模拟和预测不同方案的效果，帮助企业选择最优的决策路径。

三、数字化技术在企业财务管理中的应用

数字化技术通常包括：大数据、云计算、移动互联、物联网、区块链、人工智能等。企业财务管理通常可分为：预算管理、管理会计、经营与财务分析、财务共享、资金管理、财务核算、费用管理与税务管理等不同细分财务专业管理领域。在企业财务管理中的数据来源，除了传统的结构化数据，还增加了非结构化与半结构化数据，以支持大数据在企业财务管理中的应用。在系统引擎方面，除了传统的规划引擎、流程引擎外，还需增加大数据计算引擎、图像智能引擎、分布式账簿引擎与机器学习引擎。在各企业财务管理中，根据各细分专业特点，规划不同数字化技术的应用，以提高企业财务管理水平与财务工作效率。

数字化技术在企业财务管理的应用场景，如图11-1所示。

数字化技在财务各细分专业的应用场景如下：

（1）预算管理。预算管理重点考虑大数据技术的应用。比如，智能预测、智能资源配置与优化等。

（2）管理会计。管理会计重点考虑人工智能与大数据等技术的应用。比如，使用人工智能技术实现管理会计报告的智能编制，使用大数据实现企业盈利分析。

（3）经营分析。经营分析重点考虑人工智能、大数据、互联网、移动互联网、物联网等技术的应用。比如，使用人工智能技术实现管理会计报告的智能编制，使

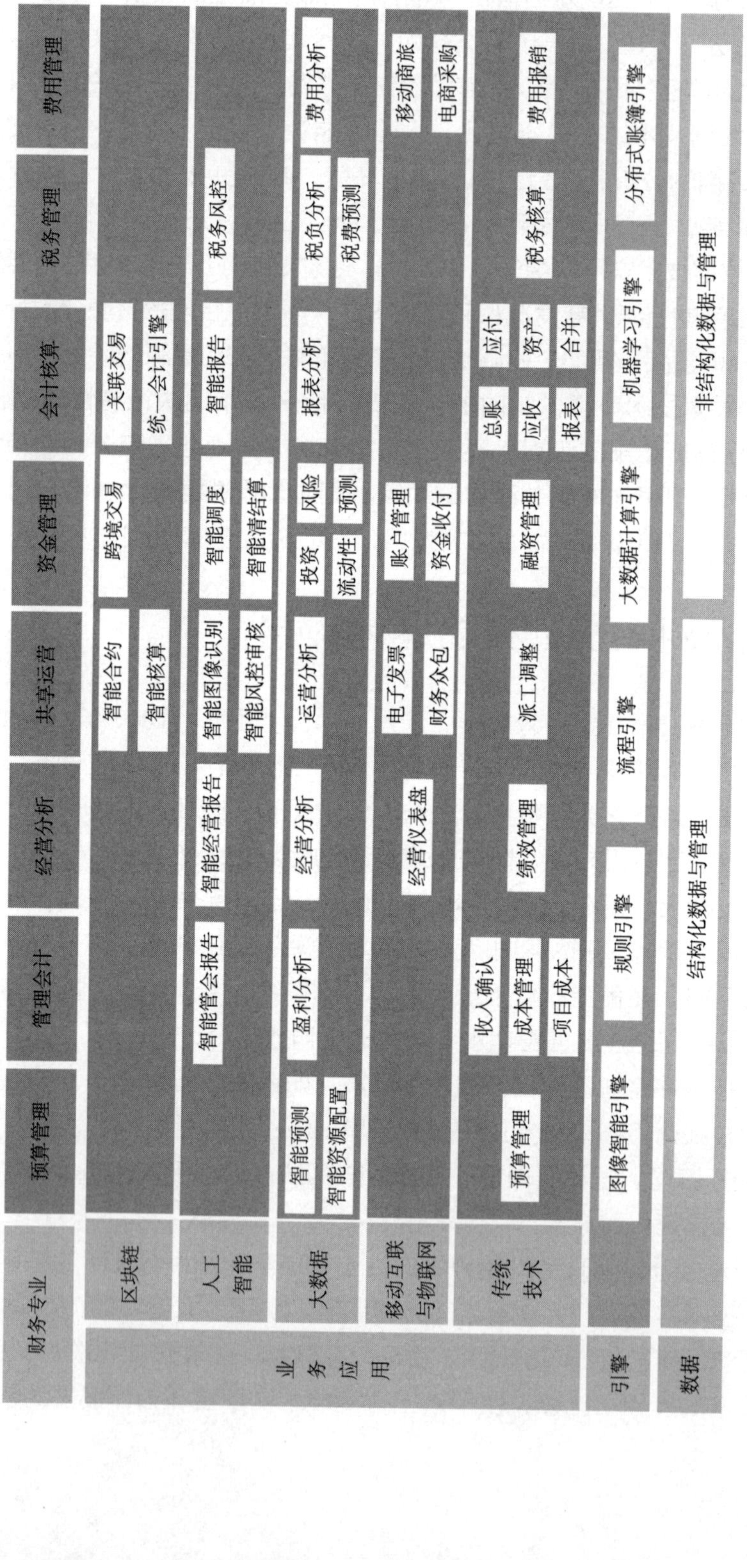

图 11-1 数字化技术对财务管理的影响

用大数据实现企业盈利分析，使用互联网、移动互联网、物联网等技术大实现企业经营驾驶舱、仪表盘多端数据的展示等。

（4）共享运营。共享运营重点考虑区块链、人工智能、大数据、互联网、移动互联网、物联网等技术的应用。比如，使用区块链技术实现智能合约和智能核算，使用人工智能技术实现智能图像、发票、单据的识别和智能风控等，使用大数据实现企业运营分析，使用互联网、移动互联网、物联网等技术来实现电子发票、会计档案、财务外包等。

（5）资金管理。资金管理重点考虑区域链、人工智能、大数据、互联网、移动互联网、物联网等技术的应用。比如，使用区块链技术实现跨境交易，使用人工智能技术实现资金集中管与智能调度、智能清分结算等，使用大数据实现投融资分析、资金预测、流动性与风险分析，使用互联网、移动互联网、物联网等技术大实现资金账户管理和资金的在线收款、付款结算等。

（6）会计核算。会计核算重点考虑区域链、人工智能、大数据等技术的应用。比如，使用区域链技术实现统一会计引擎和关联交易处理，使用人工智能技术实现财务报告的智能编制，使用大数据实现财务报表与分析等。

（7）税务管理。税务管理重点考虑人工智能、大数据等技术的应用。比如，使用人工智能技术实现税务智能风控管理，使用大数据实现各种税负分析与税务预测与规划等。

（8）费用管理。费用管理重点考虑人工智能、大数据与互联网、移动互联网等技术的应用。比如，使用人工智能技术实现智能图像、发票、单据的识别，使用大数据实现各种费用分析，使用互联网、移动互联网技术实现各种移动商旅和电商费用采购等。

总之，面对数字化技术给财务管理带来的这些挑战与机遇，企业应积极拥抱数字化技术，加强技术创新和人才培养，优化财务管理体系，提升财务管理效能。同时，企业还应关注信息安全风险，建立健全风险防控机制，确保财务数据的安全性和保密性。在未来的发展中，数字化技术将继续推动财务管理领域的变革与创新，为企业创造更大的价值。

第三节　数字化技术与企业成本管理

数字化技术对企业管理带来了巨大冲击。随着数字化技术的不断发展和企业数字化转型，给企业成本管理带来前所未有的挑战和机遇。

一、数字化技术给企业成本管理带来的风险

数字化技术的飞速发展，不仅给企业成本管理带来了新的便利，与此同时也伴随着风险。

1. 数据处理复杂

在数字化时代，企业面临数据呈爆炸式增长的压力。大量数据不仅来源于企业内部，还来自供应链、客户、社交媒体等外部渠道。这使得数据处理变得更为复杂，需要更高级的技术和工具来提取有价值的数据信息，以支持企业成本管理决策。

2. 技术更新成本高

为了保持竞争力，企业需要不断跟进最新技术，进行数字化技术更新。然而，这些技术通常伴随着高昂的成本，包括软硬件投资、系统集成、员工培训等多个方面。

3. 数据安全风险大

数字化技术环境下，企业的成本数据容易受到黑客、病毒等外部攻击。一旦这些数据泄露或被篡改，将给企业带来巨大的损失。因此，企业需要投入更多的资源来加强数据信息安全保护，确保数据的安全性和完整性。

4. 跨部门整合难

企业数字化技术的应用往往需要各部门的协同合作。然而，由于各部门之间存在一定的利益冲突，导致数字化技术在成本管理中跨部门整合变得困难重重。企业需要建立有效的沟通机制和协同机制，以推动数字化技术在成本管理中的应用。

5. 技能培训标准高

数字化技术的应用对员工的专业技能提出了更高的要求。企业需要投入更多的资源来进行员工技能培训，以提高全体员工的数字化技能和素质。同时，还需要关注员工的职业发展，为员工提供更多的职业发展机会和空间。

6. 法规遵从难度大

随着数字化技术的发展，各国政府对数据保护和隐私的监管越来越严格。企业需要遵守相关法律法规的要求，确保数据的合法性和合规性。然而，不同国家和地区的法律法规可能存在差异，企业需要密切关注相关法律法规的动态变化，并采取相应的措施来确保合规性。

7. 分析准确性要求

数字化技术使得企业可以获取更多的数据信息，也要求企业在数据分析的

准确性上做到更加严谨。大量的数据可能导致信息过载和误导，企业需要采用先进的数据分析方法和工具来提取有价值的信息，并确保数据分析的准确性和可靠性。

总之，企业需要全面评估数字化技术对企业成本管理带来多方面的风险，并采取相应的措施来应对和解决这些问题，以确保数字化技术在成本管理中的有效应用。同时，企业还需要保持灵活和开放的心态，不断学习和创新，不断尝试数字化技术在成本管理的应用。

二、数字化技术给企业成本管理带来的便利

数字化技术助力企业数字化转型，将企业传统的业务模式、流程和运营方式通过应用数字化技术进行优化和改造，可以更加全面、准确、及时地掌握生产过程中的成本信息等。通过传感技术等，可以对生产设备和生产过程进行实时监控，实时收集、实时分析和实时处理，帮助企业实时掌握生产成本动态情况，及时发现和解决成本问题，提高成本管理的效率和准确性。

1. 提高工作效率和生产力降低企业人力成本

数字化技术可以帮助企业降低人力成本。比如，通过引入人工智能技术，企业可以自动抓取和分析大量的成本数据，快速识别出潜在的成本问题，提高决策的精准度和效率。此外，通过智能化的系统和工具，可以减少重复工作和手动操作，提高工作效率和生产力，从而降低了人力成本。

2. 促进企业成本管理工作的精细化与高效化

数字化技术改变了企业成本管理工作方式，促进成本管理工作精细化、高效化。企业从采购、生产、物流、销售等全面实行数字化技术后，通过成本管理系统与业务系统集成，可实时获得精细化的业务数据与成本数据。比如，在企业数据字化转型后，成本数据收集、计算、分析都将自动完成，极大地提高了成本管理工作效率，有利于企业成本精细化管理。

3. 提升并优化了供应链效能和企业成本管理

通过应用物联网、大数据、区块链等技术手段，实现供应链的可追溯、透明和高效。比如，企业通过物联网技术对原材料和产品进行实时监测和追踪，提高物流的准确性和效率，降低因废品、返工和滞销而带来的额外成本。企业通过大数据和区块链技术，还可以实现供应链数据的共享和交换，提高供应链的协同能力和预测能力，降低成本风险和库存成本。

4. 优化企业资金运作减少资金的占用和浪费

通过提高企业成本管理的效率和准确性，可以加速资金的周转和回流。比如，通过建立基于互联网的采购和结算系统，实现业务流、信息流、价值流、实物流的四流合一，降低资金占用的时间和金额。此外，通过数据分析和预测，帮助企业更好地掌握资金的需求和优先级，进一步降低资金的浪费。

5. 增强企业成本管理决策的科学性与正确性

通过数据分析和模型建立，可以更加客观、全面地了解和分析成本的组成和变化规律，为企业决策提供科学依据。比如，通过数据分析和模拟，快速识别企业成本结构中的问题和薄弱环节，提出具体的解决方案和改进措施，为企业成本管理提供数据支持。

三、企业成本管理数字化转型的三个主线

企业成本管理数字化转型不仅仅是数字化技术应用的问题，还会牵动企业各部门，涉及企业员工观念的转变，以及企业内外部的全价值链业务、管理模式和流程的变化。为此，建议企业成本管理数字化转型时，需要抓住数据驱动、流程重构、价值重塑三条主线。

1. 数据驱动

以数据主线，构建全价值链成本数据治理体系，主要包括：数据集成与标准化、实时动态核算、智能分析与预测等内容，详述如下：

数据集成与标准化。打通研发、采购、生产、物流、销售等环节的数据孤岛，建立统一的成本数据标准和主数据管理（MDM）体系，实现ERP、MES、SCM等系统集成，确保数据一致性和可追溯性。

实时动态成本核算。通过IoT（物联网）、ERP与MES系统集成，实现成本数据的实时采集与动态核算，支持作业成本法（ABC）或标准成本的精细化分析。

智能分析与预测。应用大数据分析和AI算法（如时间序列预测、回归分析）挖掘成本动因，建立成本敏感性模型，为成本决策提供前瞻性洞察。

2. 流程重构

通过流程重构，打造端到端的精益化成本流程，主要内容包括：跨职能流程再造、自动化闭环管理、敏捷响应机制等内容，详述如下：

跨职能流程再造。以作业成本法为基础，重构研发、采购、生产、物流、销售全流程的成本动因识别，消除非增值环节（如冗余审批、过度质检）。

自动化闭环管理。部署智能系统，如OCR（光学字符识别）发票识别、AP自动化，实现成本核算、分摊、分析的端到端自动化，减少人工干预误差。

敏捷响应机制。通过数字化孪生（digital twin）模拟供应链中断或价格波动场景，动态调整采购策略或生产排程，降低机会成本。

3. 价值重塑

通过流程重构，实现从成本控制到战略价值创造能力提升，主要包括：业财融合决策、生态协同优化、创新成本文化等内容，详述如下：

业财融合决策。将成本数据嵌入产品设计（如DFC-design for cost）、客户盈利分析（如CLV模型），推动资源向高毛利业务倾斜。

生态协同优化。通过产业互联网平台（如供应链协同云）共享上下游成本数据，联合供应商优化包装/物流方案，实现全局降本。

创新成本文化。建立“数据说话”的绩效体系（如平衡计分卡），将数字化成本指标（如流程效率提升率）纳入部门考核，驱动员工行为变革。

总之，企业成本管理数字化转型应围绕数据驱动、流程重构、价值重塑三条主线，从技术、业务和组织三个维度系统推进，根据行业特性选择优先级，如制造业侧重生产流程数字化，服务业侧重客户价值分析等，同时配套组织变革保障成本管理数字化转型工作落地。

四、数字化技术在企业成本管理中的应用

随着数字化技术的发展，数字化转型对企业成本管理既是挑战，又带来新的机遇，数字化技术的应用将促使成本管理迈上新的台阶，赢得成本竞争优势，在企业竞争战略选择中增加新的选项。常规数字化技术在成本管理中的应用穿插以上各相关章节中，这里不再重复讲述，下面主要探讨正应用或即将应用于成本管理的数字化新技术，以及这些新技术对企业成本管理的深化应用与影响。

1. 人工智能（AI）与机器学习（ML）

人工智能和机器学习技术将彻底改变企业成本管理的模式，促使成本管理从传统的被动核算转向主动预测与动态优化。其对成本管理的核心作用如下：

（1）从“事后核算”到“实时预测”。通过时序预测模型预判成本波动（如原材料价格、能源消耗等），提前制定应对策略。如半导体企业可通过长短期记忆网络（LSTM）预测硅片价格，在涨价前锁定长期合约，节省采购成本。

（2）从“经验决策”到“数据驱动”。基于海量数据挖掘隐性成本动因，如设

备停机对单位能耗的影响，替代人工经验判断。

（3）从“静态控制”到“动态优化”。实时调整资源分配，如库存补货、生产排程等，实现全局成本最小化。

人工智能与机器学习技术将在成本预测与预算编制、智能成本核算、异常成本监控、供应链成本优化、产品设计降本等成本管理工作中发挥重要作用，比如：

（1）成本预测与预算编制。通过多元回归模型，量化市场变量（如油价、汇率等）对成本的影响权重；通过时间序列预测算法，处理季节性成本波动（如节假日人工成本激增）；滚动输出12个月成本预测报告，附带概率区间和敏感性分析。

（2）智能成本核算。通过NLP（自然语言处理）与OCR技术的应用，自动解析发票、合同文本，提取关键成本条款（如折扣率、违约金）；通过图数据库技术，构建作业成本法的关系网络，可视化成本流转路径。

（3）异常成本监控。通过孤立森林（isolation forest）算法，检测成本数据中的离群点（如某车间电费突增）；通过根因分析（RCA），关联设备传感器数据定位故障源，如空压机泄漏；通过企业微信或钉钉实时推送异常告警。

（4）供应链成本优化。通过强化学习（Q-Learning），在库存持有成本与缺货成本间寻找平衡点；通过图神经网络（GNN）路径优化技术，计算多约束条件（如油价、收费站、时效）下的最优运输路线。

（5）产品设计降本。通过生成式人工智能（GAN）技术，生成低成本材料组合方案；通过仿真优化、数字孪生验证不同设计对总成本的影响。

人工智能与机器学习在成本管理应用中的价值链，如图11-2所示。

人工智能与机器学习技术在成本管理应用过程中，可能存在数据质量、模型可解释性、变革阻力等方面挑战，企业可通过数据治理、加强培训予以应对。

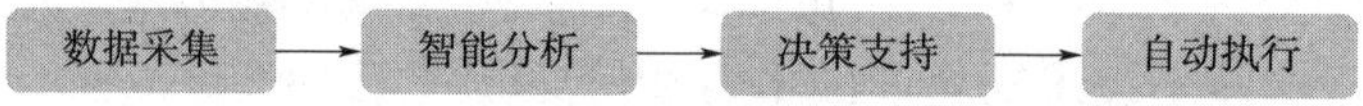

图11-2 人工智能与机器学习在成本管理应用中的价值链

当前我们可以发现：通过人工智能系统，自动执行成本优化动作（如触发采购订单、调整产线节奏），我们仅需设定目标，可实现自主成本管理；通过人工智能与区块链技术的应用，实现上下游企业间实时成本数据共享，联合优化全价值链成本，实现生态级成本协同。

2. 物联网与边缘计算

物联网与边缘计算技术的结合，正在为企业成本管理带来实时性、精准性和自动化的、革命性的变革。其对成本管理的核心作用如下：

（1）实时数据采集与成本可视化。通过传感器实时获取设备能耗、物料消耗、生产效率等数据，消除传统人工录入的滞后性与误差。

（2）边缘端即时决策降本。在数据源头（如工厂现场）完成计算，减少云端传输延迟，实现毫秒级响应，如设备故障自动停机避免废品损失。

（3）预测性维护降低隐性成本。通过振动、温度等传感器数据预测设备故障与寿命，避免非计划停机导致的产能损失。

物联网与边缘计算技术将在生产环节成本优化、仓储与物流成本控制、能源成本管理、质量成本减少等成本管理工作中发挥重要作用，比如：

（1）生产环节成本优化。通过部署电流、电压传感器与边缘计算盒子，实时计算设备综合效率（OEE），识别空转、低效工况，实现设备能效监控；通过射频识别（RFID）标签与称重传感器联动，精确统计产线投料量，实现物料消耗追踪，减少原材料浪费。

（2）仓储与物流成本控制。通过重量传感器与边缘算法自动盘点库存，实现智能货架，可大幅降低误差率；在药品等行业，通过温湿度传感器与边缘预警，实现冷链监控，避免产生药品运输途中变质导致的退货成本。

（3）能源成本管理。通过边缘计算，实时平衡光伏发电、储能与电网购电，选择最低成本能源组合，实现微电网优化；通过电流波形分析识别高耗能设备，自动切换至低谷电价时段运行，负载均衡，节约能源成本。

（4）降低质量成本。通过摄像头与边缘AI，实时识别产品缺陷，边缘视觉检测技术可降低质量成本；结合关联工艺参数与缺陷率，优化生产参数，减少产品缺陷的产生，降低产品成本损失。

物联网与边缘计算的数据处理架构，如图11-3所示。

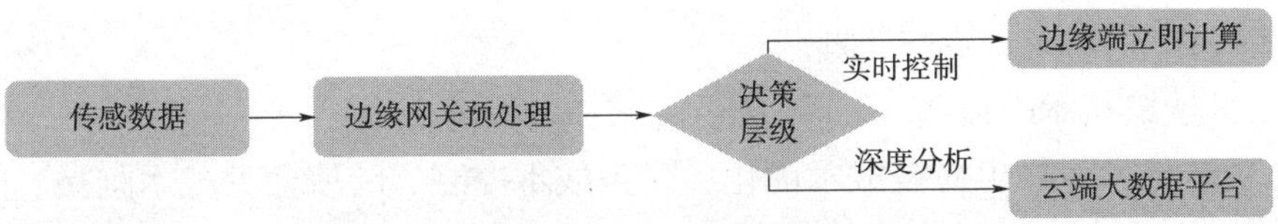

图 11-3　物联网与边缘计算的数据处理架构

通过物联网与边缘计算技术组合，企业可以实现从“粗放式成本管控”到“细颗粒度实时优化”的跨越，助力企业运营成本下降。

物联网与边缘计算技术在成本管理应用中的价值链，如图11-4所示。

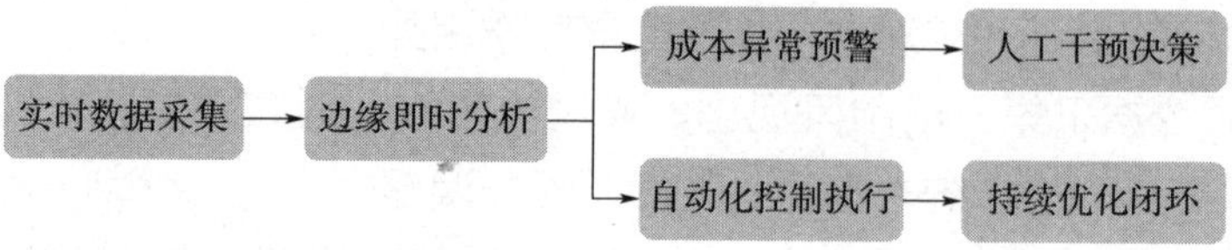

图 11-4 物联网与边缘计算技术在成本管理应用中的价值链

物联网与边缘计算技术组合在未来成本管理应用过程中，可能存在数据安全与隐私、系统兼容性、技能缺口等方面挑战，企业可通过边缘端数据脱敏处理、工业级加密协议、适配器转换老旧设备协议、加强培训予以应对。

我们正在见证物联网与边缘计算技术在某些大厂成本管理中的应用：通过物联网与数字孪生组合技术闭环控制， 实时映射物理设备状态，自动优化参数；通过物联网与5G技术， 超低延迟传输4K质检视频流，实现云端与边缘协同决策；通过物联网与区块链，记录全生命周期成本数据（如原材料碳足迹），满足ESG报告需求。通过物联网与边缘计算，自动执行成本优化动作（如触发采购订单、调整产线节奏），人们仅需设定目标，实现自主成本管理；通过区块链与AI实现上下游企业间实时成本数据共享，联合优化全价值链成本，实现生态级成本协同。

3. 区块链

区块链技术通过其去中心化、不可篡改、智能合约等特性，正在重塑企业成本管理的透明性、协同性和自动化水平。

1）区块链对成本管理的核心作用

（1）全价值链成本透明化。区块链技术的分布式账本记录从原材料采购到终端销售的全链路成本数据，消除信息不对称。

（2）智能合约自动执行。通过区块链技术，基于预设条件（如交货验收）自动触发付款、索赔，减少人工对账与纠纷成本。

（3）跨组织协同降本。通过区块链技术，上下游企业共享加密数据（如库存水平），联合优化物流、生产计划。

2）区块链技术的应用

区块链技术将在供应链成本优化、财务成本控制、跨境贸易成本削减、间接费用分摊等成本管理工作中发挥重要作用，比如：

（1）供应链成本优化。通过区块链技术，实现原料溯源，如区块链记录矿石开采、冶炼、加工的碳足迹，避免碳关税导致的隐性成本；通过区块链技术，实现联合库存管理，如供应商、制造商共享加密库存数据，智能合约自动触发补货，实现供应链成本优化。

（2）财务成本控制。通过区块链技术，实现采购订单、收货单、发票三单上链存证，自动匹配，差异超过一定范围（自定义的范围）自动冻结付款；通过区块链技术，实现动态贴现，如供应商应收账款数据上链，金融机构按实时信用评级提供贴现利率。

（3）跨境贸易成本削减。通过区块链技术，实现数字提单替代纸质提单，信用证结算时间大幅缩短；通过区块链技术，实现关税自动化，区块链记录原产地证明、HS编码（海关编码），海关自动计算税款。

（4）间接费用分摊。通过区块链技术，实现共享经济模式，多个企业共用仓储、运输资源，按实际使用量精准分摊费用；通过区块链技术，实现碳成本分配，记录各环节能源消耗，自动计算产品碳成本。

区块链的数据上链流程，如图11-5所示。

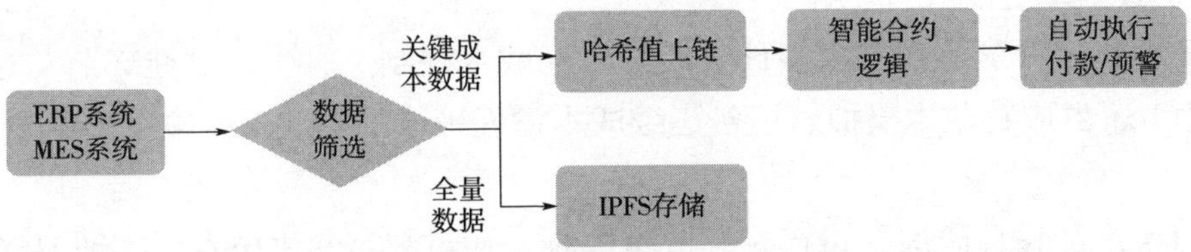

图11-5　区块链的数据上链流程

通过区块链技术，企业可构建“可验证、可追溯、可自执行”的成本管理体系，实现供应链协同成本下降、财务处理效率提升、合规风险成本减少等。

区块链技术在成本管理应用中的价值实现路径，如图11-6所示。

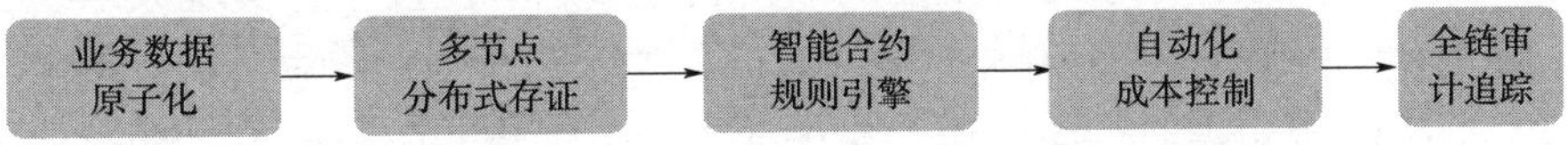

图11-6　区块链技术在成本管理应用中的价值实现路径

区块链技术在未来成本管理应用过程中，可能存在性能与成本平衡、法律合规性、生态协同阻力等方面挑战，企业可通过采用分层架构，即：热冷数据分级存储，私有链承载热数据，公有链托管冷数据，设计链上数据“可审计、不可见”模式、与监管机构共沙盒环境、建立行业联盟数据共享标准予以应对。

我们正在看到，基于区块链的供应链金融平台，实时计算供应商信用额度，降低融资成本；通过区块链技术，实现NFT（非同质化通证）化成本凭证，将碳足迹、质量检测报告铸造成NFT，作为成本审计不可篡改证据；通过区块链与AI技术动态优化智能合约，根据AI预测的市场波动，自动调整长期采购协议条款。

4. 数字孪生

数字孪生（digital twin）技术通过构建物理实体的虚拟镜像，结合实时数据和仿真能力，正在为成本管理提供成本动态预测、精准优化和风险预控的革命性手段。

1）数字孪生对成本管理的核心作用

（1）全生命周期成本模拟。在产品设计阶段，预测产品制造、运维等下游成本，避免后期变更的高昂代价。

（2）实时动态成本监控。通过数字孪生技术映射产线、设备的实时状态，计算瞬时能耗、效率损失等隐性成本。

（3）风险成本预判。使用数字孪生技术模拟供应链中断、设备故障等场景对总成本的影响，提前制定应对方案。

2）数字孪生技术的应用

数字孪生技术将在产品设计阶段（目标成本控制）、生产制造环节（过程成本优化）、供应链成本模拟、设备运维成本管理等成本管理工作中发挥重要作用，比如：

（1）产品设计阶段，进行目标成本控制。通过数字孪生技术，实现DFC（面向成本设计）仿真，如在CAD（计算机辅助设计）模型中嵌入材料、工艺成本数据库，实时显示设计变更对BOM成本的影响。通过数字孪生技术，实现AI生成式设计，如输入成本约束条件，自动生成符合要求的结构方案。

（2）生产制造环节，实现过程成本优化。通过数字孪生技术，实现虚拟试产，如在投产前模拟不同排产方案的加工成本；通过数字孪生技术，实现数字线程，如关联PLM系统、ERP系统和MES系统的数据，追踪每个工单的实际成本偏差。

（3）供应链成本模拟。通过数字孪生技术，实现物流网络仿真，如模拟不同仓库布局下的运输与库存持有总成本；通过数字孪生技术，实现供应商韧性测试，如模拟注入断供、涨价等冲击事件，计算备选供应商切换成本。

（4）设备运维成本管理。通过数字孪生技术，实现故障预测，如结合传感器数据，预测轴承等部件剩余寿命，优化更换时点；通过数字孪生技术，实现能效数字孪生，如构建暖通空调系统的流体力学模型，动态调节参数降低能耗。

数字孪生的技术架构分层，如图11-7所示。

通过数字孪生技术，可实现产品开发成本降低、生产浪费减少、突发风险导致的成本超支下降等。该技术适合复杂制造（如航空、汽车）、流程工业（如化工、制药）等场景，是智能制造时代成本控制的战略级工具。

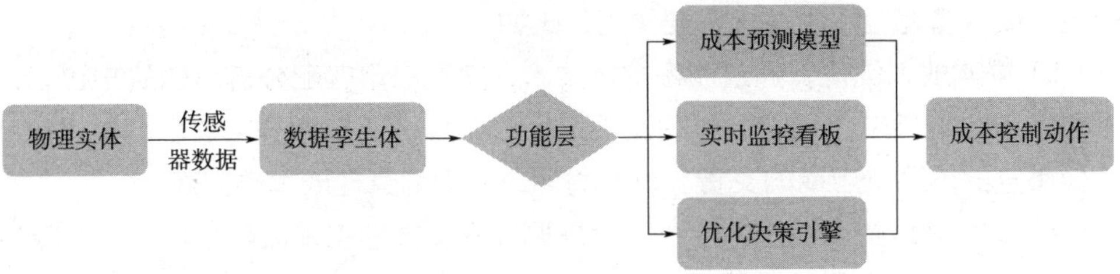

图 11-7　数字孪生的技术架构分层

数字孪生技术在成本管理应用中的实施框架，如图11-8所示。

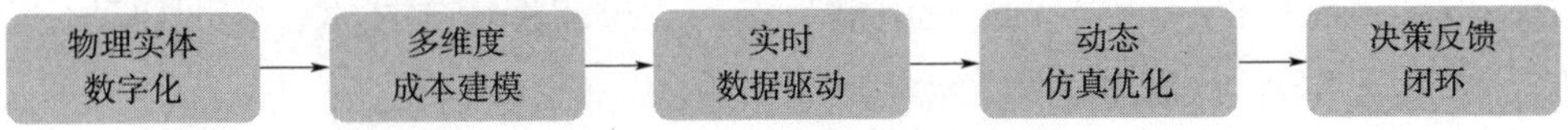

图 11-8　数字孪生技术在成本管理应用中的实施框架

数字孪生技术在未来成本管理应用过程中，可能存在模型精度与成本平衡、多系统数据融合、人才短缺等方面挑战，企业可通过采用分级建模、数字孪生成熟度模型、FML（联邦机器学习）在不迁移数据的前提下联合建模、加强培训予以应对。

未来通过数字孪生技术，实现元宇宙级成本管理，如在扩展现实（XR）环境中交互式调整产线布局，实时查看成本变化；通过数字孪生技术，实现自主成本优化，数字孪生自动生成成本优化方案并下发执行（如调整工艺参数）；通过数字孪生技术，实现区块链与数字孪生审计，将仿真过程与结果上链存证，满足ESG报告的可追溯要求。

5. 流程挖掘（process mining）

流程挖掘技术通过从企业信息系统（如ERP、MES、BPM）的日志数据中提取真实流程路径，为成本管理提供流程透明化、瓶颈诊断和自动化优化的能力。

1）流程挖掘对成本管理的核心作用

（1）隐性成本可视化。揭示实际业务流程与标准流程的偏差，如采购审批绕道、重复质检，识别非增值环节。

（2）流程瓶颈量化。精确计算流程节点滞留时间与资源消耗，如财务审核平均耗时，占用人天等。

（3）根因分析与预测。通过决策树算法关联流程变异与成本超支，提前做好成本预防控制措施。

2）流程挖掘技术的应用

流程挖掘技术将在采购成本优化、生产间接费用控制、财务流程降本、库存管理改进等成本管理工作中发挥重要作用，比如：

（1）采购成本优化。通过流程挖掘技术，实现三单匹配分析，如从ERP日志提取采购订单、收货单、采购发票的流转路径数据分析，挖掘异常信息。对供应商分级，聚类分析不同供应商的交货、付款周期，识别高管理成本供应商。

（2）生产间接费用控制。通过流程挖掘技术，实现工单流转分析，如追踪MES中工单状态变更，发现设备调试占用了大量的有效生产时间；通过流程挖掘技术，实现异常工单检测，如使用卷积神经网络（CNN）识别导致返工的工艺参数组合。

（3）财务流程降本。通过流程挖掘技术，实现费用报销挖掘，如分析OA系统日志，发现差旅报销经手多个无效审批节点。通过流程挖掘技术，实现自动化潜力评估，如标定RPA可替代的重复操作。

（4）库存管理改进。通过流程挖掘技术，实现订单、发货延迟分析，如关联WMS与CRM日志，定位导致滞销库存的流程断点；通过流程挖掘技术，实现安全库存仿真，如基于历史流程数据模拟不同库存策略的持有成本。

数据准备与处理流程，如图11-9所示。

图11-9　流程数据准备与处理流程

通过流程挖掘技术，可实现流程相关成本降低、异常成本支出减少、优化方案实施周期缩短等。该技术适合具有复杂ERP系统（如SAP、Oracle）的制造业、金融业等企业，是数据驱动型成本管理的核心工具。

流程挖掘技术在成本管理应用中的实施框架，如图11-10所示。

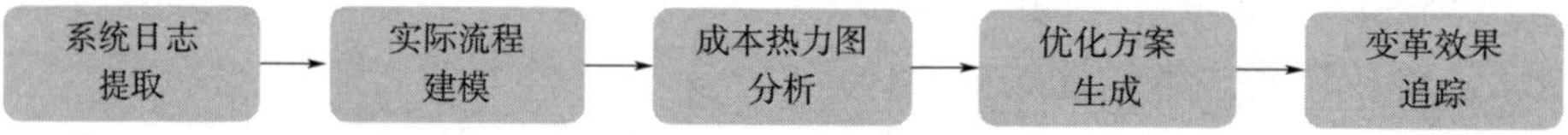

图11-10　流程挖掘技术在成本管理应用中的实施框架

流程挖掘技术在未来成本管理应用过程中，可能存在数据质量问题、组织变革阻力、隐私与合规等方面挑战，企业可通过使用“日志清洗器”处理缺失时间戳与重复记录、建立事件日志标准、设立流程优化KPI、应用差分隐私技术匿名化敏感数据予以应对。

通过流程挖掘与数字孪生技术，实时映射业务流程状态，预测成本超支风险；通过AI增强挖掘，实现AI自动生成流程优化建议报告；结合区块链存证，实现将优化前后的流程模型上链，作为审计证据。

6. 机器人流程自动化（RPA）

机器人流程自动化通过模拟人类操作规则明确的数字化任务，为企业成本管理提供高效执行、零误差和快速回报的解决方案。

1）机器人流程自动化对成本管理的核心作用

（1）削减直接人力成本。RPA 替代重复性手工操作（如数据录入、对账），将节省大量人工处理时间。

（2）降低流程错误成本。RPA 消除人工操作导致的发票匹配错误、付款金额差错等，避免纠错成本。

（3）释放隐性成本。RPA 解放员工投入高价值工作（如成本分析），大幅提升整体人效。

2）机器人流程自动化技术的应用

机器人流程自动化正在采购成本管控、生产成本核算、费用报销审计、库存成本优化等成本管理工作中发挥重要作用，比如：

（1）采购成本管控。通过 RPA 抓取 ERP 中的采购订单、收货单与供应商发票，实现三单自动匹配，完成金额、数量比对，处理速度大幅提升；通过 RPA 自动爬取大宗商品交易所数据，监控价格波动，触发采购预警。

（2）生产成本核算。通过 RPA 跨系统（MES 与 HR）匹配生产报工与考勤数据，实现工时与工单关联，实时计算直接人工成本。通过 RPA 自动采集电表读数，实现能耗数据整合，并计算单台设备能耗成本。

（3）费用报销审计。通过 RPA 对接国税总局查验平台，验证发票真伪。通过 RPA 自动比对报销单与公司差旅政策，拦截超标费用、违规单据。

（4）库存成本优化。通过 RPA 每日抓取销售预测与在途库存，自动更新最小库存量，实现动态安全库存计算。通过 RPA 定期扫描库龄超物料，实现呆滞料预警，触发邮件提醒。

RPA 技术架构，如图 11-11 所示。

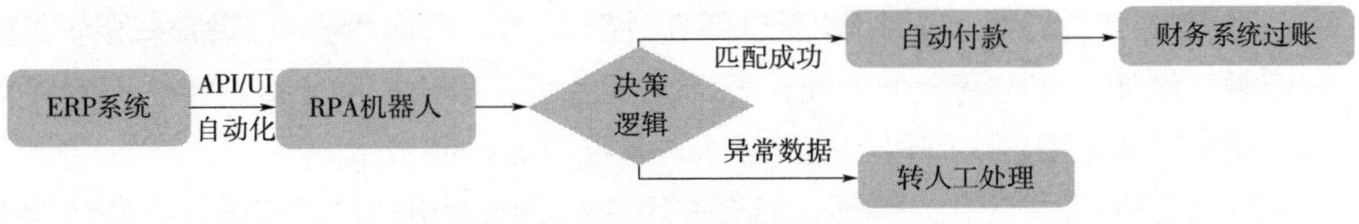

图 11-11　RPA 技术架构

通过 RPA 技术，可实现事务性成本降低、月末结账周期缩短、成本数据时效性提升等。该技术适合处理单据量大（如年处理量大于10万笔）、现有系统间接口开发成本高、财务共享中心或标准化业务流程，是数据驱动型成本管理的核心工具。

RPA技术应用于成本管理的实施框架，如图11-12所示。

图 11-12　RPA 成本管理实施框架

RPA技术在成本管理应用过程中，可能存在流程变更风险、异常处理瓶颈、中心化管控缺失等方面挑战，企业可采用流程挖掘技术预先分析流程稳定性、设计RPA版本控制机制、集成AI（如NLP识别非常规发票备注）、建立CoE（卓越中心）统一管理机器人资源、实施机器人效能监控予以应对。

当前一些企业正在进行：通过RPA与AI/ML结合，实现复杂成本决策，如自动审批采购折扣申请；通过计算机视觉记录员工操作，自动生成自动化脚本；将机器人操作记录上链，满足审计追溯要求，从而降低操作、决策与合规成本。

7. 云计算与弹性成本架构

云计算与弹性成本架构通过资源动态调配、按需付费和规模化效应，正在重构企业成本管理的模式。

1）云计算与弹性成本架构对成本管理的核心作用

（1）可变成本替代固定成本。将数据中心等资本支出（CAPEX）转为运营支出（OPEX），减少资产闲置，企业上云后IT基础设施成本平均显著下降。

（2）精准成本溯源。通过云平台的成本分配标签，实现业务单元、产品线的精细粒度成本核算。

（3）弹性伸缩降本。根据负载自动扩缩容，避免资源浪费，减少年度服务器成本。

2）云计算与弹性成本架构技术的应用

云计算与弹性成本架构技术将在IT资源成本优化、大数据分析降本、全球化成本管理等成本管理工作中发挥重要作用，比如：

（1）资源弹性分配。云计算通过弹性计算技术，可以根据实际需求动态调整计算资源。例如，在电商大促期间，云计算平台可以自动扩展计算、存储和网络资源，以满足激增的用户访问量和交易需求，从而有效控制成本。

（2）IT资源成本优化。弹性计算允许用户在高峰期迅速扩展资源，在低谷期则缩小资源使用，这样可以有效避免资源浪费，从而降低总体拥有成本。云计算与弹性成本构架的成本优化闭环，如图11-13所示。

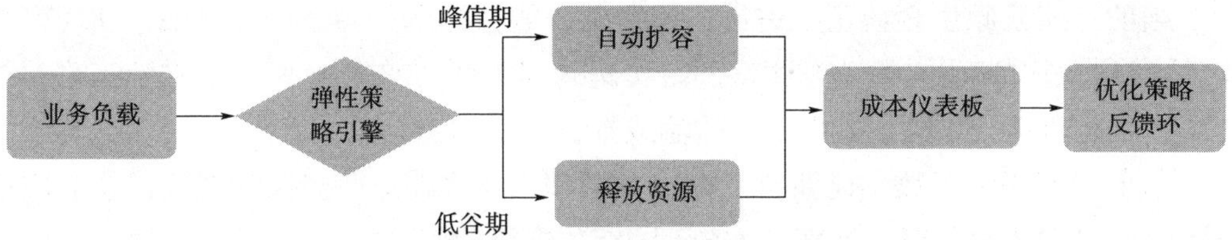

图 11-13　云计算与弹性成本技术架构

（3）服务质量提升。在电商大促期间，企业对服务质量的要求更高，包括系统稳定性、响应速度和安全性等。云计算平台通过优化资源分配，可以提高系统稳定性、响应速度和安全性，从而提升用户体验，降低因服务不稳定带来的额外成本。

（4）简化运维。云计算平台提供了简化的运维管理工具和服务，减少了企业需要维护的物理设备数量，降低了运维成本。企业可以将更多资源投入到核心业务上，而不是花费大量时间和精力在设备维护上。

（5）透明度和可预测性。云计算服务通常提供详细的费用报告和预测工具，帮助企业更好地理解和管理其 IT 成本。高透明度和可预测性有助于企业做出更明智的决策，避免不必要的成本支出。

通过云计算与弹性成本架构技术，可实现 IT 基础设施成本下降、资源利用率提升、成本可视度从月度、季度报表升级至实时监控等。该技术适合业务波动大的行业（电商、游戏）、全球化运营企业、需要快速实验创新的组织。

云计算与弹性成本架构的成本管理实施框架，如图 11-14 所示。

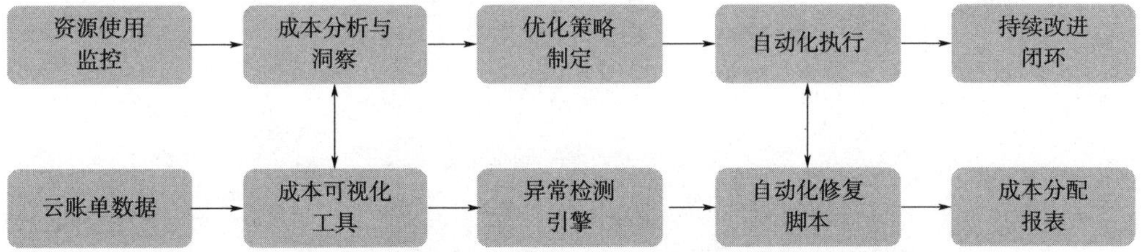

图 11-14　云计算与弹性成本架构的成本管理实施框架

云计算与弹性成本架构技术在成本管理应用过程中，可能存在云成本蔓延、技术债务阻碍弹性化、多云成本复杂性等方面挑战，企业可采用实施资源配额、启用预算告警、容器化改造单体应用、采用无服务器（serverless）重构无状态服务、采用第三方成本管理平台、部署容器集群管理系统（kubernetes，可简称 K8s）联邦集群统一调度予以应对。

当前一些云原生企业正在进行：根据碳排放数据选择清洁能源区域，实现可持续云计算；通过强化学习动态调整预留实例购买比例，实施AI驱动的弹性策略；在边缘节点处理实时数据，减少云端传输成本，实现边缘与云成本协同。

以上内容探讨了数字化新技术在成本管理工作中的进一步深化应用，企业应积极拥抱数字化技术，着手构建成本管理数字化管理体系与平台。数字化技术与成本管理工作融合的举措将助力企业实现资源全生命周期的自动化管理，确保各项流程标准化、集约化运作，同时提升成本管理的透明度和智能化水平。通过这些努力，企业成本管理的精细化程度和效率都将得到显著提升。